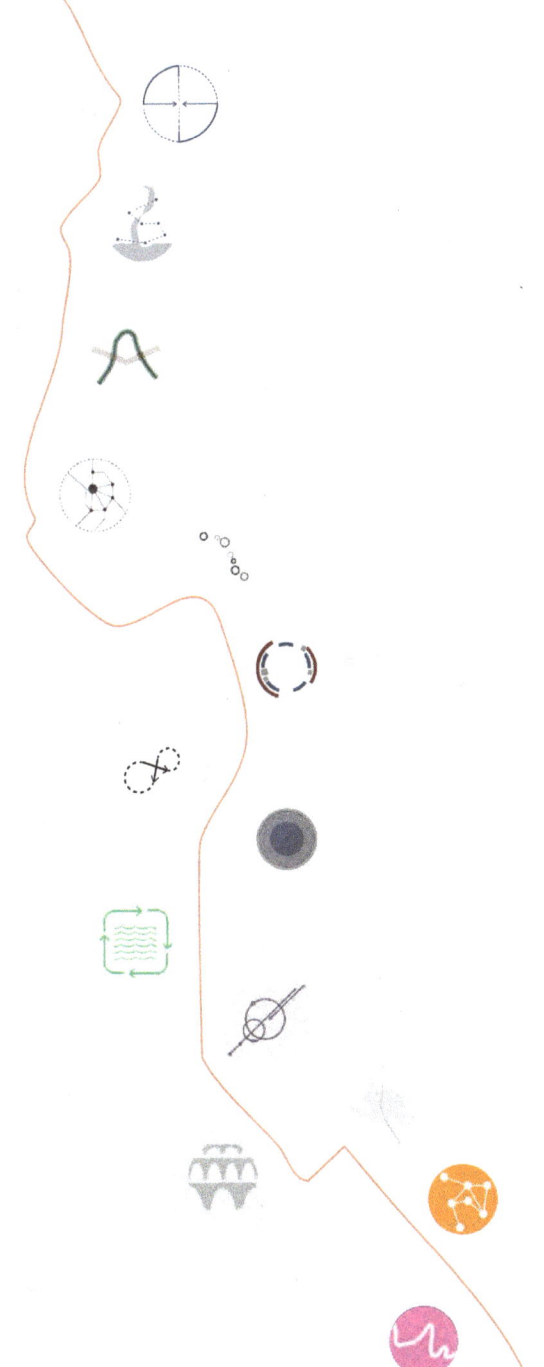

BORDER WITHOUT A WALL

UNIVERSITY OF TEXAS AT AUSTIN
FALL 2016 | FERNANDO LUIZ LARA, PhD.

ISABEL ALBERT LÓPEZ
ASHLEY CHUNG
RAPHAEL BUREAU-MIRAT
KARA HOLEKAMP
DONGHWAN KIM
VALENTINA RODRIGUEZ
OMAR SALIM
NATHAN SEARS
NOLAN STONE
EVAN TODTZ
EDITH WARE
ROBYN WROBLESKI

FRONTERA SIN MURO

UNIVERSIDAD AUTÓNOMA DE NUEVO LEÓN
FALL 2016 | SPRING 2017
DIANA MALDONADO FLORES, PhD.
and NASHELLY RICAÑO ALARCÓN

ANHELÍ ALCORTA
DIEGO LEDESMA
DANIELA DEL VALLE MEDINA
LUIS FERNANDO FLORES PUENTE
PEDRO A. RAMÍREZ PUENTE
SILVESTRE MÁRQUEZ RODRÍGUEZ
EDUARDO GAMEZ RUIZ
MAURICIO CANALES TÁRREGA
KAREN YVETTE QUIMBAR URQUIZA
ROGELIO VIDALES

BORDER WITHOUT A WALL
UNIVERSITY OF TEXAS AT AUSTIN

Lara, Fernando & Maldonado, Diana
(editors). Ashley Chung book
designer.
Border Without Wall / Frontera Sin
Muro, 2017, 209 pp.
Austin: Nhamerica Press, 2017.
ISBN: 978-1-946070-11-1
1.Architecture. 2.USA-Mexico
Border. 3. Urban Design.
4.Landscape Design. 5. The
Americas. 6. Immigration

TABLE OF CONTENTS

MURO NO ES LA RESPUESTA

Fernando Luiz Lara, PhD.
Profesor Asociado de Arquitectura, Universidad de Tejas en Austin

Desde comienzos de la campaña presidencial del 2016 en Estados Unidos, la inmigración a sido un asunto central. La propuesta de Donald Trump de construir un muro entre México y Estados Unidos, y llamada a deportar a inmigrantes indocumentados, a fijado la atención del país en problemas complejos alrededor de la frontera con Méjico. Tan pronto como tomo el puesto el pasado Enero, Trump agravó su retorica isolacionista, mandando la construcción del muro y prohibiendo la entrada de visitantes de siete países musulmanes.

En colaboración con la UANL-Monterrey, he dedicado el semestre pasado en el estudio trabajando en como diseñar la infraestructura necesaria para hacer justo lo contario: permitir cruzar a la gente libremente entre Méjico y Estados Unidos. Antes de ver en detalle las propuestas diseñadas en Austin y Monterrey, vamos a reflexionar un poco sobre la idea de muros y fronteras.

El concepto de un muro puede ser visto desde muchas perspectivas. Los muros son nuestra protección de la naturaleza. Como especies, los humanos no somos tan fuertes y necesitamos la protección de otros elementos. El inicio de la civilización coincide con la construcción de muros para modificar el paisaje y protegernos. Parece razonable afirmar que la arquitectura nació en este momento, poéticamente descrito por Jorge Luis Borges como e acto de modificar el desierto.

"A unos cientos de metros de la pirámide, me agaché, recogí un puñado de arena y luego un poco más lejos, dejé que se derramara silenciosamente. Bajo mi respiración dije: estoy modificando el Sahara. El hecho era mínimo, pero las palabras que eran apenas ingeniosas eran exactas y consideré que necesitaba una vida entera para decirlas"[1].

Desde la primera acción de modificar la naturaleza, llegamos a los extremos de la arquitectura: el desierto y el laberinto, la ausencia de muros y el exceso de muros. Ambos son inhóspitos para el ser humano. Necesitamos algunos muros, para privacidad y para la sensación de estar a salvo (que no siempre coincide con seguridad realmente) y los arquitectos están entrenados para entender esto al máximo y organizar espacios con el "apropiado, y el magnifico juego de (muros) bajo la luz", si puedo citar a Le Corbusier en ese sentido.

Sin embargo, también sabemos por la historia que los muros construidos para aislar y discriminar no son sostenibles a largo plazo. Los muros no funcionan de la misma manera cuando cambiamos la escala. Durante milenios hemos construido ciudades amuralladas y han funcionado bien por un tiempo, hasta que aprendimos que es mucho mejor mejorar la sociedad completa que rendirse ante muros inútiles. Al comienzos del semestre se requirió a los alumnos que construyeran un muro en su entorno doméstico. Tener una barrera entre la cocina y el comedor o en medio del salón les dio una muestra de cómo es la vida alrededor del la frontera de EEUU Y Méjico, donde cientos de miles cruzan cada día para trabajar, por cuidados médicos o para ir a la escuela.

Estos muros temporales levantados por los estudiantes fueron fuertemente desafiados por sus compañeros de piso and cayeron tras solo algunos días. Así como los muros construidos para proteger naciones enteras también cayeron. Quizás le dieron a la gente la sensación psicológica de seguridad pero necesitaron de tremendas cantidades de recursos militares para ser efectivos. En los tiempos romanos el muro de Hadrian cayó. En el siglo 20 el muro de Berlín cayó. En el siglo 21 el muro de Palestina caerá, así como lo hará el muro de Méjico. La Gran Muralla China sobrevivió, pero no como un elemento de separación, sino como una pieza de infraestructura para mover a la gente y la información de manera más rápida. Y esto es precisamente lo que necesitamos hacer: transformar la frontera del sur en el motor de oportunidades beneficiosas económicamente con una mentalidad social y medioambiental.

Un análisis de la frontera actual fue desarrollado con una colección rigurosa de datos y la invitación de 5 estudiosos que trabajan en conflictos de la frontera: Nestor Rodrigues, Profesor de Sociología; C.J. Alvarez, Profesor Asistente de Estudios Mexicano-Americanos.; Denise Gilman, directora de Law School Immigration Clinic; Pilar Zarzueta, Conferenciante en Estudios Latinoamericanos y Carlos de la Parra, Profesor en COLEF y anteriormente ligado a conflictos medioambientales en la embajada americana en Washington DC. Juntos nos ayudaron a enmarcar el sistema en la frontera. De hecho, eran de extrema importancia las conversaciones semanales que mantuvimos con nuestros compañeros en la UANL: Diana Maldonado; Fernando Cerecer Costa; Diana Padilla; Nashlly Ricaño-Alarcon; Leon Steines y Marisol Uribe.

WALL IS NOT THE ANSWER

Fernando Luiz Lara, PhD.
Associate Professor of Architecture, University of Texas at Austin

Since the start of the 2016 presidential campaign in the USA, immigration has been a central issue. Donald Trump's proposal of building a wall between Mexico and the United States, and his call to deport undocumented immigrants, has turned the country's attention to complex issues surrounding the border with Mexico. As soon as he took office last January, Trump doubled down on his isolationist rhetoric, ordering the construction of the wall and imposing a ban for visitors from seven Muslim countries.

In partnership with UANL-Monterrey, I spent the last semester in studio working on designing the necessary infrastructure to do exactly the opposite: to allow people to cross freely between Mexico and the US. Before we look into the proposals designed in Austin and in Monterrey, let's reflect a bit on the idea of walls and borders.

The concept of a wall can be explored through many lenses. Walls are our basic protection from nature. As a species, humans are not that strong and we need protection from the elements. The dawn of civilization coincides with the construction of walls to modify the environment and protect us. It seems reasonable to affirm that architecture was born at this moment, poetically described by Jorge Luis Borges as the act of modifying the desert.

"A few hundred feet from the pyramid, I bent down, I scooped a handful of sand and then a little further away, let it silently spill. Under my breath I said: I am modifying the Sahara. The deed was minimal, but the words which were scarcely ingenious were exact and I considered that I had need an entire life to say them"[1].

From the first act of modifying nature we arrive at the extremes of architecture: the desert and the labyrinth, the absence of walls and the excess of walls. Both are inhospitable for human beings. We need some walls, for privacy and for the psychological feeling of safety (not always exactly overlapped with real safety) and architects are trained to understand this to the fullest and to organize spaces with the "appropriate, and magnificent play of [walls] under light", if I may misquote Le Corbusier for that matter.

However, we also know from history that walls built to isolate and discriminate are not sustainable in the long run. Walls do not work the same when we change scales. For millennia we built walled cities and they worked fine for a bit, until we learned that it was much better to improve the whole society to render such walls useless. In the beginning of the semester the students were required to build a wall in their domestic environment. Having a barrier between kitchen and dining room or in the middle of the living room gave them a taste of life around the US-Mexico border, where hundreds of thousands cross everyday for work, for medical care or to go to school.

Those temporary walls erected by the students were forcefully challenged by their housemates and fell down after a few days only. Much like the walls built to protect whole nations which also fell down. They might have given people the psychological feeling of security but they required tremendous militarized resources to be effective. Back in Roman times the Hadrian wall fell. In the 20th century the Berlin wall fell. In the 21st century the Palestine wall will fall and so will the Mexican wall. The Great Wall of China survived not as an instrument of separation, but as a piece of infrastructure to move people and information faster. And this is precisely what we need to do: transform the southern border into a driver of economic opportunity with social and environmental sustainability in mind.

An analysis of the current border was developed with rigorous collection of data and the invitation of 5 scholars that work on border issues: Nestor Rodrigues, Professor of Sciology; C.J. Alvarez, Assistant Professor of Mexican-American Studies; Denise Gilman, director of the Law School Immigration Clinic; Pilar Zarzueta, Lecturer in Latin American Studies and Carlos de la Parra, Professor at COLEF and previously attaché for environmental issues at the Mexican Embassy in Washington DC. Together they helped us frame the border system. Indeed extremely important were the weekly conversations with our colleagues at UANL: Diana Maldonado; Fernando Cerecer Costa; Diana Padilla; Nashlly Ricaño-Alarcon; Leon Steines and Marisol Uribe.

The synthesis that we developed demonstrate that the border system operates under three major industries that lead the discourses, and to a large extent, the entire border landscape. First is the globalization industry, which moves $500 Billion in goods between U.S. and Mexico every year (160 billion through the I-35 corridor that connects Austin to Monterrey), with a goal to have a border

La síntesis que desarrollamos muestra como el sistema de la frontera opera bajo tres grandes industrias que lideran el discurso, y en gran medida, el paisaje fronterizo al completo. Primero está la industria de la globalización, que mueve 500 billones de dólares en bienes entre Estados Unidos y México cada año (160 billones atravesando la autovía I-35 que conecta Austin con Monterrey), con el objetivo de tener una frontera que facilite el desarrollo del intercambio. La segunda industria es la mano de obra, que emplea a millones de trabajadores Hispánicos en EEUU (legal o ilegalmente) y esta interesada en una frontera que no esté firmemente cerrada, pero tampoco completamente abierta. La preocupación sobre las deportaciones hace a los trabajadores más dispuestos a hacer todo lo posible por un trabajo. La tercera es la industria militar, la cual vende la idea de que la frontera es disfuncional para que ambos gobiernos puedan justificar gastar billones en equipo, personal e infraestructura para un control militarizado. Juntas estas industrias son responsables de una cantidad inaceptable de negligencias (algunos dirían acoso) de millones de personas que necesitan o quieren cruzar la frontera para su subsistencia, pero no han tenido éxito controlando el flujo de drogas hacia el norte o de armas hacia el sur.

La Arquitectura, con su poder para articular visiones para un futuro mejor, tiene la responsabilidad de estar en total desacuerdo con estos conflictos y ser parte de la solución. Este era el espíritu de un semestre de estudio con la colaboración de la UANL en Monterrey, México. Estudiantes de ambos lados de la frontera tuvieron la oportunidad de interactuar y de trabajar juntos en soluciones para integrar en diferentes ciudades fronterizas. El análisis operado por el estudio nos llevo a tres grandes conflictos que necesitaban ser tratados para poder avanzar hacia una frontera abierta entre EEUU y México. Primero que todo: las soluciones deben tratarse de manera local. Lo que funcione en Tijuana /San Diego puede no funcionar para Juárez / El Paso o Matamoros / Brownsville. El segundo problema era reconocer que había grandes porciones de terreno para desarrollar alrededor de la frontera, la mayoría en el lado estadounidense, y debemos tomarlas como oportunidades para una infraestructura que trate ambos, la sostenibilidad medioambiental y la sostenibilidad social en las comunidades fronterizas. El tercer problema contempla nuestra dependencia norteamericana en el automóvil y como nuestras políticas que favorecen a los coches se han convertido en un problema de seguridad mayor en la frontera.

LAS SOLUCIONES A LA FRONTERA DEBEN SER LOCALIZADAS

La frontera de Méjico y Estados Unidos esta puntualizada por una larga secuencia de ciudades-hermanas que componen una constelación de oportunidad para una integración fuerte. Algunas de estas ciudades ya están muy integradas como Laredo y Nuevo Laredo, las cuales comparten un único equipo de beisbol. Otras ciudades como Brownsville y Matamoros tienen aun un largo camino por recorrer respecto a la integración, a pesar de compartir un sinuoso Rio Grande/Rio Bravo que podría ser transformado en un increíble bulevar o paseo a lo largo del rio. Muchos de los proyectos de los estudiantes proponen soluciones locales que pueden ser fácilmente implementadas. Omar Salim decidió trabajar en dos ciudades que ya están muy integradas la una con la otra: Puerto Palomas y Deming. Las dos ciudades comparten una misma infraestructura sanitaria, con ciudadanos estadounidenses cruzando frecuentemente para visitar al dentista o a otros especialistas en Puerto Palomas y mujeres embarazadas que cruzan para dar a luz a sus bebés en el único hospital de maternidad disponible, en Deming. Como resultado de esta simbiosis , hay cientos de ciudadanos estadounidenses viendo en Puerto Palomas, niños que cruzan todos los días para ir a la escuela en Deming. E pasado Enero el mundo quedo horrorizado ante las imágenes de niños de países de Oriente Medio siendo detenidos para interrogados en aeropuertos americanos. Desafortunadamente, Agentes del Control de frontera inspeccionando las mochilas de los niños es una rutina es Puerto Palomas. El diseño de Omar Slim propone una gran pérgola y un jardín donde los niños de Chihuahua podrían esperar al autobús bajo la sombra que también protegería los ancianos New Mexicans que cruzan hacia el sur para recibir atención médica asequible. Proteger a los vulnerables, jóvenes y ancianos, de ambas partes de la frontera no debería ser algo complicado en tiempos normales. Pero no vivimos en tiempos normales.

Otro proyecto que piensa globalmenete y actual de manera local es el paseo diseñado por Rogyn Wrobleski y Raphael Bureau-Mirat para Eagle Pass, TX. La que alguna día fue una ciudad prospera, Eagle Pass ha caído detrás de su ciudad-hermana de Piedras Negras, Coahuila, catalogada como la ciudad con mejor calidad de vida de Méjico. Los estudiantes estudiando el lugar, entendieron rápidamente que piedras Negras a aprovechado y beneficiado de su localización fronteriza, construyendo un bonito paseo a lo largo del Rio Bravo. Siguiendo un estrategia opuesta, Eagle Pass renuncio a su economía fronteriza y le dio la espalda al Rio Grande. El diseño propuesto hace una llamada al desarrollo de el terreno vacío el lado de Eagle Pass, imitando al paseo existente en el otro lado, desarrollo de viviendas y una infraestructura de transporte compartida con una frontera abierta en el Rio Grande/Bravo. Para conseguir esto, los controles de seguridad deben ser trasladados a las afueras de la ciudad, así las zonas urbanas se convierten en zonas libres de armas y son desmilitarizadas.

that facilitates ongoing exchange. The second is the labor industry, which employees millions of Hispanic workers in the U.S. (legally or not) and is interested a border that is not tightly closed, but also not completely open. Concerns about deportation keep workers more willing to do anything for a job. The third is the military industry, which sells the idea that the border is dysfunctional so that both governments can justify spending billions in equipment, personnel, and infrastructure for militarized control. Together, these industries are responsible for an unreasonable amount of oversight (some say harassment) of millions of people who need or want to cross the border for their livelihood, yet they have not been successful in controlling the flow of drugs northbound or weapons southbound.

Architecture, with its power to articulate visions of a better future, has a responsibility to weigh in on such issues and be part of their solution. This was the spirit of a semester-long studio developed in partnership with UANL in Monterrey Mexico. Students from both sides of the border had the chance to interact and to work together for solution to foster integration in different border cities. The analysis run by the studio led us to three major issues that need to be addressed in order to move towards an open border between USA and Mexico. First and foremost: solutions have to be localized. What works for Tijuana / San Diego might not work for Juarez / El Paso or Matamoros / Brownsville. The second issue is to recognize that there are large swaths of land available for development along the border, mostly in the US side, and we should think of these as opportunities for a border infrastructure that addresses both the environmental sustainability and the social sustainability of border communities. The third issue regards our north-american dependency on the automobile and how our policies of privileging cars have become a major security issue on the border.

SOLUTIONS TO THE BORDER MUST BE LOCALIZED.

The US-Mexico border is punctuated by a long sequence of sister-cities that comprise a constellation of opportunity for stronger integration. Some of those cities are already very integrated like Laredo and Nuevo Laredo, which share a single baseball team. Other cities like Brownsville and Matamoros have a long way to go in terms of integration, despite sharing a meandering Rio Grande / Rio Bravo that could be transformed into a jaw-dropping boulevard and river walk. Many of our students projects proposed local solutions that could be easily implemented. Omar Salim chose to work on two cities that are already highly integrated: Puerto Palomas and Deming. The two cities share a single health infrastructure, with US citizens crossing frequently to visit the dentist and other specialized care in Puerto Palomas and expectant mothers crossing to deliver their babies in the only maternity hospital available, in Deming. As a result of this symbiosis there are thousands of US citizens living in Puerto Palomas, kids that cross into Deming to go to school everyday. Last January the world was aghast with pictures of children from Middle Eastern countries being detained for interrogation in US airports. Unfortunately, kids having their backpacks inspected by Border Patrol agents are routine in Puerto Palomas. The design by Omar Salim proposes a large pergola and garden where Chihuahua kids could wait for their buses under a shade that would also protect elderly New Mexicans crossing south to receive affordable medical care. To protect the vulnerable, young and old, from both sides of the border should be a no-brainer in normal times. But we are not living through normal times.

Another project that thinks globally and acts local is the promenade designed by Robyn Wrobleski and Raphael Bureau-Mirat for Eagle Pass, TX. Once a thriving border town, Eagle Pass has fallen behind her sister city of Piedras Negras, Coahuila, branded as one of the cities with the best quality of life in Mexico. The students analyzing the site understood very early that Piedras Negras have embraced and profited from their border location, building a beautiful promenade along the Rio Bravo. Following the opposite strategy, Eagle Pass renounced its border economy and gave its back to the Rio Grande. The proposed design calls for the development of the empty land on the Eagle Pass side, creating a mirror promenade, housing development and a shared public transportation infrastructure with a full open border on the Rio Bravo/Grande. To accomplish this, the security checkpoints should be moved to outside the cities, with the urban areas becoming gun-free, de-militarized zones.

TURN AVAILABLE LAND INTO INFRA-STRUCTURE FOR SOCIAL AND ENVIRONMENTAL SUSTAINABILITY.

As described in the Eagle Pass project discussed above, all border towns have large buffers of undeveloped land on the U.S. side, while the Mexican side is denser and built up against the dividing line. The land availability in the U.S. cities is a significant untapped opportunity. Instead of militarized wastelands, we could have proper parks, water cleaning meadows, sports facilities and even shopping malls – as we proposed and tested in studio.

TRANSFORMAR EL TERRITORIO DISPONIBLE EN UNA INFRAESTRUCTURA PARA LA SOSTENIBILIDAD SOCIAL Y MEDIOAMBIENTAL

Como en el proyecto de Eagle Pass, descrito anteriormente, todas las ciudades fronterizas tienen grandes vacíos de terreno sin desarrollar en la lado estadounidense, mientras que el lado Mejicano es mas denso y construye junto en la línea divisoria. El territorio disponible en ciudades americanas es una oportunidad inutilizada muy significante. En vez de desiertos militarizados, podríamos tener parques adaptados, praderas que limpien el agua, instalaciones deportivas incluso centro comerciales- como proponemos y probamos en el estudio.

Muchos de mis estudiantes se centraron en enfrentarse al los problemas sociales y medio ambientales. Isabel Albert propuso una serie de plataformas elevadas sobre el estuario de Tijuana, uniendo ambas comunidades del norte y sur de la frontera, haciendo crecer la conciencia medioambiental y dejando este gran parque listo para la apropiación. También en la zona de Tijuana, Edith Ware trabajo a lo largo de la cuenca del Rio Tijuana, . El sistema proponiendo la restauración del cauce natural del rio a lo largo de 9 millas de la zona urbana de Tijuana. El sistema revitalizado apoyaría a una conexión ecológica e hidrológica mas fluida en el paisaje y biodiversidad de la región. El parque también funcionaria como una infraestructura de paso para peatones y ciclistas, apoyando un movilidad activa y segura para la frontera combinada con la oportunidad de zonas de ocio. En Brownsville, Nolan Stone propuso el desarrollo residencial de viviendas en el área vacía que hoy funciona como buffer, activando la orilla del Rio Grande/Bravo para crear un área metropolitana unificada. La propuesta esta basada en un nuevo código de desarrollo del terreno que mezcla las estrategias del paisaje de Estados unidos y de Méjico por crear un ara urbana consistente. La aplicación de dos puentes peatonales y la revitalización de las orillas del rio servirán como puerta de entrada para unir más juntas las dos ciudades.

En Juárez/El Paso, Evan Todz y Kara Holekamp, propusieron Knowledge Factory (Fábrica del Conocimiento) en la zona del Chamizal. El Chamizal tiene una historia única que tiene que ser conocida por todos aquellos interesados en conflictos de la frontera. El tratado de Guadalupe Hidalgo decidio que El rio brazo/Rio grande debía ser la frontera. Entre el Paso y Juárez el meandro del rio se mueve con su geometría constantemente., transportando bancos de arena tras las tormentas. Estados Unidos no pudo lidiar con tal ambigüedad y en 1963mando a las Army Corps of Engineers para que canalizaran el rio y lo "rectificaran". El canal fue construido en la frontera norte del Chamizal y como resultado Méjico adquirió 176 hectáreas de territorio. Knowledge Factory usa la metáfora de las maquilladoras y le da la vuelta, usando tecnología, educación y conciencia medio ambiental. La región de El Paso –Juárez tiene una historia violenta de guerra de drogas y feminicidios, impulsados fuertemente por la militarización y la industria de las maquilladoras. Knowledge Fcatory persigue derribar estas industrias reduciendo la presencia de la frontera, mediante la dispersión de los controles de seguridad y construyendo los lugares post-industriales en centros de producción de conocimiento y innovación urbana.

Todos estos proyectos reconocen que no existe una solución para el problema medioambiental sin tratar también lso problemas sociales y viceversa. La frontera de Mexico y Estados Unidos necesita integración comunitaria y oportunidades económicas para aquellas ciudades-hermanas y su población-hermana. Esto significa unirlas juntas, no separarlas. Uno de los proyectos mas visionaros desarrollados en el estudio fue el de Valentina Rodríguez, que propuso un tren de alta velocidad a lo largo de la frontera. Usando las estaciones de tren como controles de seguridad, así como hacen los todos los aeropuertos del mundo, el tren de alta velocidad cortaría un 1% del volumen de NAFTA durante un par de años y estimularía un tremendo desarrollo económico para 100 millones de personas que viven a 200 km de la frontera. Así como podemos ir desde Paris a Barcelona en un cómodo viaje de tren de 5 horas, deberíamos ser capaces de ir desde Monterrey a Los Ángeles o de Tijuana a Austin.

ABANDONAR NUESTRAS POLÍTICAS ORIENTADAS AL COCHE PARA MEJORARA LA FRONTERA

Y, por supuesto, hay desafíos para acoger la integración en la frontera. Un problema que cruza todas las ciudades fronterizas y necesita ser tratado: nuestra dependencia Norte Americana con el automóvil. Mientras la mercancía es llevada por lo puertos de NAFTA y la gente aplica distintos niveles de seguridad para cruzar la frontera, las inspecciones a los coches echas al azar , les da algo muy cercano a un paso libre. Separar los coches de sus conductores para escanear detalladamente la maquinaria (así como hacemos con nuestro equipaje de mano en los aeropuertos) funcionaria a muchos niveles. Prevendría la droga de llegar hacia el norte y a las ramas de llegar al sur. Incentivaría el transporte publico, el cual en las ciudades fronterizas necesita ser integrado mejor. Donghwan Kim trabajo en la frontera entre Laredo y Nuevo Laredo. Su propuesta, un híbrido entre centro comercial e infraestructura de circulación separa los carriles rodados de los peatonales (incluyendo los conductores) y da acceso a tiendas de duty-free, cuidado medico y restaurantes para aquellos que esperan que sus automóviles sean escaneados y centros deportivos para los vecinos de

Several of my students focused on tackling environmental and social issues at the same time. Isabel Albert proposed a series of elevated walkways over the Tijuana estuary, stitching together the communities north and south of the border, increasing environmental awareness and making that large park ready for appropriation. Also in the Tijuana area, Edith Ware worked along the Tijuana River watershed, proposing the restoration of the natural river bed along the 9 miles of urban Tijuana. The revitalized system would support a more fluid ecological and hydrologic connection in the local landscape and biodiversity in the region. The park would also work as cycling and pedestrian infrastructure, supporting safe and active mobility for border crossing combined with opportunities for recreation. In Brownsville Nolan Stone proposed a housing development on the empty area that today works as a buffer, activating the Rio Grande/Rio Bravo riverfront to create a unified urban metropolis. The development is based on a new land development code that intermixes the United States and Mexico's land development strategies to create a cohesive urban area. The implementation of two pedestrian bridges and the revitalization of the riverfront will serve as a gateway that could stitch the two cities closer together.

In Juarez / El Paso, Evan Todtz and Kara Holekamp proposed a Knowledge Factory in the Chamizal area. The Chamizal have a unique history that needs to be known by everyone interested in border issues. The treaty of Guadalupe Hidalgo decided that the Rio Bravo/ Rio Grande should be the border. Between El Paso and Juarez the meandering river moved its geometry constantly, moving sand banks following storm events. The US could not deal with such ambiguity and in 1963 ordered the Army Corps of Engineers to channelize the river and "straighten it out". The channel was built on the northern border of the Chamizal area and as a result Mexico acquired 176 hectares of land. The Knowledge Factory uses the metaphor of the maquiladoras and turns it upside-down using education, technology and environmental awareness. The El Paso - Juárez region has a violent history of drug wars and feminicides, fueled largely by border militarization and the maquiladora industry. The Knowledge Factory seeks to subvert these industries by reducing the presence of the border through the dispersion of security checkpoints and converting post-industrial sites into places of knowledge production and urban innovation.

All those projects recognize that there is no solution to the environmental problems without addressing also social problems and vice versa. The border of Mexico and the US needs community integration and economic opportunity for those sister cities and their sister populations. That means stitching them together, not ripping them apart. One of the most visionary projects developed in our studio was a proposal by Valentina Rodriguez proposing a high-speed train connection along the border. Using the train stations as security check-points much like every airport in the world, the high-speed train would cost 1% of NAFTA volume for a couple of years and spur tremendous economic development for 100 million people that live 200 km from the border. Just like we can go from Paris to Barcelona in a comfortable 5-hour train ride, we should be able to go from Monterrey to Los Angeles or from Tijuana to Austin.

ABANDON OUR CAR-ORIENTED POLICIES TO IMPROVE THE BORDER

And, of course, there are challenges to fostering integration at the border. One problem crosses all border towns and needs to be addressed: our North American automobile dependency. While cargo is handled by NAFTA ports and people endure multiple levels of scrutiny to cross the border, the randomized inspection of cars gives them something very close to a free pass. Separating the cars from their drivers to thoroughly scan the machines (just like we do with our carry-ons in airport security) would work on many levels. It would prevent drugs from moving north and weapons from moving south. It would incentivize public transportation, which, in border cities, need to be better integrated. Donghwan Kim worked on the border between Laredo and Nuevo Laredo. His proposal, a hybrid between mall and circulation infra-structure separates car lanes from pedestrians (including the drivers) and give people access to duty-free shops, medical care and food court for those waiting for their automobiles to be scanned, and sports facilities for the neighbors on both sides of the border. Nathan Sears also worked on Laredo and Nuevo Laredo with a series of pedestrian bridges linking the cities in a network of green spaces, trails, public transit connections, and programmatic facilities. Up river, between Ciudad Acuña and Del Rio, Ashley Chung proposed three dams to control water levels, reinvigorating water as a shared amenity of the region. Above the water height is a River Centre Cultural Museum. Organized from realistic to utopian thought, security measures are integrated on the outermost rings of vehicular and pedestrian circulation to allow for increased porosity and binational interactions. Closest to the river, the central museum space immerses its visitors with views of the water around and below. Integrating with the two cities via pedestrian bridges and boardwalks, the proposal challenges the imposed border of the two nations that is the Rio Grande River as well as highlights the water's fundamental and connecting potential for the two river cities. Those three proposals have in common the separation between pedestrians and cars so that the automobiles can be fully scanned, combined with enhancement of public transportation to fight the privilege given to car ownership at the border.

ambos lados de la frontera. Nathan Sears también trabajo en Laredo y Nuevo Laredo con una serie de puentes peatonales uniendo ambos lados con una red de espacios verdes, caminos, conexiones de transporte público y otros servicios. Rio arriba, entre Ciudad Acuña y Del Rio, Ashley Chung propuso tres presas para cntrolar el nivel del agua, revitalizando el agua como un servicio compartido por la región. Sobre el nivel del agua es el River Center Cultural Museum. Organizado desde un pensamiento realista a uno utópico, las medidas de seguridad están integradas en los anillos mas exteriores de paso rodado y peatonal para permitir la incrementada porosidad y las interacciones binacionales. Acercándose mas al rio, el espacio central del museo sumerge a sus visitantes con vistas del agua alrededor por debajo de ellos. Integrándose con las dos ciudades por puentes peatonales y paseos, la propuesta desafía la frontera impuesta por las dos naciones, que es el Rio Grande, así como también destaca el potencial fundamental y conector del agua para ambas ciudades del rio. Estas tres propuestas tiene en común la separación de coches y peatones para que los automóviles sean escaneados completamente, combinada con la mejora del transporte público para luchar con el privilegio dado a la automóvil privado en la frontera.

Todas juntas, estas propuestas permitirán cientos de hectáreas que hoy solo funcionan como vacíos sean usados como parques, añadiendo sostenibilidad medioambiental a esas áreas que mas lo necesitan. Y crear una frontera de integración social y económica, en vez de gastar dinero en estrategias de segregación que están condenadas a fracasar en el futuro.

Together, those proposals would allow hundreds of acres that today work only as buffers to be used as parks, adding environmental sustainability to areas that need it the most. And it would create a border of social and economic integration instead of wasting money on strategies of segregation that are doomed to fail in the future.

[1] (BORGES, J., Atlas, New York: E. P. Dutton, 1985, pp. 60)

SOMOS SUR, WE ARE FRONTERA

Diana Maldonado, PhD.[1]
Profesora-Investigadora, Universidad Autónoma de Nuevo León

Cuando se nace y se vive en el lado sur del margen, la frontera es parte de la vida cotidiana y representa la condición de ser; en alguno de sus discursos Orhan Pamuk, habla de vivir en el margen, de identidad, de territorios y de fronteras. A la pregunta común ¿Por qué escribe? Pamuk responde sin titubear: "... Escribo porque estoy enojado con todos ustedes, enojado con todo el mundo... Escribo porque quiero que los demás, que todos nosotros, el mundo entero, sepa qué tipo de vida hemos vivido y seguimos viviendo en Estambul, en Turquía... "[2] Señala que las personas que están "afuera", las que habitan la frontera, tienen que ser capaces de encontrar un mundo más allá del sentimiento de estar excluidos.

En cuanto a la discusión entre oriente y occidente, es decir norte y sur, Pamuk señala que el tema de la vergüenza está siempre presente, y añade que sus novelas están hechas a partir de esa vergüenza silenciosa: "Aquí estamos, llamando a la puerta, y pidiendo entrar, llenos de grandes esperanzas y buenas intenciones, pero también sintiéndonos ansiosos y temerosos por el rechazo... "[3] Lo interesante es que para Orhan Pamuk, al compartir las "vergüenzas secretas", nosotros, los que habitamos las fronteras, los que estamos esperando que la puerta se abra y el muro caiga, podemos, de cierta forma, liberarnos.

La idea de frontera está relacionada con muros físicos y virtuales. Jordi Borja explica que las ciudades nacieron y se desarrollaron para el intercambio cultural, ya que fueron concebidas como lugares donde diferentes personas podrían coexistir pacíficamente;[4] por lo tanto, las murallas de las primeras ciudades se utilizaron como defensa del territorio contra enemigos externos, pero también como creadoras de espacio público y zonas de encuentro.[5] Hoy en día las circunstancias son distintas, los muros y otros límites urbanos sirven al "poder" para legitimar su hegemonía. El Muro de Berlín fue utilizado para mantener un régimen dictatorial; el límite entre Israel y la región de Gaza, para proteger a la población judía de expansión del territorio; el muro fronterizo entre México y Estados Unidos es más de lo mismo: los muros se utilizan como una forma sofisticada y cruel de explotación.

Acerca de la Frontera México-Estados Unidos, Michael Dear escribió *Why Walls Won't Work* donde propone dos conceptos principales: la Tercera Nación (antes de la construcción del muro) y La Tercera Nación de la Mente, con la intención de reparar la división entre los dos países. La idea de la Tercera Nación se construye a partir de las tradiciones locales, y está anclada a la frontera entre dos naciones-estado, "la propuesta abarca la nacionalidad, la identidad, el territorio y la práctica".[6] Dear explica que "aquí", la nación representa una comunidad donde las personas se identifican al compartir historia, territorio y tradiciones culturales. El autor reconoce que el intercambio entre los dos lados de la frontera no siempre es en el sentido que inspira la Tercera Nación, ya que el tráfico de drogas, armas y personas es real.[7] El concepto de la Tercera Nación es, de hecho, un esfuerzo por definir la identidad de los habitantes de la frontera México- Estados Unidos, se basa en la idea de "identidades cambiantes", y representa una perspectiva optimista y pensada desde del norte.

Siguiendo el orden socioeconómico mundial, América Latina podría definirse como frontera: Sur-América versus EE.UU.- Canadá; Sur-América versus Europa. No es oriente, ni occidente puro, es el nuevo mundo "híbrido" que se encuentra "al sur de la frontera, al oeste del sol". Siempre viviendo bajo crisis económicas, los "sureños" representan el "tsunami" que rompe en el norte de México, en la última frontera latinoamericana. Cuando se habla de límites entre los países, sólo se consideran las ciudades adyacentes al margen; en el caso de lado sur de la frontera México- EE.UU., se refiere a 23 ciudades fronterizas; de acuerdo con el número de habitantes y su ubicación geográfica las más importantes son: Tijuana (localizada al oeste de la franja, con una población de 1.456.613 habitantes, incluyendo Tecate y Rosarito), Ciudad Juárez (ubicada en el centro de la frontera, con una población de 2.700.000 habitantes), y Reynosa (anclada en el este del límite, con una población 608.000 habitantes).

Más allá de esta forma convencional de pensar las fronteras, existe la ciudad de Los Angeles, California, ubicada en el lado noroeste de la franja-frontera; el área metropolitana de Los Angeles alberga una población de 18 millones de habitantes; alrededor de 6

SOMOS SUR, WE ARE FRONTERA

Diana Maldonado, PhD.[1]
Professor-Researcher, Autonomous University of Nuevo León

For those of us born and raised on the south side of the margin, the border is part of everyday life and represents the condition of being. In one of his speeches Orhan Pamuk talks about of living in the margin of identity, of territories and of borders. To the common question Why write? Pamuk responds without hesitation: "... I write because I am angry with all of you, angry with everyone ... I write because I want others, all of us, the whole world, know what kind of life we have lived and we continue to live in Istanbul, in Turkey..."[2] He points out that people who are "outside", those who inhabit the borders, have to be able to find a world beyond the feeling of being excluded.

As for the discussion between east and west, i.e. north and south, Pamuk points out that the subject of shame is always present, and adds that his novels are made from that silent shame: "Here we are, knocking on the door and asking permission to enter, full of great hopes and good intentions, but also feeling anxious and fearful by the rejection..."[3] The interesting thing is that for Orhan Pamuk the act of sharing the "secret shame" can, in a certain way, free us we, those who inhabit the borders, those who are waiting for the door to open and the wall to fall.

The idea of border is related to physical and virtual walls. Jordi Borja explains that cities were born and developed for cultural exchange, as they were conceived as places where different people could coexist peacefully;[4] therefore, the walls of the first cities were used as defense of the territory against external enemies, but also as enablers of public space and zones of encounter.[5] Nowadays the circumstances are different, the walls and other urban limits serve the "power" to legitimize its hegemony. The Berlin Wall was used to maintain a dictatorial regime; the boundary between Israel and the Gaza region, to protect the Jewish population in their expanded territory; the border wall between Mexico and the United States is more of the same: the walls are used as a sophisticated and cruel form of exploitation.

About the US-Mexico Border, Michael Dear wrote *Why Walls Will Not Work* proposing two main concepts: the Third Nation (before the construction of the wall) and The Third Nation of the Mind, with the intention of repairing the division between the two countries. The idea of the Third Nation is constructed from local traditions, and is anchored to the border between two nation-states, "covering nationality, identity, territory and practice."[6] Dear explains that "here" , the nation represents a community that people identify by sharing history, territory and cultural traditions. The author acknowledges that the exchange between the two sides of the border is not always in the sense that the Third Nation inspires, since the smuggling of drugs, arms, and people is real.[7] The concept of the Third Nation is, in fact, an effort to define the identity of the inhabitants of the US-Mexico border, based on the idea of "changing identities", and representing an optimistic perspective thought from the north.

Following the global socio-economic order, Latin America could be defined as a border: South-America versus USA-Canada; South America versus Europe. It is not East, nor pure West, it is the new "hybrid" world that is "south of the border, west of the sun." Always living under economic crises, the "southerners" represent the "tsunami" that breaks in northern Mexico, the last Latin American frontier. When speaking of boundaries between countries, only cities adjacent to the margin are considered; in the case of the south side of the US-Mexico border it means 23 cities. According to the number of inhabitants and their geographical location the most important are: Tijuana (located to the west of the strip, with a population of 1,456,613 inhabitants, including Tecate and Rosarito), Ciudad Juárez (located in the center of the border , with a population of 2,700,000 inhabitants), and Reynosa (anchored in the east of the border, with a population of 608,000).

Beyond this conventional way of thinking borders, there is the city of Los Angeles, California, located on the northwest side of the border-strip. The Los Angeles metropolitan area has a population of 18 million; about 6 million of those "angelinos" are Mexicans. Thus, on the southeast side of the border there is Monterrey with approximately 5 million inhabitants distributed among

millones de "angelinos" son mexicanos. Así, en el lado sureste de la frontera existe Monterrey con aproximadamente 5 millones de habitantes distribuidos entre 11 municipios que conforman el área metropolitana de esta ciudad. En un sentido amplio, la frontera es la zona exterior, un territorio con límites no definidos, y no sólo algunos puntos a lo largo del margen.

La historia dice que hubo manifestaciones de la ciudad-Estado en el altiplano de México, en la región conocida como Mesoamérica; el nombre de Mesoamérica fue dado por Paul Kirchhoff para identificar el área cultural localizada de la mitad sur de México hasta Centroamérica. En palabras de Kirchhoff, el borde norte de Mesoamérica colindaba con tribus nómadas de cultura inferior, formadas por recolectores y cazadores[8], algunos estudiosos llaman a esta zona Aridoamérica; la región fue ocupada por Chichimecas, un grupo indígena guerrero también llamado grupo de "bárbaros" o "salvajes".[9] Desde una perspectiva nacional, Aridoamérica siempre ha sido considerada frontera, la zona excluida. Actualmente, Aridoamérica incluye los estados de Baja California, Sonora, Chihuahua, Coahuila, Nuevo León, Tamaulipas, entre otros; esos estados representan la región del lado sur del borde.

Las divisiones políticas (fronteras) tienen dos lados: norte y sur; más allá de la referencia geográfica, el norte se identifica como el área de la riqueza, la tierra natal de los países desarrollados, la ciudadela mundial; mientras que el lado sur es la zona pobre donde el desarrollo representa la "tierra prometida". El anhelo, el deseo, la aspiración son características que constituyen el perfil de la frontera sur; la línea límite puede ser penetrable, el ensayo del cruce forma parte de la vida cotidiana, y la transferencia de los límites es la estrategia para sobrevivir. Etimológicamente, la palabra frontera se deriva del latín bordatura, que significa terminación, pero también movimientos imperceptibles y constantes. Así, si en Lo Angeles viven casi 9 millones de latinoamericanos, cada uno de ellos es frontera-sur, en el norte.

A partir de las ideas de bell hooks relacionadas con centro, periferia y márgenes podría ser posible comprender el "lado sur" de la frontera, y su relación con la construcción de identidades "diferentes". En *Yearning*, bell hooks habla de los márgenes como lugares concretos donde "la posibilidad" permite nuevas formas de interacción; la autora considera que en la frontera se vive el presente como futuro y viceversa, por lo que se constituye en el lugar de la resistencia; sólo ahí es posible la construcción y práctica del "doble cruce" entre binarios convencionales: "Al vivir como lo hacemos -en el margen- desarrollamos una manera particular de ver la realidad. Miramos tanto de afuera hacia adentro como de adentro hacia afuera. Nuestra atención está en el centro, pero también en la periferia. Entendemos bien ambos lados". Desde esta posición "descentrada", bell hooks enlaza identidad y subjetividad para definir el *Black Feminism*, y desde allí reconstruir el *Blackness*.[10] El norte de México es el lado sur de una frontera poderosa; representa una posición "descentrada" y por lo tanto pieza clave para la reconstrucción de la "Latinoamericanidad".

Durante el período de elección presidencial de Estados Unidos de América el tema de la frontera física con México volvió a estar sobre la mesa de las discusiones. La propuesta del Taller conjunto entre *The University of Texas at Austin, School of Architecture*, y la *Universidad Autónoma de Nuevo León, Facultad de Arquitectura* partió de una premisa general: pensar espacialmente una franja frontera para el libre tránsito de las personas. El equipo del lado sur estuvo conformado por cinco líderes de grupo que atendieron a más de 300 estudiantes, los cursos fueron talleres de diseño, urbanismo y teoría.[11] Así, desde una posición descentrada, se dibujaron mapas de flujos para entender la configuración política de la frontera; se propuso un plan maestro flexible y el rescate de los ríos frontera como amortiguadores ecológicos/espacio público, además se desarrollaron proyectos de re-densificación para asentamientos frontera a partir del derecho al territorio; y ejercicios alternativos como ciclo de cine, selección de música, desarrollo de cuentos, poemas, videos y simulaciones como ensayo de intervención; todas las actividades partieron de la afirmación "I am Frontera".

Por un semestre las visiones norte y sur construyeron una estructura de diálogo, basada en el reconocimiento del derecho del "otro" a ser diferente. Así, un grupo de estudiantes frontera-sur decidió continuar con el proyecto, sus propuestas fueron puntuales e incluyeron recuperación de espacio público y su uso como punto de unión de ciudades fronterizas; intervención al Río Bravo/Grande (región noreste, lado sur del borde); centro de investigación para producción de alimento; museos binacionales; reconocimiento de patrimonio arquitectónico; estaciones para comunicación y cruce; y casa de migrantes con proyecto de inclusión al sistema productivo de la región noreste de México.

11 municipalities that make up the metropolitan area of this city. In a broad sense, the border is the outer zone, a territory with undefined boundaries, and not just a few points along the margin.

The story says that there were demonstrations of the city state in the highlands of Mexico, in the region known as Mesoamerica, the name given by Paul Kirchhoff to identify the cultural area located from the southern half of Mexico to Central America. In the words of Kirchhoff, the northern edge of Mesoamerica bordered with nomadic tribes of lower culture, made up of collectors and hunters.[8] Some scholars call this area Arid America - the region occupied by Chichimecas, an indigenous warrior group also called "barbarians" or "savages."[9] From a national perspective, Arid America has always been considered the frontier, the excluded area.

The states of Chihuahua, Coahuila, Nuevo León, Tamaulipas, and Baja California represent the region on the south side of the border. Political divisions (borders) have two sides: north and south, beyond the geographical reference, the north is identified as the area of wealth, the native land of developed countries, the world citadel, while the south side is the poor zone where development represents the "promised land." Longing, desire, and aspiration are characteristics that constitute the profile of the southern border. The boundary line may be penetrable, the crossing test is part of everyday life, and the transfer of boundaries is the strategy for survival.

Etymologically, the word border is derived from the Latin bordatura, which means termination, but also imperceptible and constant movements (same root for embroidering). Thus, if in Los Angeles there are almost 9 million Latin Americans, each of them is a south border inside the north. From the ideas of bell hooks discussing center, periphery and margins it might be possible to understand the "south side" of the border, and its relation to the construction of "different" identities. In *Yearning*, bell hooks speaks of margins as concrete places where "possibility" allows new forms of interaction; the author considers that in the border one lives the present like future and vice versa, the reason why it is constituted in the place of the resistance. Only here it is possible to construct and practice the "double crossing" between conventional binaries. "By living as we do - on the margin - we develop a particular way of looking at reality. Attention is in the center, but also in the periphery. We understand both sides well. From this "decentered" position, bell hooks links identity and subjectivity to define *Black Feminism,* and from there to rebuild *Blackness*.[10] South side of a powerful border means a "decentralized" position and therefore key to the reconstruction of "Latin American".

During the US presidential election period in 2016 the issue of the physical border with Mexico was again in the headlines. The proposal of a joint workshop between *The University of Texas at Austin, School of Architecture*, and the *Universidad Autónoma de Nuevo León, Faculty of Architecture* started from a general premise: spatially think of a fringe border for the free transit of people. The team on the south side consisted of five group leaders who attended to more than 300 students, courses were design workshops, urbanism and theory.[11] Thus, from an off-center position, flow maps were drawn to understand the political configuration of the border; a flexible master plan and the rescue of the border rivers were proposed as ecological buffers / public space. Projects were developed for re-densification of border settlements for the right to the territory; and alternative exercises such as film cycle, music selection, story development, poems, videos and simulations as intervention essays; all activities based on the statement "I am Frontera".

For one semester the North and South visions built a structure of dialogue, based on the recognition of the right of the "other" to be different. Thus, a group of border-south students decided to continue with the project, their proposals were punctual and included recovery of public space and its use as a point of union for border cities; intervention to the Rio Bravo / Grande (northeast region, south side of the border); research center for food production; binational museums; recognition of architectural heritage; stations for communication and crossing; and home of migrants with project of inclusion to the productive system of the northeastern region of Mexico.

For us, those who lived on the southern side of the border, this experience allowed us to go beyond the feeling of being excluded. By sharing our "secret shame" we put the accent in the south, and this revealed the advantage that we have to live the double crossing

Para nosotros, los que vivimos en el lado sur de la frontera, esta experiencia nos permitió ir más allá del sentimiento de estar excluidos, al compartir nuestras "vergüenzas secretas", pusimos el acento en el sur, y ello desveló la ventaja que tenemos al vivir de manera cotidiana el doble cruce. Entendimos que ser frontera se define a partir del lado sur de la línea, y que en la separación general de adentro y afuera, intervienen el lugar dónde naces, pero también de quién naces, y entonces la raza, la cultura y el idioma que hablas, entre otros factores. La idea de la tercera nación de la mente permitiría una frontera con libre tránsito de personas, pero el muro físico y virtual que separa a México y Estados Unidos existe desde hace más de 20 años, y los resultados de las elecciones presidenciales no son buena señal para su derribo, sino lo contrario. Los proyectos que se desarrollaron durante el taller mostraron que la posibilidad más viable para invalidar el muro fronterizo era la "construcción" de una franja perpendicular a manera de trayectoria, un camino de cruce que pudiera trazarse de sur a sur[12]; y aun en el norte, siempre sur.

on a daily basis. We understood that being border is defined from the south side of the line, and that in the general separation of inside and outside, the place where you are born, but also from whom you are born: race, culture and language, among other factors. The idea of the third nation of the mind would allow a border with free transit of people, but the physical and virtual wall that separates Mexico and the United States has existed for more than 20 years, and the results of the presidential election are not a good sign for its demolition, rather the opposite. The projects that were developed during the workshop showed that the most viable possibility to invalidate the border wall was the "construction" of a perpendicular strip by way of trajectory, a crossing path that could be traced from south to south[12]; and even in the north, always south.

[1] Diana Maldonado es Doctora en Arquitectura por la UNAM, y Profesora-Investigadora de la Universidad Autónoma de Nuevo León. Facultad de Arquitectura. Actualmente trabaja en un proyecto de investigación donde la propuesta principal es la consideración del espacio-frontera como la nueva unidad de análisis urbano.
[2] Pamuk, Orhan, 2007, *La maleta de mi padre*, Barcelona: Random House Mondadori, p.22.
[3] Ibid, p. 35.
[4] Jordi, Borja,2013, *Revolución Urbana y Derechos Ciudadanos*, Madrid: Alianza Editorial, pp. 107-110.
[5] Guidicini, Giovanna, 2015, *"Imagining and Staging an Urban Border: The Role of the Netherbow Gate in Early Modern Edinburg"*, en The Design of Frontier Spaces. Control and Ambiguity, eds. Loeb, Carolyn and Luescher, Andreas, Burlington, EE.UU.: Ashgate.
[6] Dear, Michael, 2013, *Why Walls Won't Work. Repairing the US-Mexico Divide*, Nueva York: Oxford University Press, p. 71.
[7] Ibid, p. 72.
[8] Paul Kirchhoff, 1960, *"Mesoamérica sus límites geográficos, composición étnica y caracteres culturales"* en Suplemento de la Revista Tatloani No. 3. ENAH. México D. F., 1960. Pp. 4-6.
[9] Dear,Michael, Ibid, p. 22.
[10] hooks, bell, 1990, *Yearning*, Boston: South End Press.
[11] Equipo sur: Diana Maldonado (coordinadora) (Taller de Crítica -teoría-/ Taller de Proyecto Urbano); Marysol Uribe Pérez Coeto (Taller de Crítica -teoría-); Diana K. Padilla (Taller de Proyecto Urbano/ Taller de Proyecto Arquitectónico -diseño-); Nashelly Ricaño Alarcón (Taller Integral. Duración 12 meses (Taller Integral -teoría, arquitectura, urbanismo, diseño-); Fernando Cerecer (Taller de Proyecto Arquitectónico -diseño, paisaje).
[12] Se puede pensar en la prolongación de una franja perpendicular que invalide las líneas fronterizas de toda América Latina; el trazo de sur a sur puede ser de *Ushuaia* a *Monterrey*, y aun en *Houston*, siempre sur.

STUDIO

DOMESTIC WALLS

2 Weeks

At the beginning of the semester, the studio began with conceptual explorations of what constituted a "border." Movies related to this concept, whether abstract or real, were watched and discussed at length. Each member of the studio then proceeded to build a wall within their respective living spaces. The definition of a wall was left up to interpretation and yielded a wide range of results and reactions. The impact of one such wall would be felt and documented for one week. Such conceptual foundations of the ambiguous nature of a 'border' was established and introduced, to be further questioned in the coming weeks and projects.

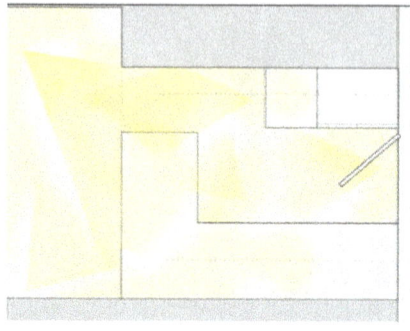 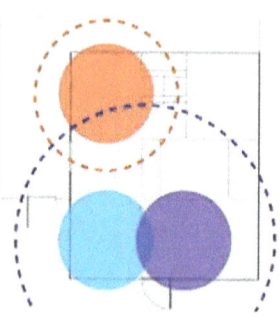

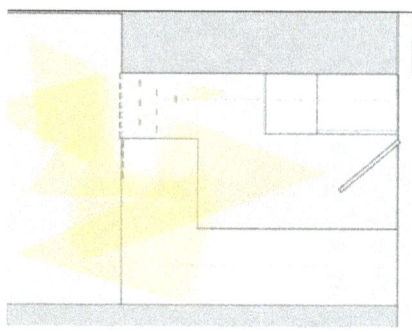 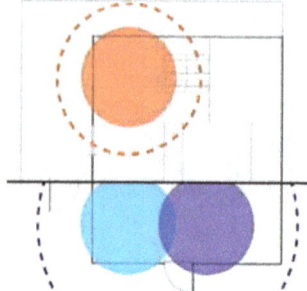

A. Chung (left) and E. Todtz (right)

what is a border?

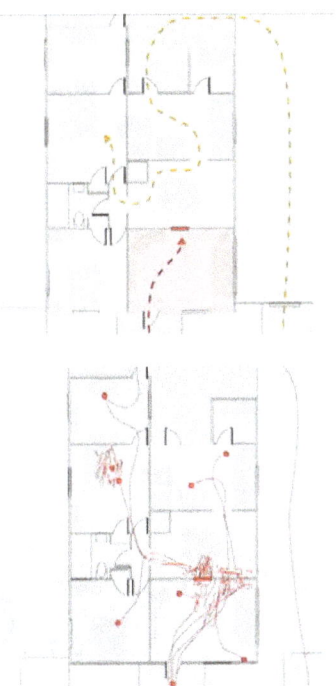

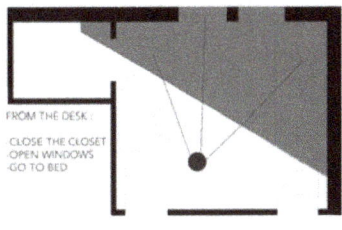

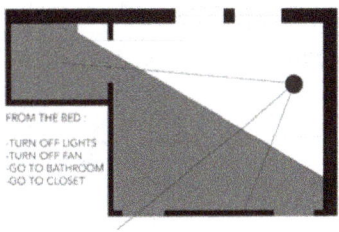

K. Holekamp (left) and R. Bureau-Mirat right)

what is a boundary?

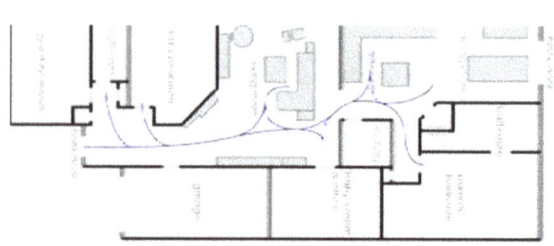
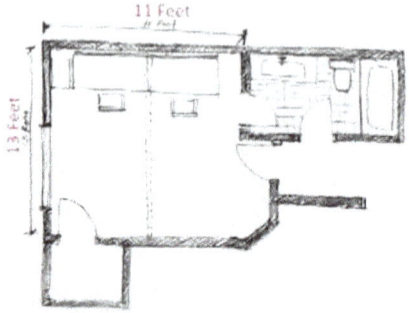

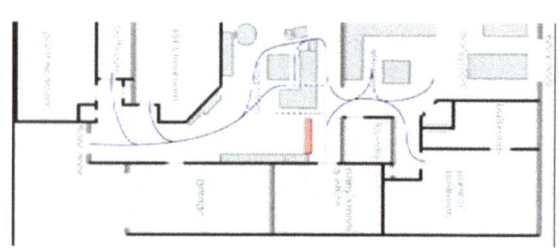
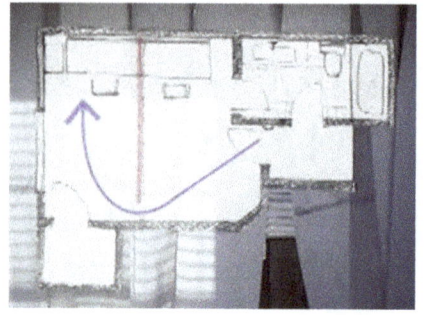

N. Sears (left) and D. Kim (right)

is a border and a boundary mutually exclusive?

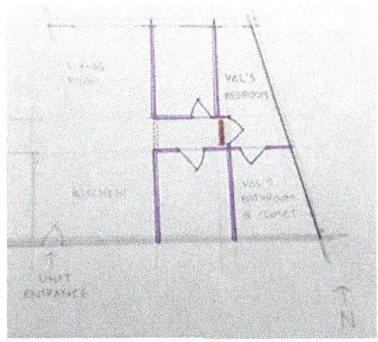
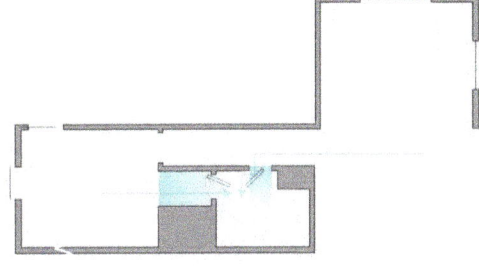
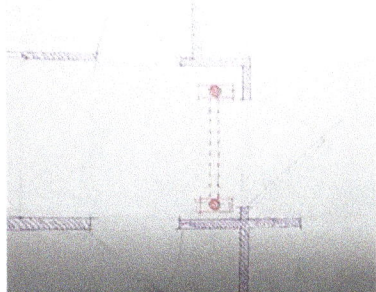
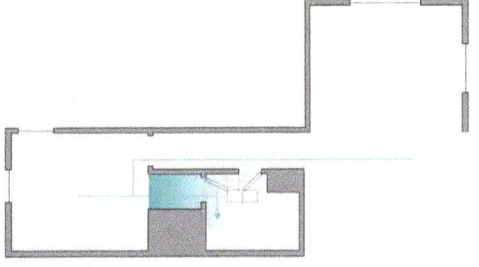

V. Rodriguez (left) and R. Wrobleski (right)

SCHOLAR SEMINARS

This studio would not be as successful and as comprehensive if not for the presence of so many dedicated and brilliant faculty members on UT campus that have been working on border issues for decades.

We invited 5 of them to talk to us and they were all very generous to donate their time to talk to our group. Nestor Rodriguez, Professor of Sociology was our first guest. Prof. Rodriguez has conducted international research in Mexico, Guatemala, and El Salvador, and has travelled and lectured in China and Japan. His present research focuses on Guatemalan migration, U.S. deportations to Mexico and Central America, the unauthorized migration of unaccompanied minors, evolving relations between Latinos and African Americans/Asian Americans, and ethical and human rights issues of border enforcement. C.J. Alvarez, Assistant Professor in the department of Mexican American and Latina/o Studies, writes and teaches about the history of the U.S.-Mexico border. His forthcoming book, The Shape of the Border: Policing, Infrastructure, and the U.S.-Mexico Divide, explains the history of police activity in the borderland.

Denise Gilman was our third guest. Prof Gilman directs the Immigration Clinic at UT Law School. A member of the American Immigration Lawyers Association, Prof. Gilman has written and practiced extensively in the international human rights and immigrants' rights fields. Our fourth guest was Pilar Zazueta, a historian that works on how food and nutrition became a public policy issue in Mexico during the twentieth century. Our fifth guest came from the Western end of the border. Carlos de la Parra is a professor and researcher at the Colegio de la Frontera Norte in the department of Urban Studies and Environment, where he has worked since 1986. Dr. de la Parra played a role in the negotiation of the recent bilateral agreement on the management of the Colorado River, serving as advisor to the International Boundary and Water Commission. He was the Federal Delegate to Baja California for the Mexican Ministry of Environment and Natural Resources from 2002 to 2004, and served as environmental minister at the Mexican Embassy in Washington, DC from 2004 to 2006.

To the five of you our most sincere thanks.

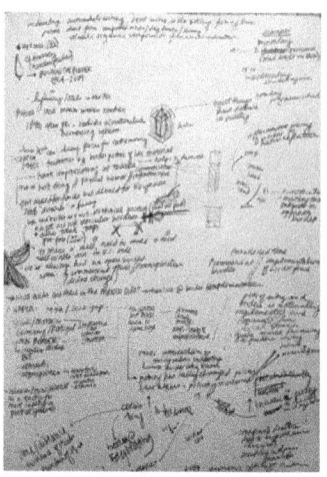
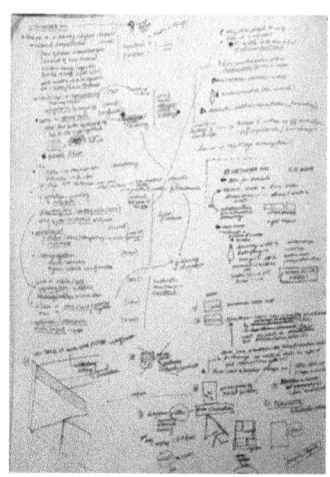

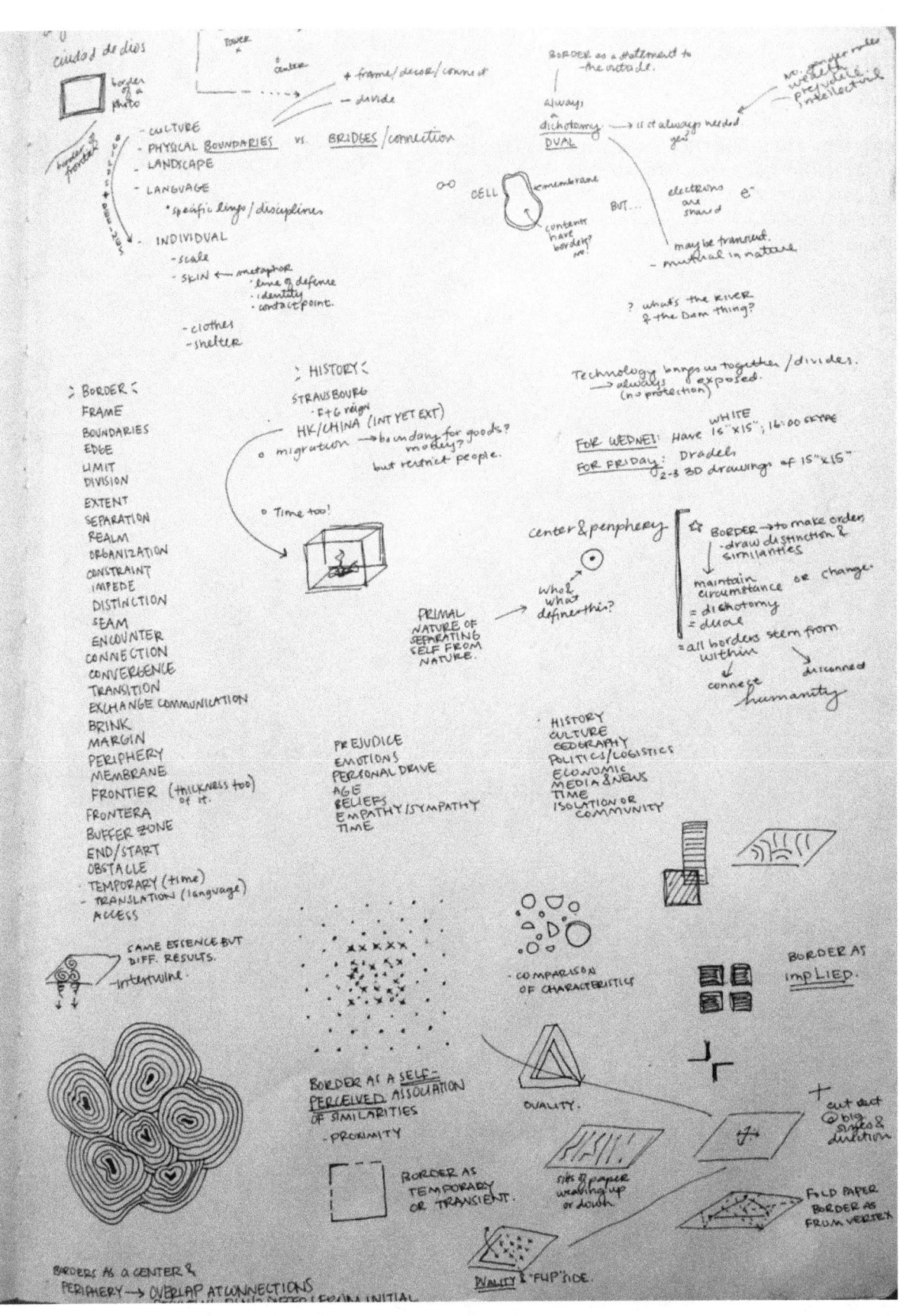

ciudad de dios

border of a photo

+ frame/decor/connect
− divide

BORDER as a statement to the outside.

always a dichotomy → is it always needed. yes
DUAL

no trigger rules
wealth
prejudice
intellectual

- CULTURE
- PHYSICAL BOUNDARIES   vs.   BRIDGES/connection
- LANDSCAPE
- LANGUAGE
  • specific lingo/disciplines
- INDIVIDUAL
  - scale
  - SKIN ← metaphor
    • line of defense
    • identity
    • contact point.
  - clothes
  - shelter

CELL ← membrane
content have borders? no
BUT...   electrons are shared   e⁻
- maybe transient.
- mutual in nature

? what's the RIVER & the Dam thing?

Technology brings us together/divides.
→ always exposed (no protection)

FOR WEDNE: Have 15"x15"; 16:00 SKYPE   WHITE
FOR FRIDAY: Dradels
  2-3 3D drawings of 15"x15"

> BORDER <
FRAME
BOUNDARIES
EDGE
LIMIT
DIVISION
EXTENT
SEPARATION
REALM
ORGANIZATION
CONSTRAINT
IMPEDE
DISTINCTION
SEAM
ENCOUNTER
CONNECTION
CONVERGENCE
TRANSITION
EXCHANGE COMMUNICATION
BRINK
MARGIN
PERIPHERY
MEMBRANE
FRONTIER (thickness too) of it.
FRONTERA
BUFFER ZONE
END/START
OBSTACLE
- TEMPORARY (time)
- TRANSLATION (language)
ACCESS

> HISTORY <
STRAUSBOURG
  · F+6 reign
  HK/CHINA (INT YET EXT)
o migration → boundary for goods? money? but restrict people.
o Time too!

center & periphery
who? what defines this?

PRIMAL NATURE OF SEPARATING SELF FROM NATURE.

☆ BORDER → to make orders
  - draw distinction & similarities
maintain circumstance or change.
= dichotomy
= dual
= all borders stem from within
connect   disconnect
humanity

PREJUDICE
EMOTIONS
PERSONAL DRIVE
AGE
BELIEFS
EMPATHY/SYMPATHY
TIME

HISTORY
CULTURE
GEOGRAPHY
POLITICS/LOGISTICS
ECONOMIC
MEDIA & NEWS
TIME
ISOLATION OR COMMUNITY

SAME ESSENCE BUT DIFF. RESULTS.
- intertwine.

- COMPARISON OF CHARACTERISTICS

BORDER AS IMPLIED.

BORDER AS A SELF-PERCEIVED ASSOCIATION OF SIMILARITIES
- PROXIMITY

DUALITY.

cut out @ big sides & division

BORDER AS TEMPORARY OR TRANSIENT.

sits & paper weaving up or dough

FOLD PAPER BORDER AS FROM VERTEX

DUALITY & 'FLIP' SIDE.

BORDERS AS a CENTER &
PERIPHERY → OVERLAP AT CONNECTIONS

DRADELS

2 Weeks

Following the initial exercise of constructing a domestic wall and accompanying various border topic lectures, the studio began to create paper diagrams, or dradels, of a border as a concept. As studio knowledge and research grew, dradels began to reflect and adapt to particular areas of study. Eventually, dradels about specific border cities were created.

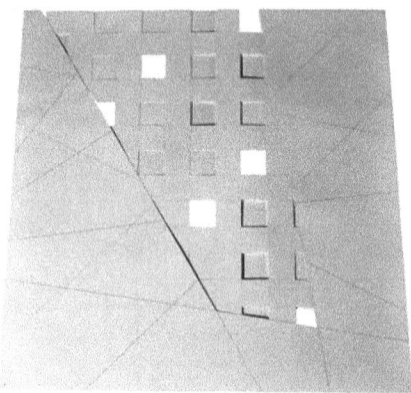

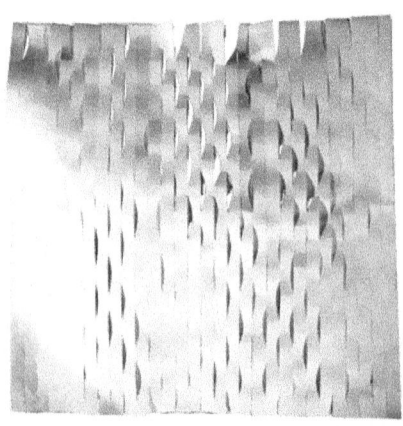

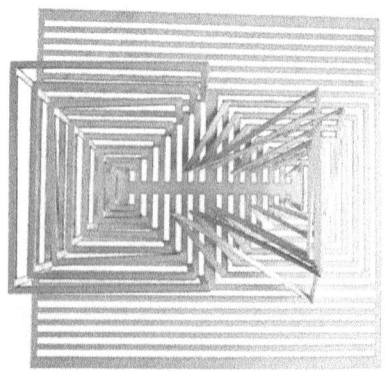

Top: N. Sears, K. Holekamp, N. Stone; Middle: E. Todtz, D. Kim, R. Wrobleski, A. Chung; Bottom: D. Kim, V. Rodriguez, A. Chung, N. Sears

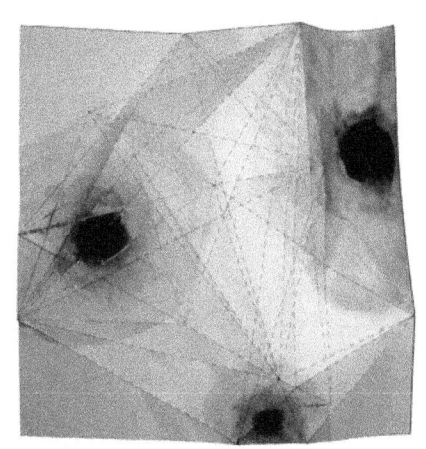

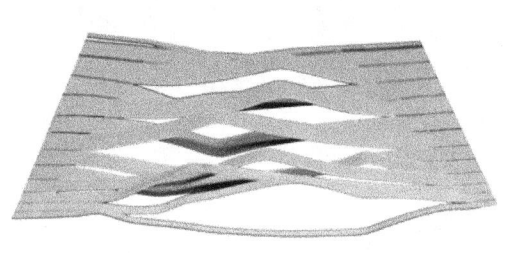

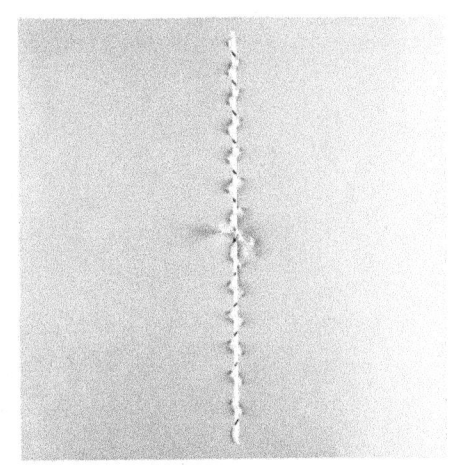

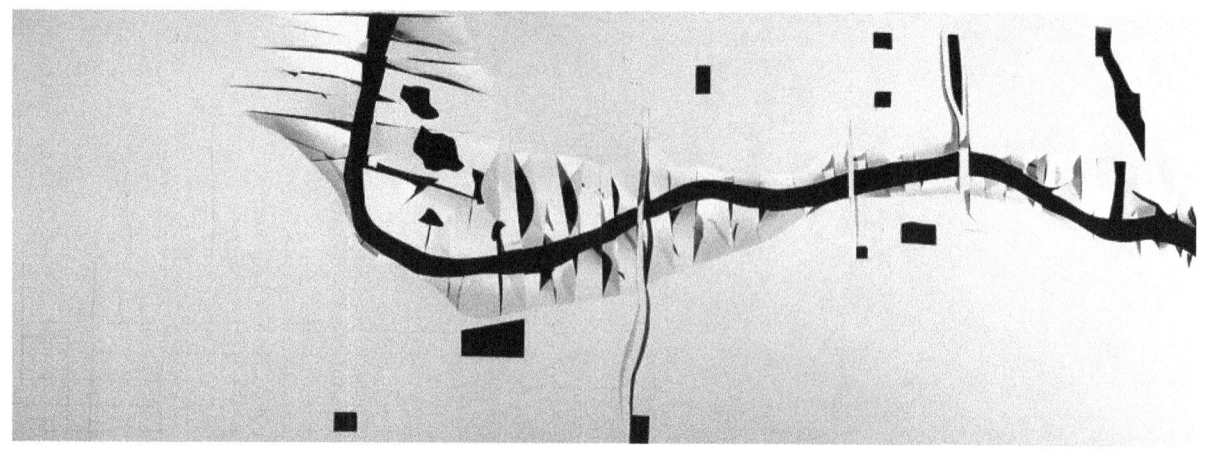

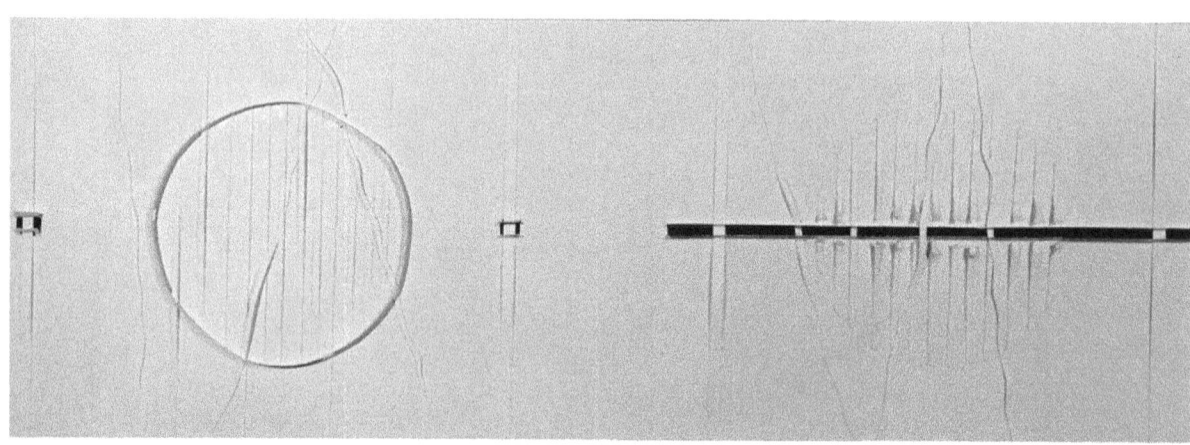

Top: D. Kim (Nuevo Laredo / Laredo); Middle: N. Sears (Nuevo Laredo / Laredo); Bottom: I. Albert (Tijuana / San Diego)

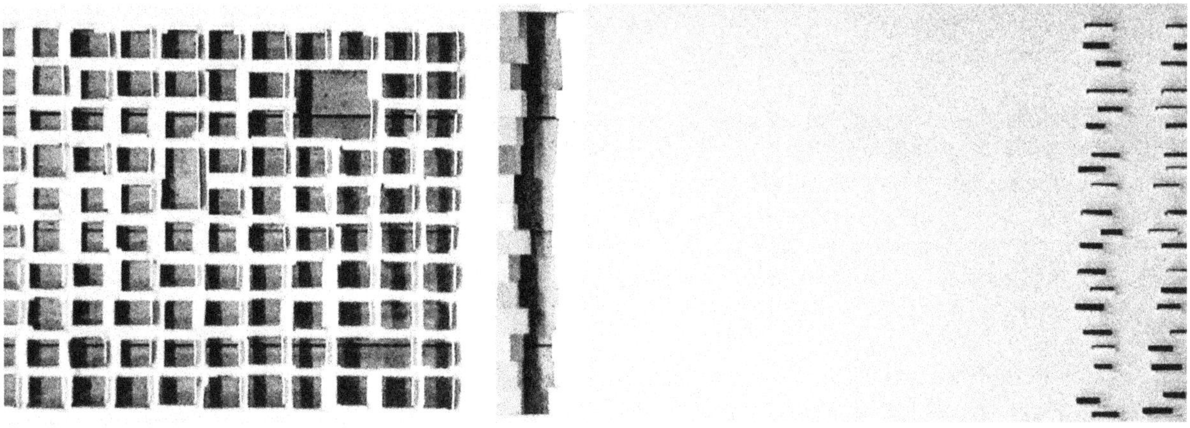

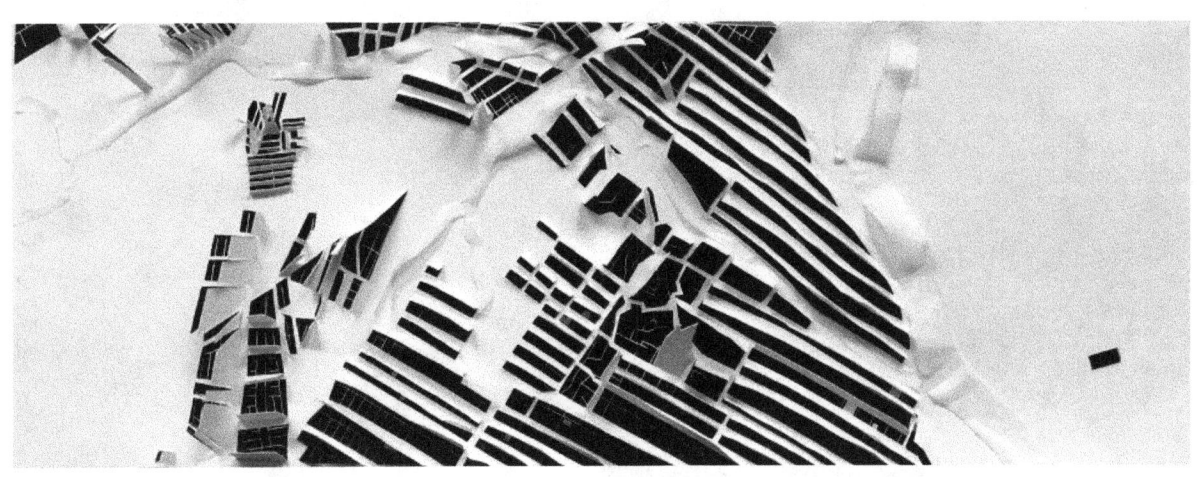

Top: R. Bureau-Mirat (Piedras Negras / Eagle Pass); Middle: V. Rodriguez (Juarez / El Paso); Bottom: A. Chung (Ciudad Acuña / Del Rio)

REVIEWS

November 4, 2016 - Midreview
December 2, 2016 - Final Review

During the semester, the studio had two reviews. On November 4, 2016, the University of Texas at Austin studio met with the studio from UANL-Monterrey. There was an exchange of projects and research from both groups of students: the UANL-Monterrey students presented their current research and site analyses of the border while the University of Texas at Austin students presented their project proposals.

Discussions between students included current border conditions, geography, cultural approaches, and historic precedents. The multidisciplinary nature of the border was further emphasized.

The studio topic posed for the students was proven to transcend political lines and reconfirmed the shared responsibility of one such border question.

Midreview : UANL-Monterrey student research presentation following UT student project presentations.

how should the u.s.-mexico border be further discussed?

Final Review : Open discussions for what constitutes a border and how to best approach or solve one.

STUDIO PROJECTS

R. WROBLESKI / RAPHAËL BUREAU-MIRA
PIEDRAS NEGRAS / EAGLE PAS

I. ALBER
TIJUANA / SAN DIEG

N. STON
MATAMOROS / BROWNSVILL

E. TODTZ / K. HOLEKAM
JUAREZ / EL PAS

V. RODRIGUE
JUAREZ / EL PAS

D. KIM
NUEVO LAREDO / LARED

N. SEARS
NUEVO LAREDO / LARED

A. CHUNG
CIUDAD ACUÑA / DEL RI

BORDERWALK
RAPHAEL BUREAU-MIRAT and
ROBYN WROBLESKI
Piedras Negras / Eagle Pass

Piedras Negras is growing;
Eagle Pass is shrinking.

Piedras Negras built a new Paseo del Rio,
while Eagle Pass meets the river with a
militarized buffer zone. The buffer creates
a barrier, both literally and psychologically,
between the two towns.

The project focuses on eliminating that barrier.

A ring road encircles the two cities,
accommodating for security measures
once implemented at the border itself. The
downtown of Eagle Pass would be expanded
into the buffer zone, allowing the new
Riverwalk to connect the two shores of the
river, integrating the two cities.

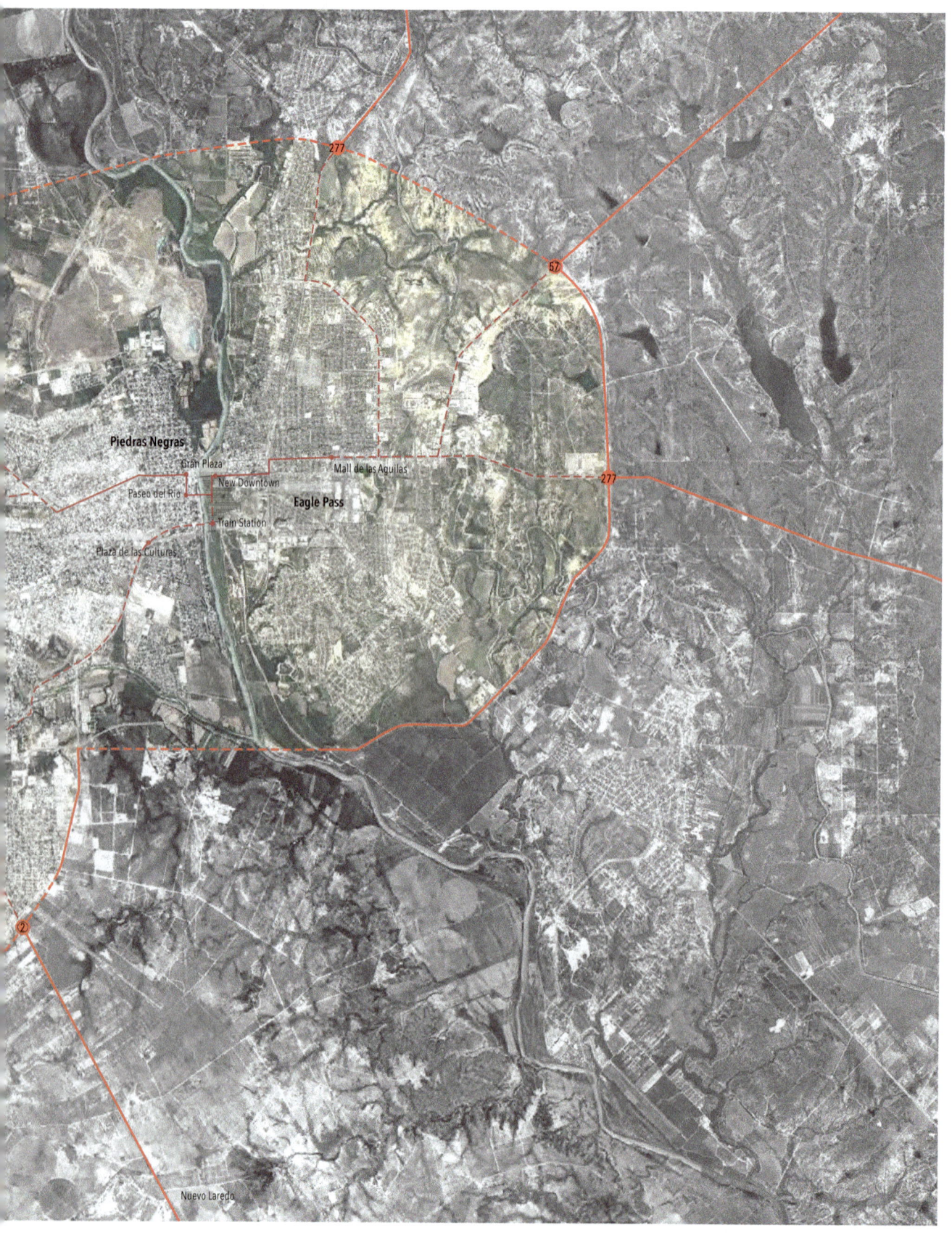

Piedras Negras

Gran Plaza

Paseo del Rio

New Downtown

Mall de las Águilas

Eagle Pass

Train Station

Plaza de las Culturas

Nuevo Laredo

277

57

277

2

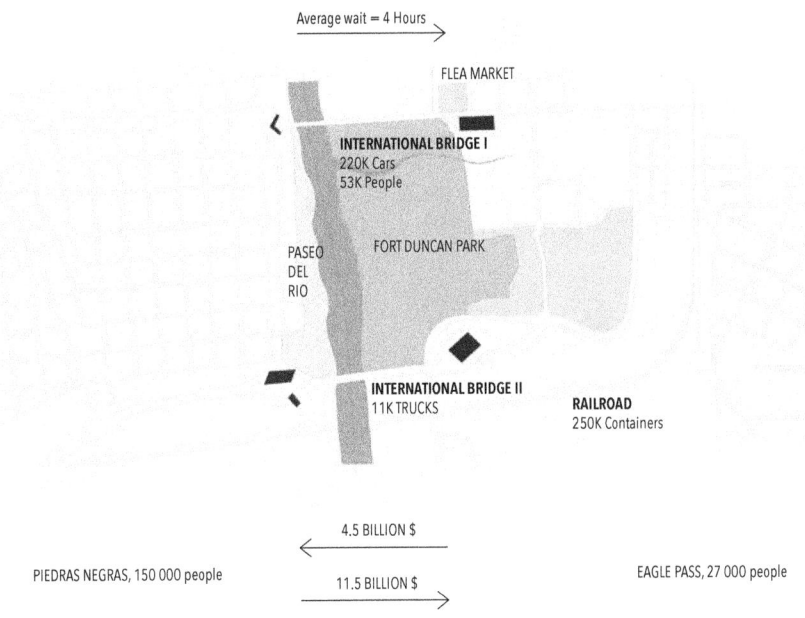

Average wait = 4 Hours

FLEA MARKET

INTERNATIONAL BRIDGE I
220K Cars
53K People

PASEO
DEL
RIO

FORT DUNCAN PARK

INTERNATIONAL BRIDGE II
11K TRUCKS

RAILROAD
250K Containers

4.5 BILLION $

PIEDRAS NEGRAS, 150 000 people

11.5 BILLION $

EAGLE PASS, 27 000 people

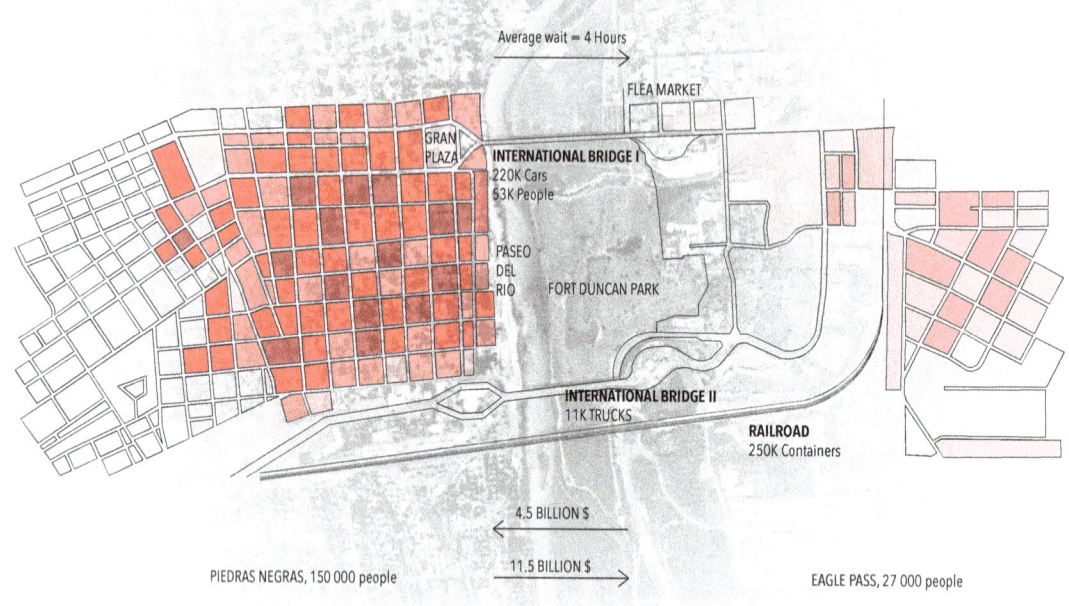

Average wait ≈ 4 Hours

FLEA MARKET

GRAN PLAZA

INTERNATIONAL BRIDGE I
220K Cars
53K People

PASEO DEL RIO

FORT DUNCAN PARK

INTERNATIONAL BRIDGE II
11K TRUCKS

RAILROAD
250K Containers

4.5 BILLION $

11.5 BILLION $

PIEDRAS NEGRAS, 150 000 people

EAGLE PASS, 27 000 people

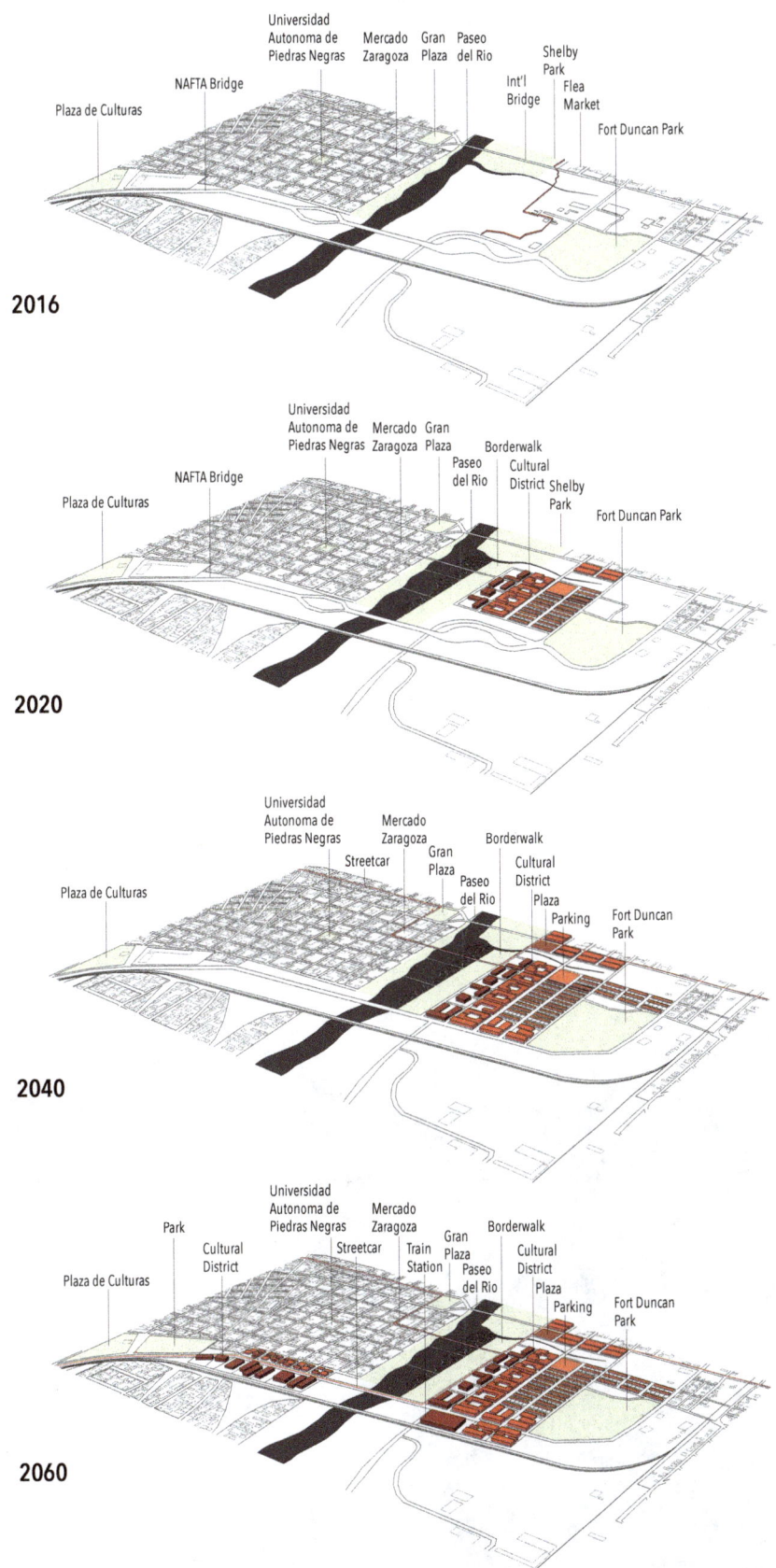

2016

Plaza de Culturas

NAFTA Bridge

Universidad
Autonoma de
Piedras Negras

Mercado
Zaragoza

Gran
Plaza

Paseo
del Rio

Int'l
Bridge

Shelby
Park

Flea
Market

Fort Duncan Park

2020

Plaza de Culturas

NAFTA Bridge

Universidad
Autonoma de
Piedras Negras

Mercado
Zaragoza

Gran
Plaza

Paseo
del Rio

Borderwalk

Cultural
District

Shelby
Park

Fort Duncan Park

2040

Plaza de Culturas

Universidad
Autonoma de
Piedras Negras

Streetcar

Mercado
Zaragoza

Gran
Plaza

Paseo
del Rio

Borderwalk

Cultural
District

Plaza

Parking

Fort Duncan
Park

2060

Plaza de Culturas

Park

Cultural
District

Universidad
Autonoma de
Piedras Negras

Streetcar

Mercado
Zaragoza

Train
Station

Gran
Plaza

Paseo
del Rio

Borderwalk

Cultural
District

Plaza

Parking

Fort Duncan
Park

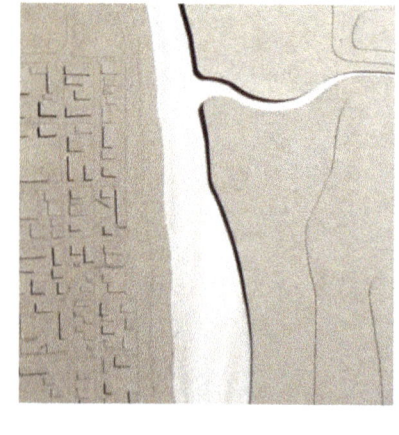

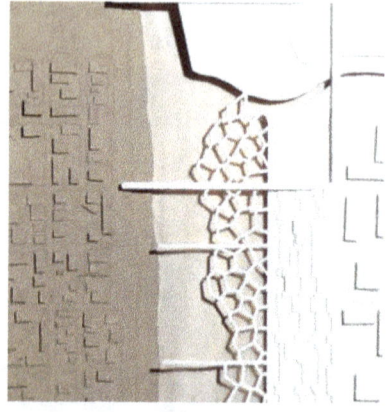

Bringing two sister cities together on the land that once divided them.

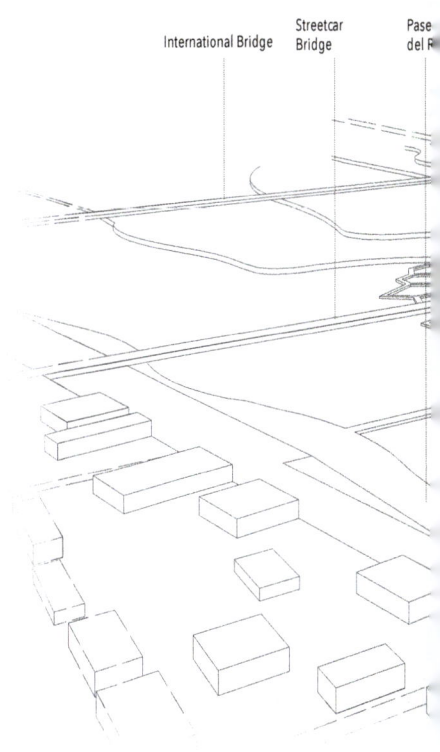

International Bridge

Streetcar
Bridge

Pase
del R

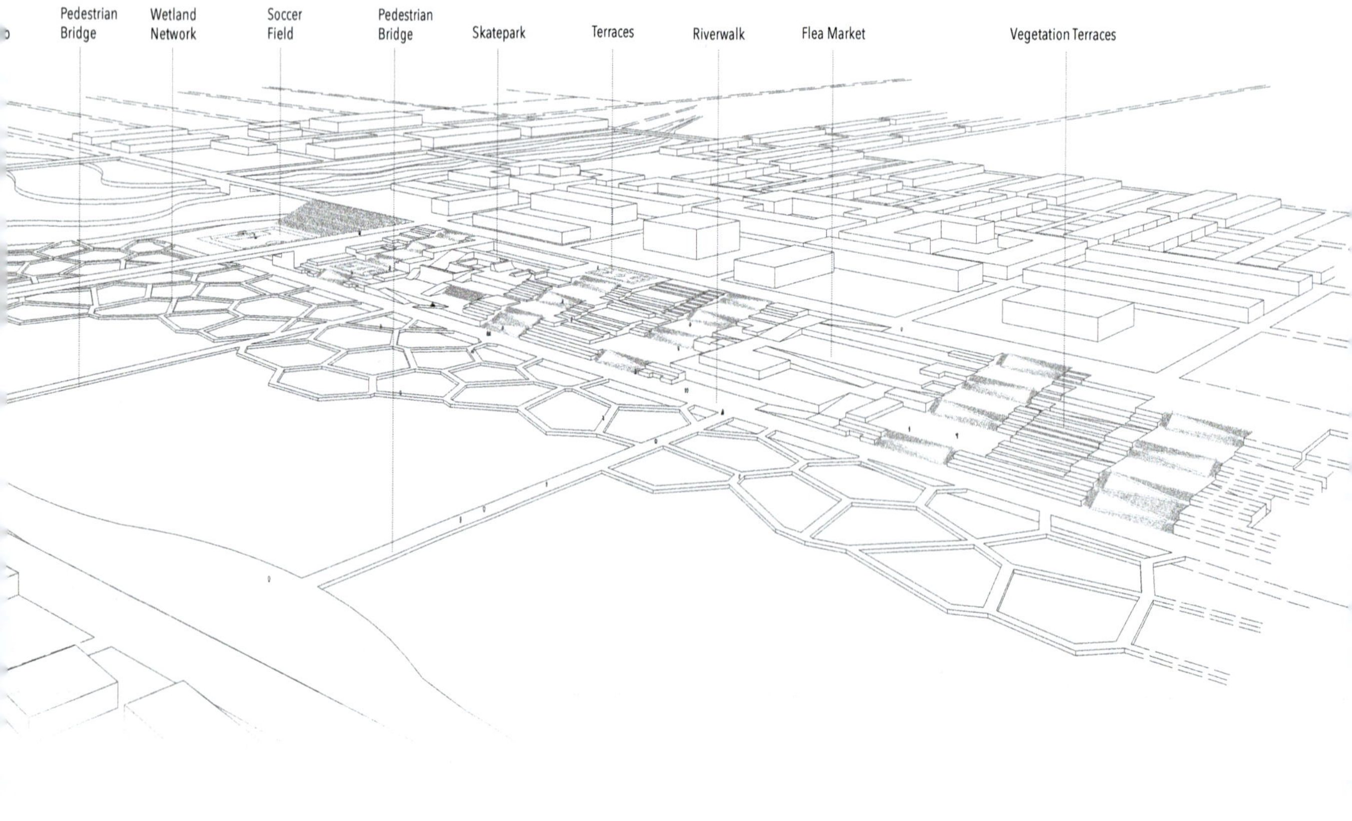

Pedestrian Bridge | Wetland Network | Soccer Field | Pedestrian Bridge | Skatepark | Terraces | Riverwalk | Flea Market | Vegetation Terraces

BINATIONAL REGENERATIVE PARK
Isabel Albert López
Tijuana / San Diego

As a result of the militarization and desertification of the land between the two cities of Tijuana and San Diego, the Tijuana Estuary Natural Reserve welcomes hundreds of migratory species that, unlike the human race, do not perceive a defined border.

This park currently suffers from critical issues of habitat conservation due to wastewater sediments and new infrastructures. In order to stitch the two cultures into a safe environment, the project proposes the development of an elevated platform trail that surrounds the park, connected by a series of observatory towers.

These towers will dismantle the militarization of the actual border patrol towers while also functioning as cleaning towers to filter the water from the Tijuana River into the Pacific Ocean. Ultimately, the light and movement of the towers intends to inspire different perceptions and discussions on how to address border issues by opening borders and preserving the landscape.

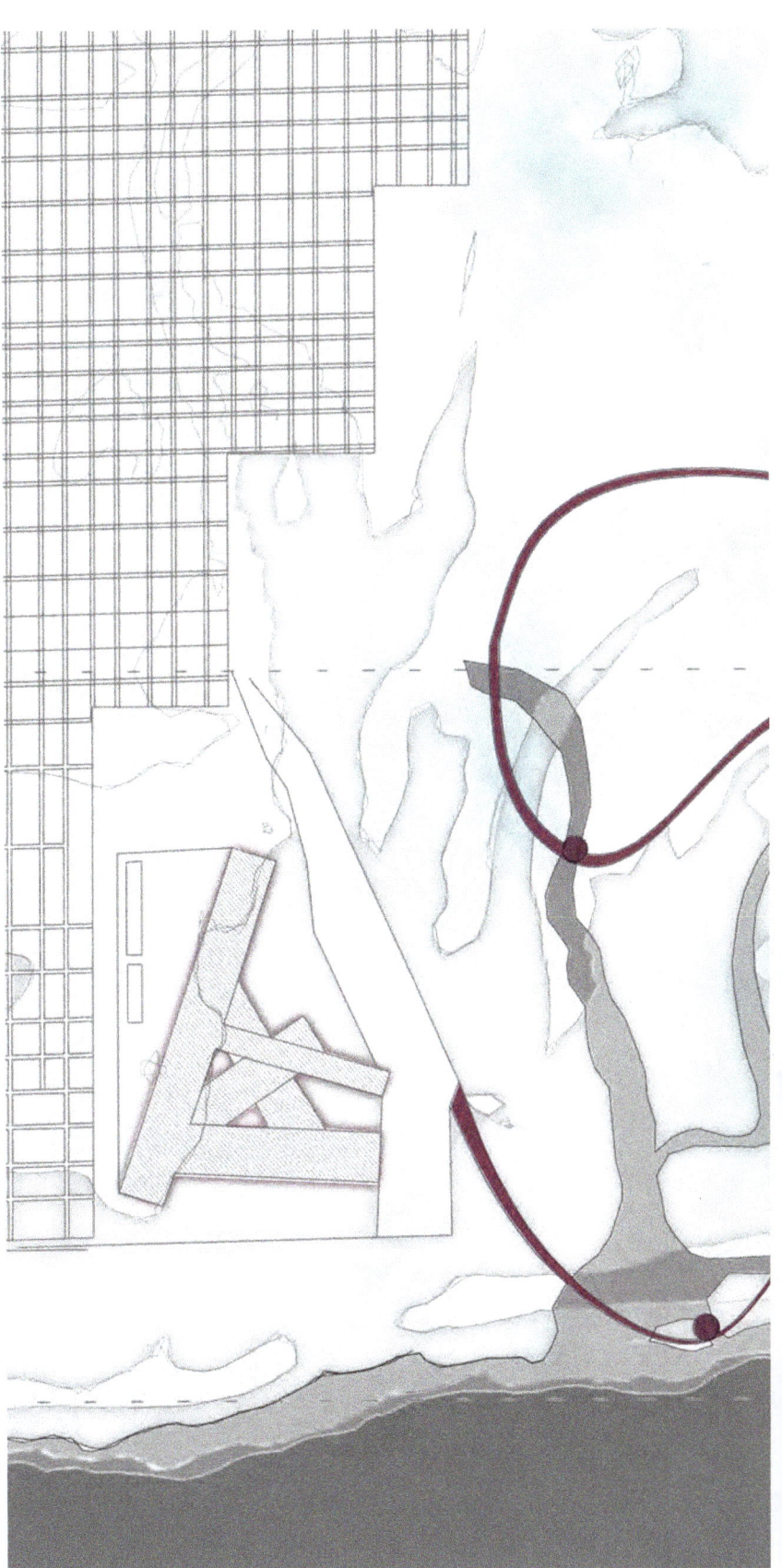

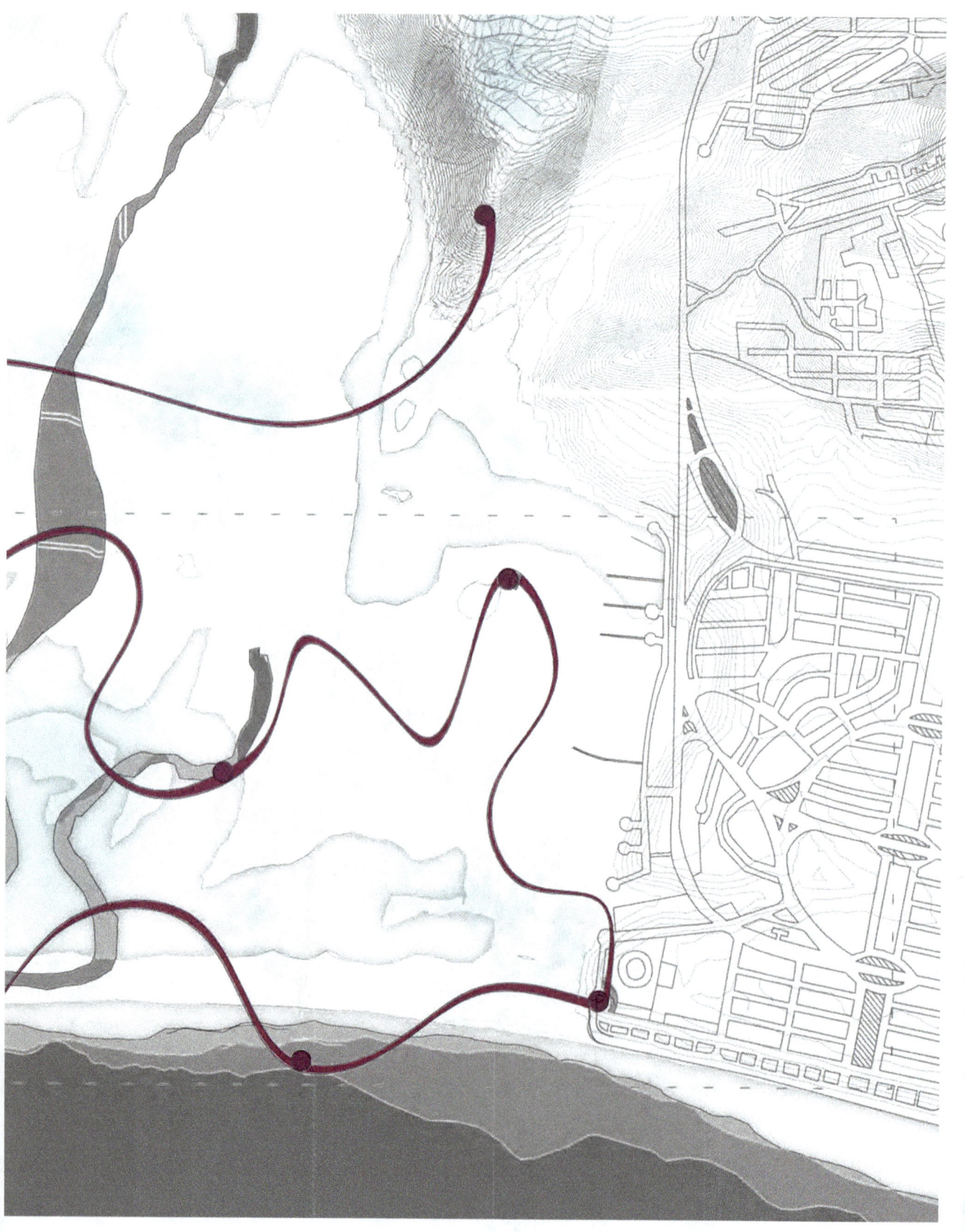

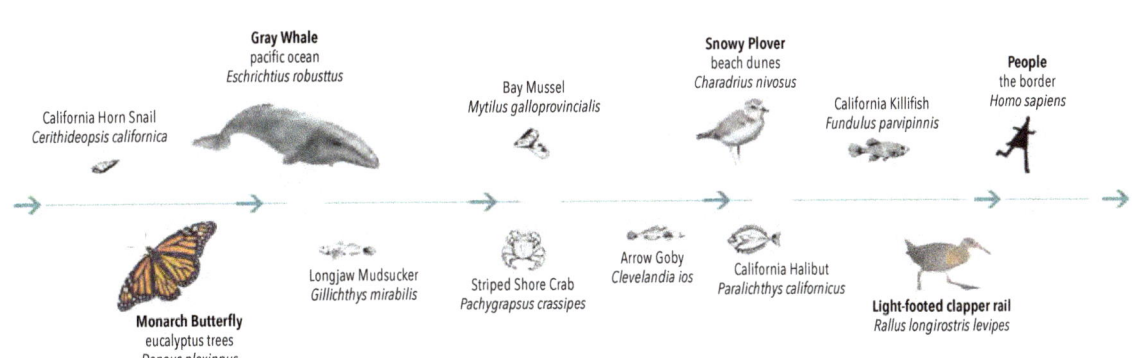

California Horn Snail
Cerithideopsis californica

Gray Whale
pacific ocean
Eschrichtius robusttus

Bay Mussel
Mytilus galloprovincialis

Snowy Plover
beach dunes
Charadrius nivosus

California Killifish
Fundulus parvipinnis

People
the border
Homo sapiens

Monarch Butterfly
eucalyptus trees
Danaus plexippus

Longjaw Mudsucker
Gillichthys mirabilis

Striped Shore Crab
Pachygrapsus crassipes

Arrow Goby
Clevelandia ios

California Halibut
Paralichthys californicus

Light-footed clapper rail
Rallus longirostris levipes

IMAGINE THE SPACE | HOW TO BORDER

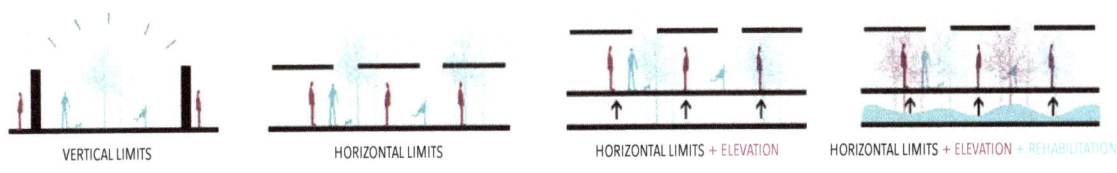

VERTICAL LIMITS

HORIZONTAL LIMITS

HORIZONTAL LIMITS + ELEVATION

HORIZONTAL LIMITS + ELEVATION + REHABILITATION

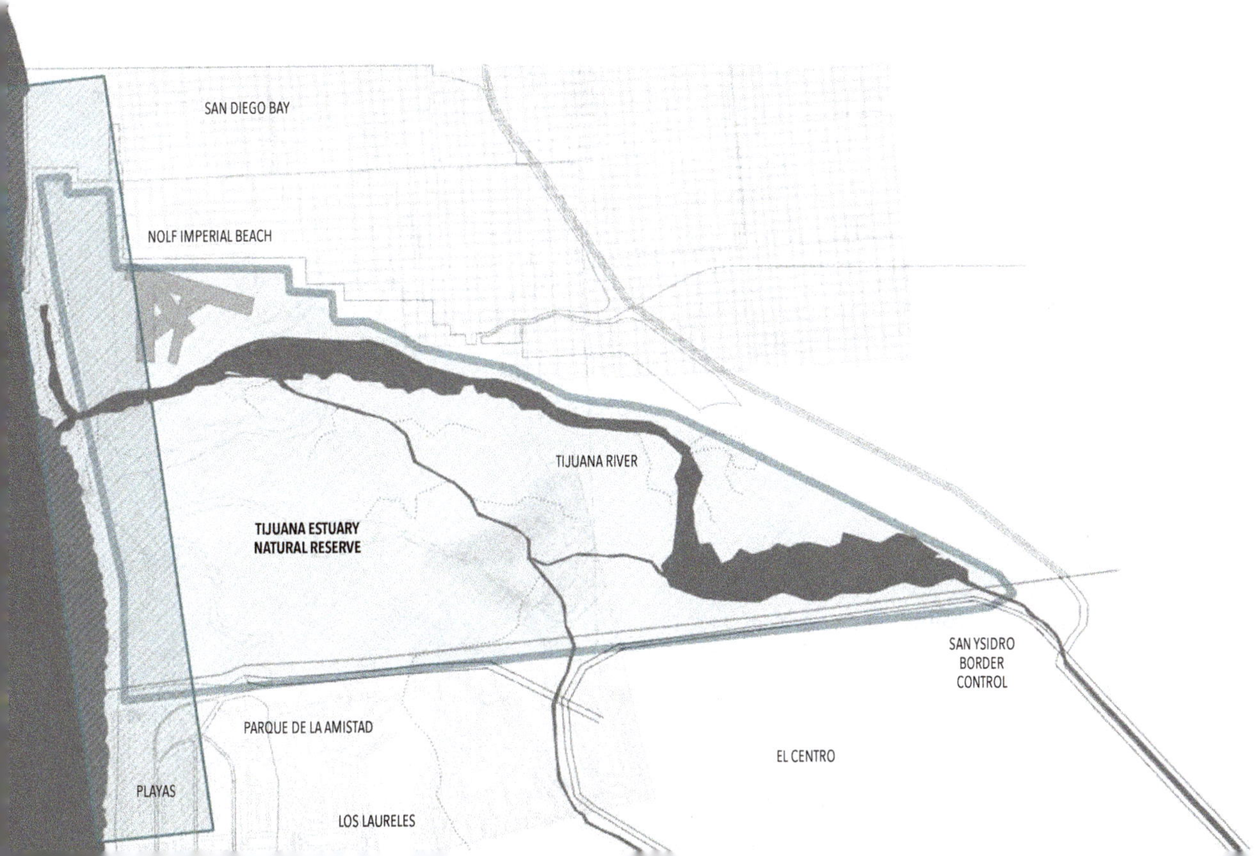

SAN DIEGO BAY

NOLF IMPERIAL BEACH

TIJUANA RIVER

**TIJUANA ESTUARY
NATURAL RESERVE**

SAN YSIDRO
BORDER
CONTROL

PARQUE DE LA AMISTAD

EL CENTRO

PLAYAS

LOS LAURELES

Sister Cities | **Sharing Space**

Militarization | **Border Conflict**

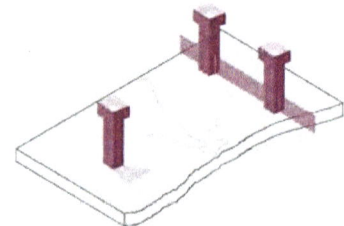

Desertification | **Environmental Conflict**

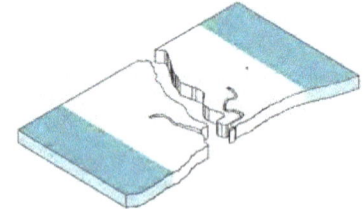

The Void | **Separation**

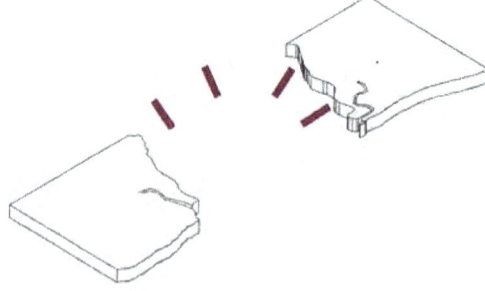

Unify the Land | **Stitching**

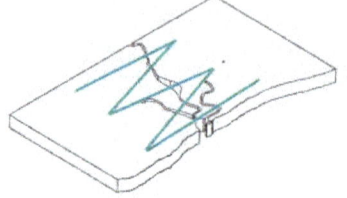

$45 billion | Military Industry

$232 billion | Global Trade Industry

37 million cars crossing

10 million pedestrian crossing

4 miles length | Distance between cities

THE ECOTOWERS | ENVIRONMENTAL ISSUE

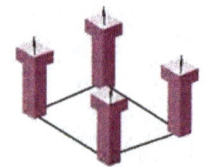

Border patrol towers | MILITARIZATION

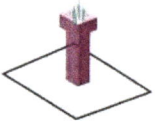

Observation towers | DISSOLUTION

2020 MASTERPLAN | MIGRATORY PARK

500 acres of polluted land
10 million pedestrian crossings/year
370 bird migratory species
60,000 cubic yards of sediments/year

north south connection

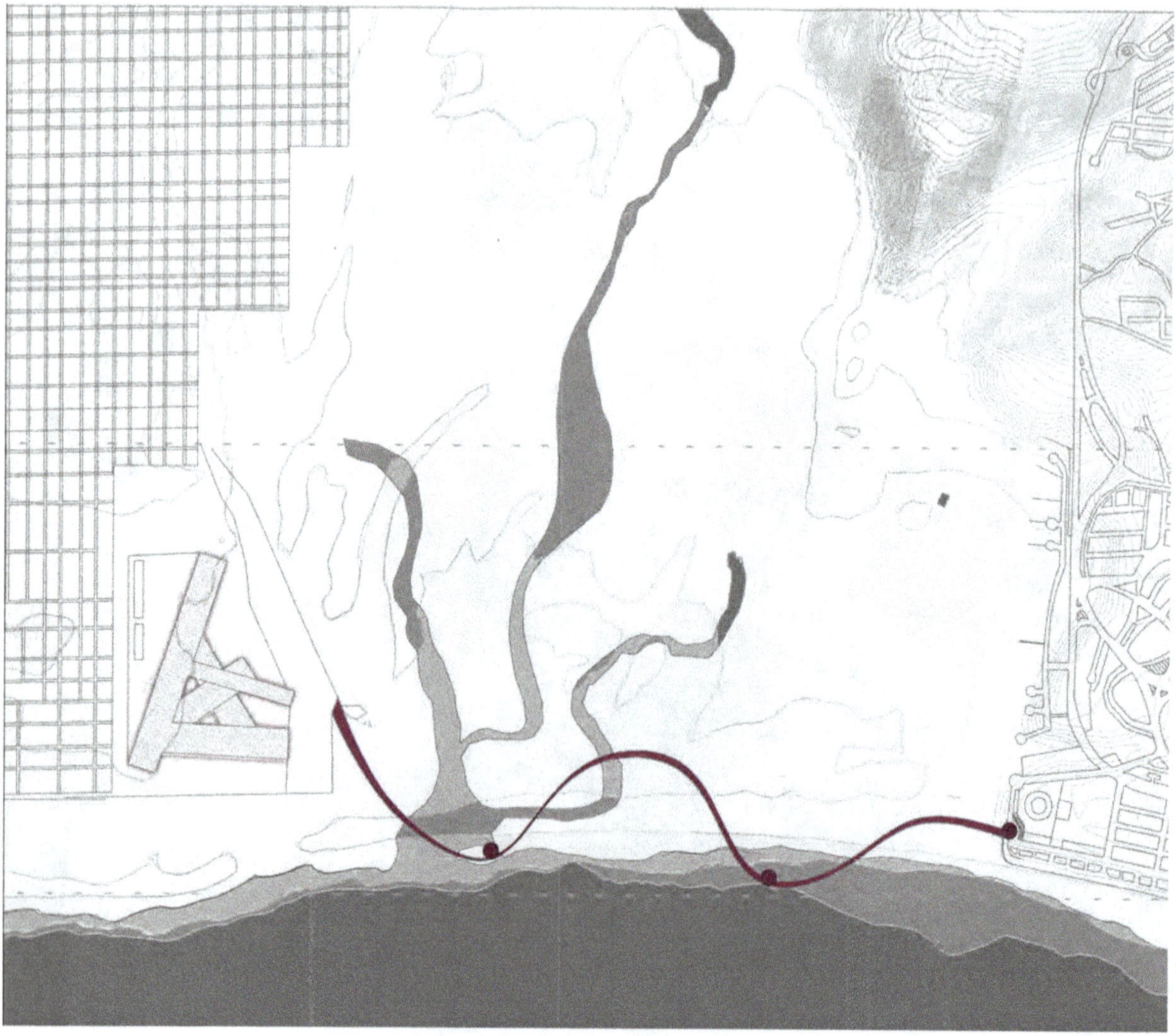

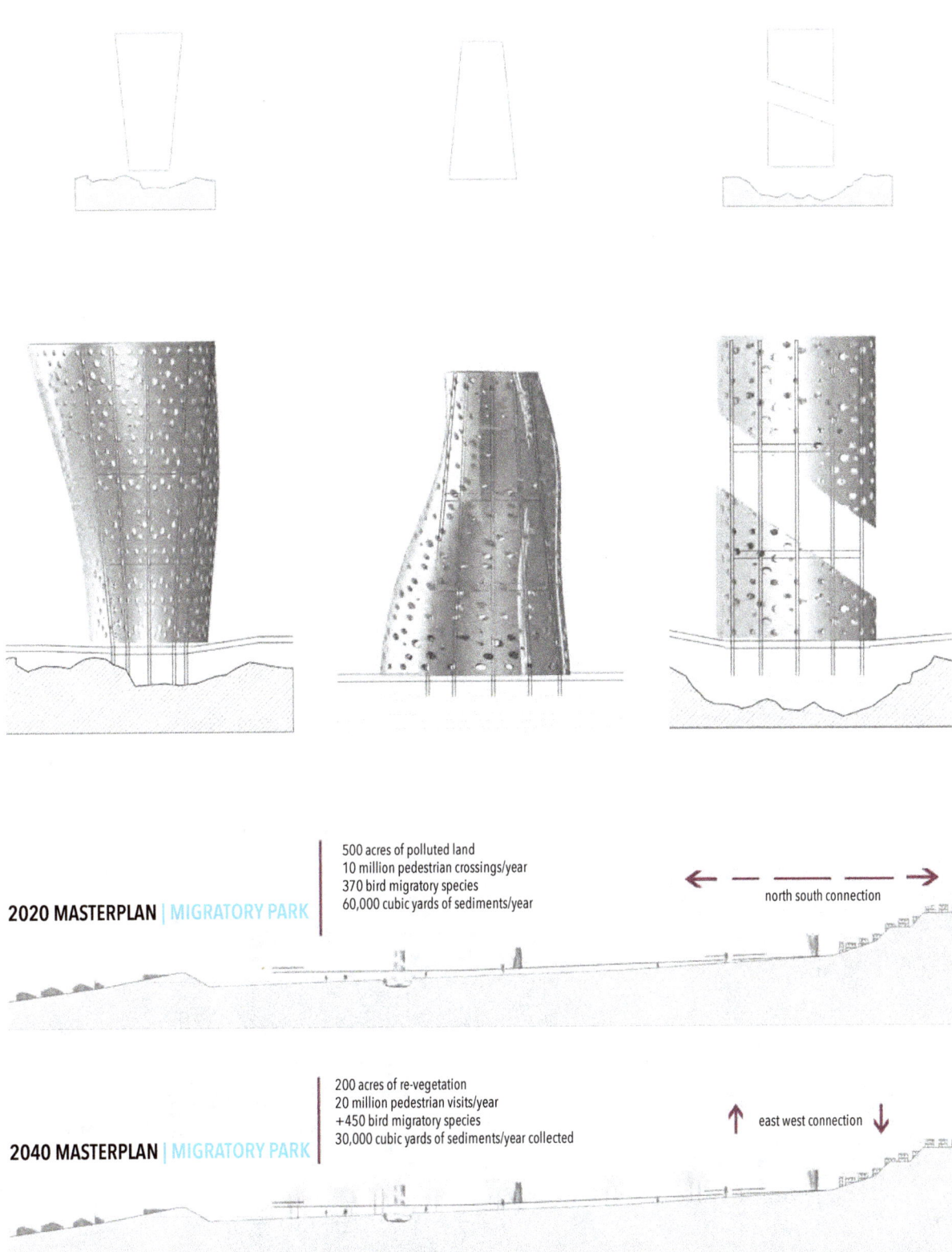

2020 MASTERPLAN | MIGRATORY PARK

500 acres of polluted land
10 million pedestrian crossings/year
370 bird migratory species
60,000 cubic yards of sediments/year

north south connection

2040 MASTERPLAN | MIGRATORY PARK

200 acres of re-vegetation
20 million pedestrian visits/year
+450 bird migratory species
30,000 cubic yards of sediments/year collected

east west connection

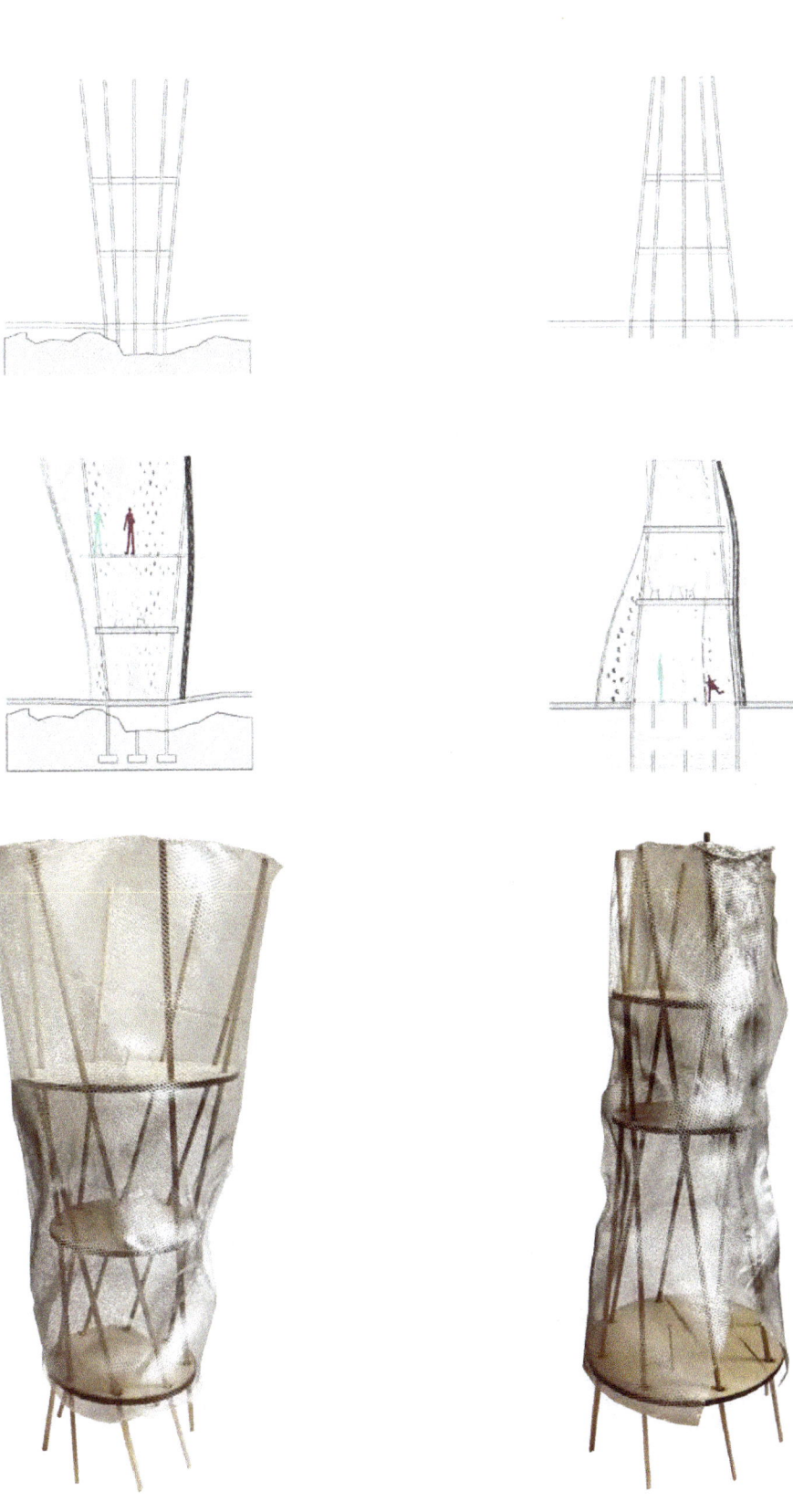

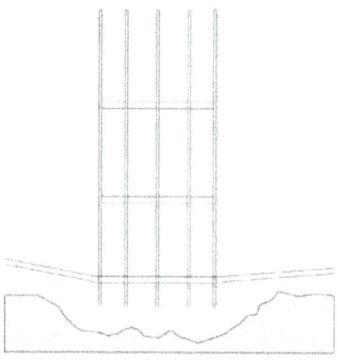

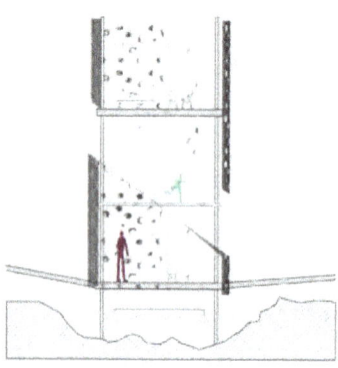

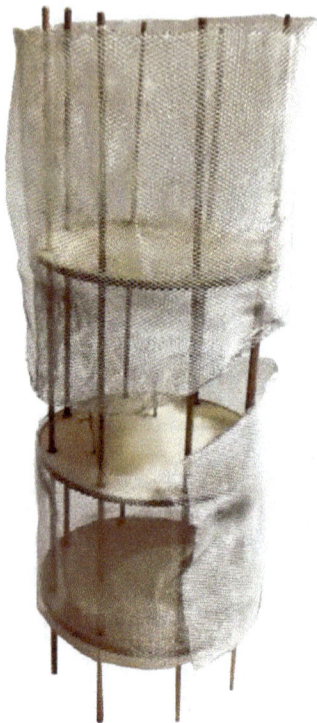

Stitch the two cities together by dismantling the militarization issue to achieve a free migratory border for all species.

Brownsville X Matamoros
Nolan Stone
Matamoros / Brownsville

Brownsville X Matamoros is a catalytic, bi-national effort to improve the quality of life and to break perceptions on the U.S./Mexico border.

The project strives to generate economic growth, create a secure border, and activate the Rio Grande riverfront in order to create a unified urban metropolis. The development is based on a new land development code that intermixes the United States and Mexico's land development strategies to create a cohesive urban area. The implementation of two pedestrian bridges and the revitalization of the riverfront will serve as a gateway that will stitch the two nations closer together.

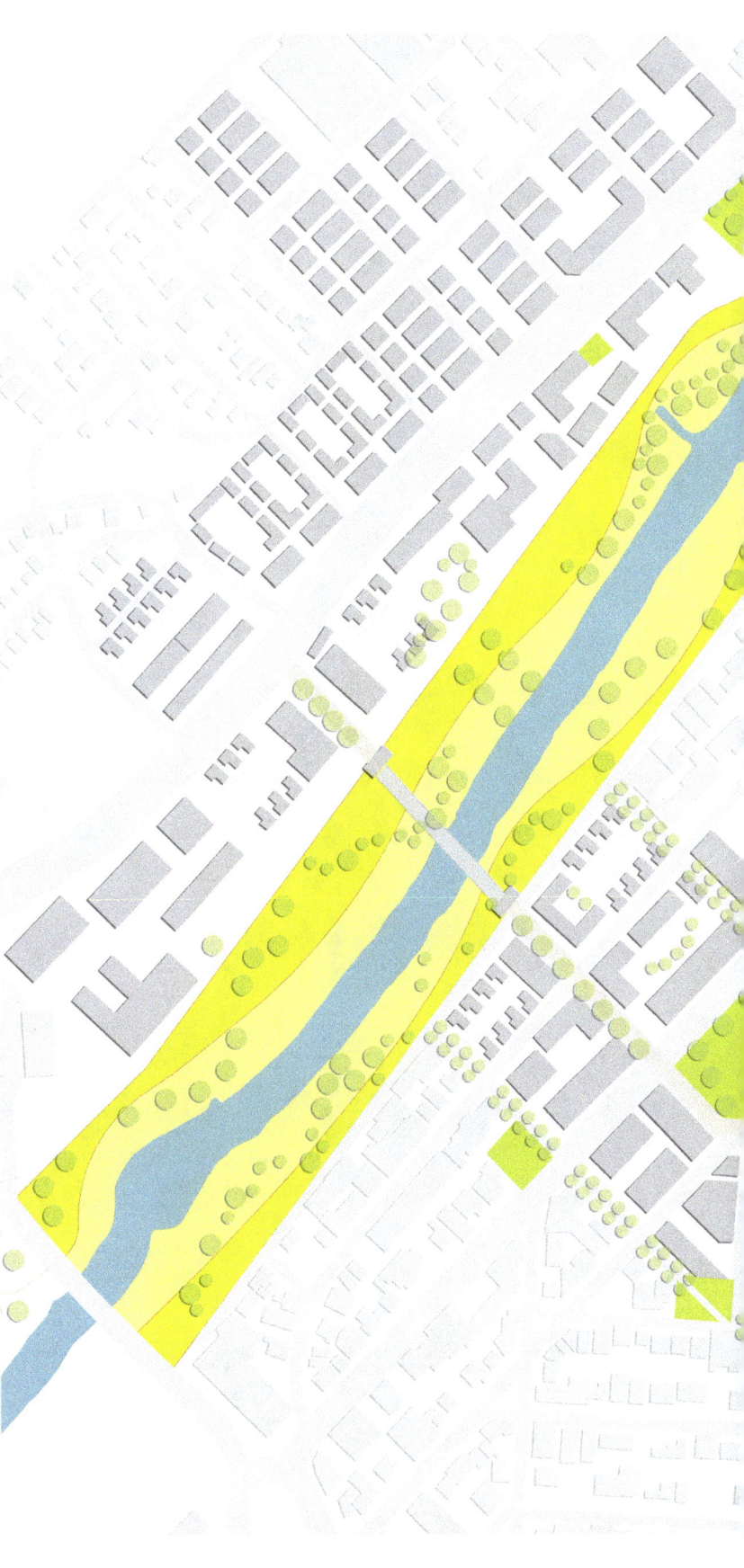

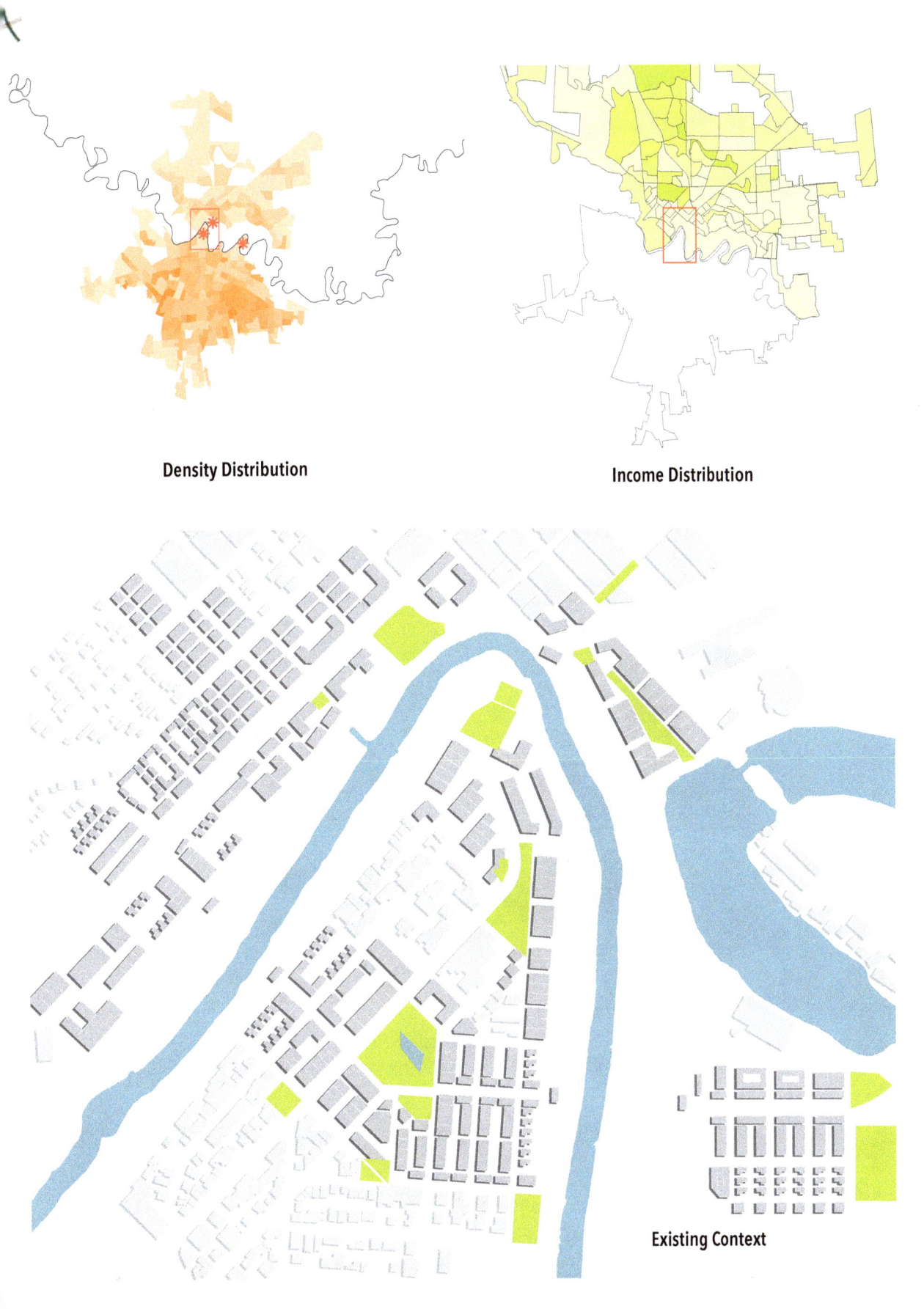

Density Distribution

Income Distribution

Existing Context

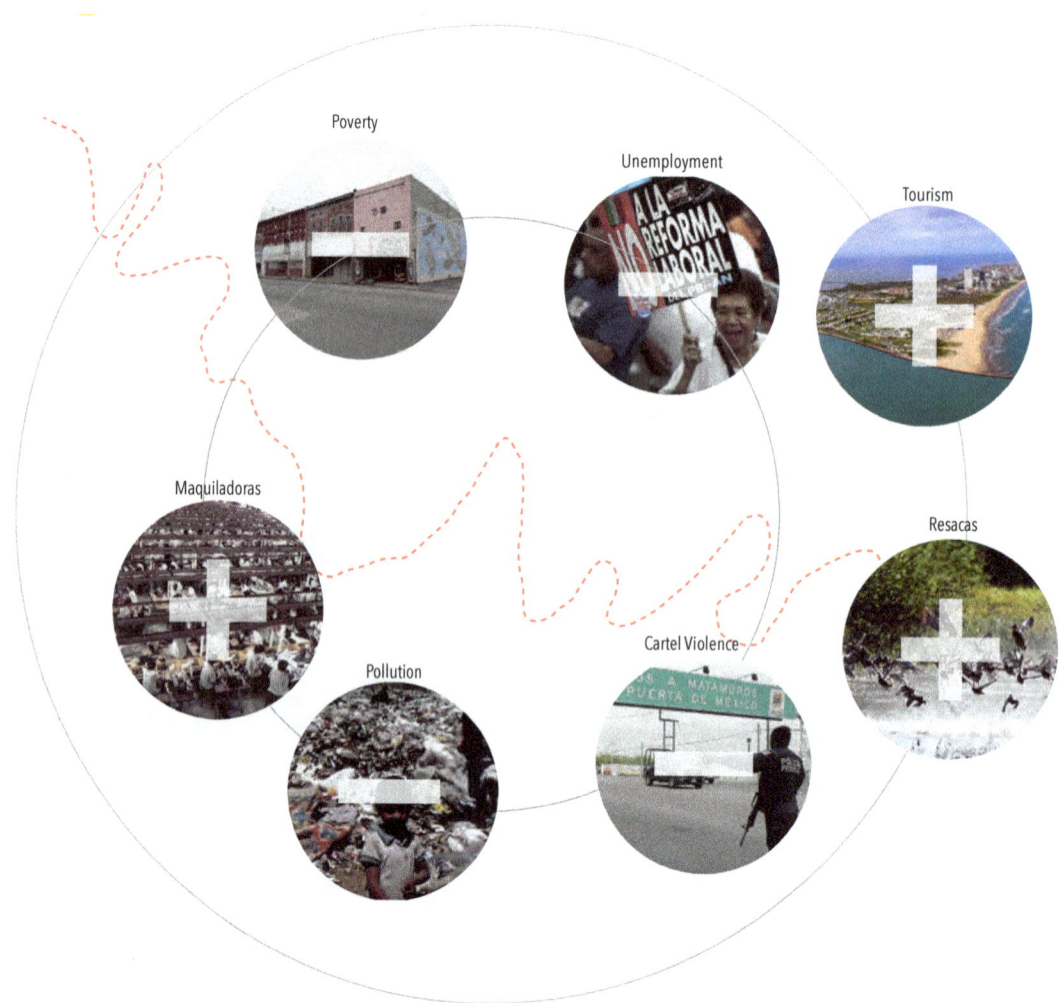

Poverty

Unemployment

Tourism

Maquiladoras

Resacas

Pollution

Cartel Violence

Regional Issues

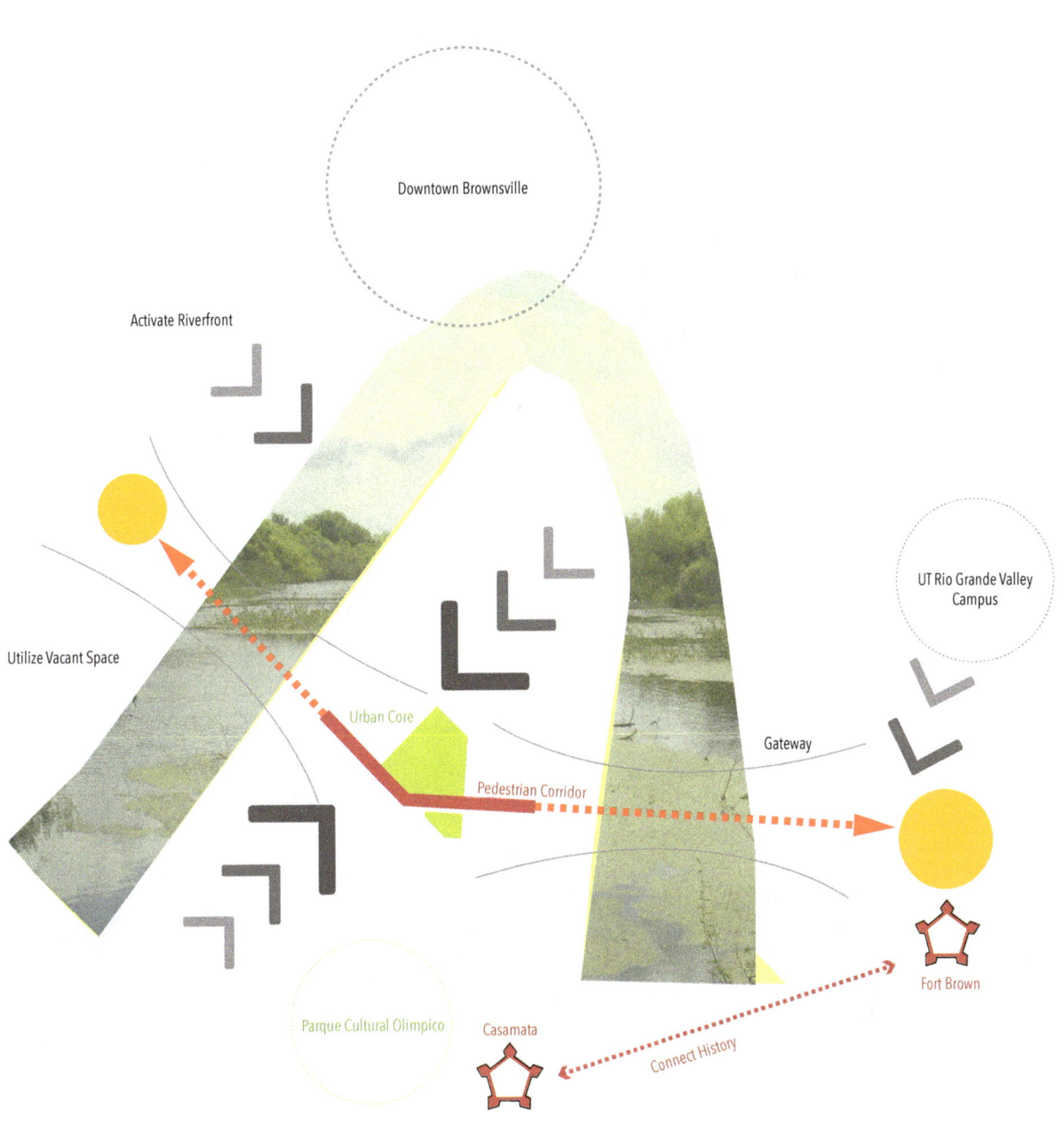

Downtown Brownsville

Activate Riverfront

Utilize Vacant Space

Urban Core

Pedestrian Corridor

Gateway

UT Rio Grande Valley Campus

Fort Brown

Parque Cultural Olimpico

Casamata

Connect History

Concept Diagram

Border Customs Station

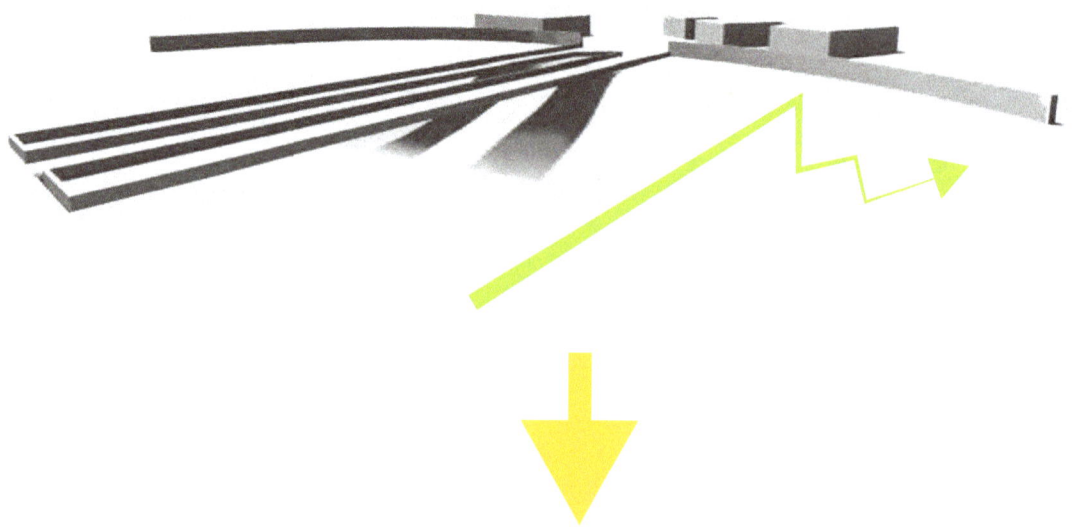

Mix-Use Development
Eyes on the Street Security

Border Customs

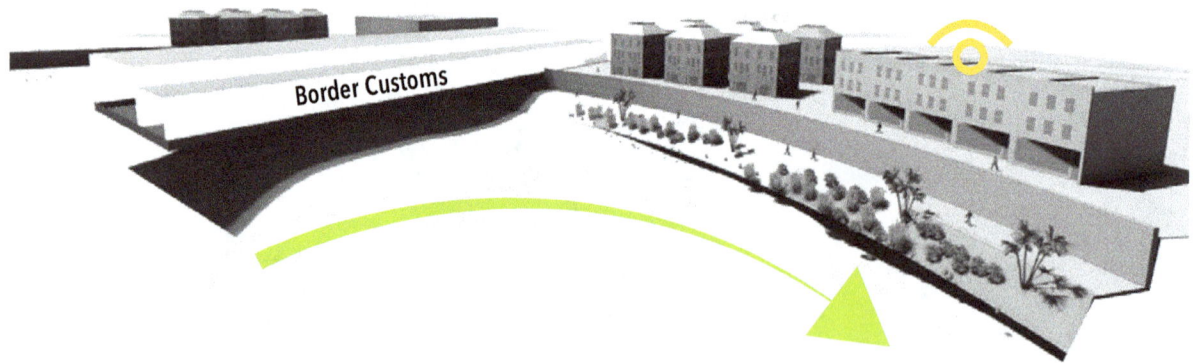

Medium Residential
High Residential
Mix-Use
Commercial
Public

Land Development Plan

Pedestrian Network
Proposed Bike Network
Bus Network
● Bus Stop

Circulation

Land Code Typologies

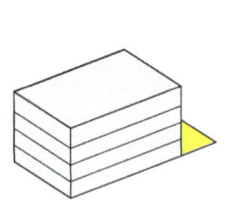 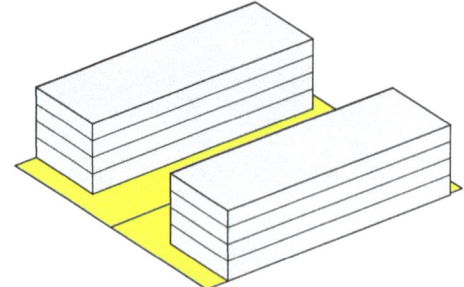 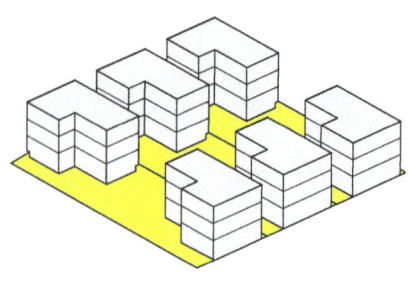

Mix-Use : Private
Avg Lot Size: 5,000sqft
Avg Floor Area: 3,750sqft
Floors: 4
FAR: 3
Suggestion: Live / Work

Affordable Housing : Private/Community Land Trust
Avg Lot Size: 14,500sqft
Avg Floor Area: 7,500sqft
Floors: 4
FAR: 2

Multi Family Housing : Incremental Development
Avg Lot Size: 3,650sqft
Avg Floor Area: 1,500sqft
Floors: 3 max
FAR: 1.0-1.5
ADU's: Yes
Side Yards

Chronological Sections

Patrolled Land   Border Fence   Vacant

Existing

River Restoration   Riparian Buffer   Parkland   Riverfront

2020

River Restoration   Riparian Buffer   Parkland   Riverfront   Urban

2040

Create a unified urban metropolis as part of a catalytic, bi-national effort to improve the quality of life and to break perceptions on the U.S./Mexico border.

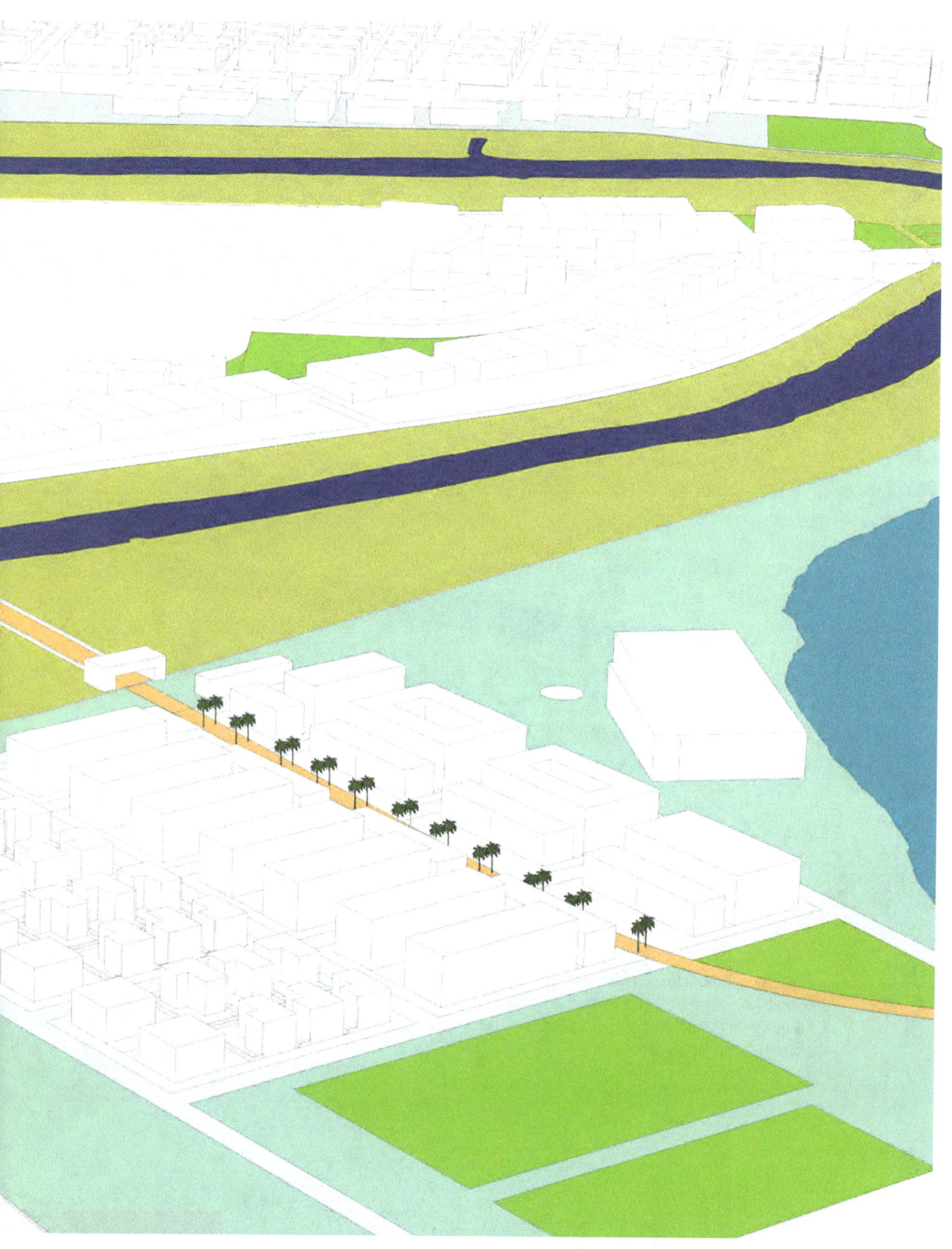

KNOWLEDGE FACTORY
Evan Todtz / Kara Holekamp
Juarez / El Paso

The Knowledge Factory envisions a future
for El Paso - Juárez centered around a new
technology campus within a re-imagined
metropolitan core and connected by an
integrated cross-border transportation
network and system of continuous landscape
corridors.

The El Paso - Juárez region has a violent
history of drug wars and feminicides,
fueled largely by border militarization and
the maquiladora industry. The Knowledge
Factory seeks to subvert these industries by
reducing the presence of the border through
the dispersion of security checkpoints and
converting post-industrial sites into places of
knowledge production and urban innovation.

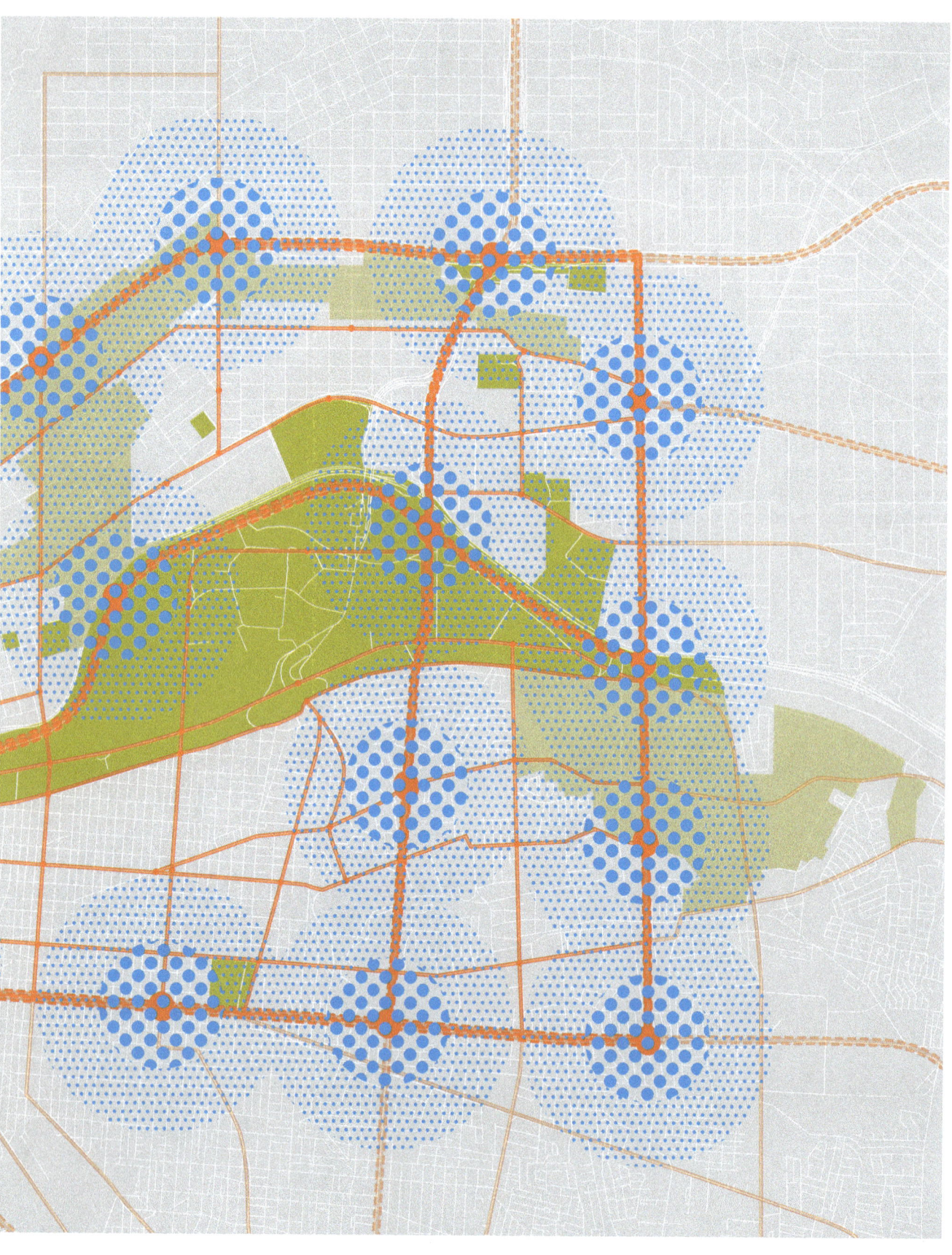

Context Map

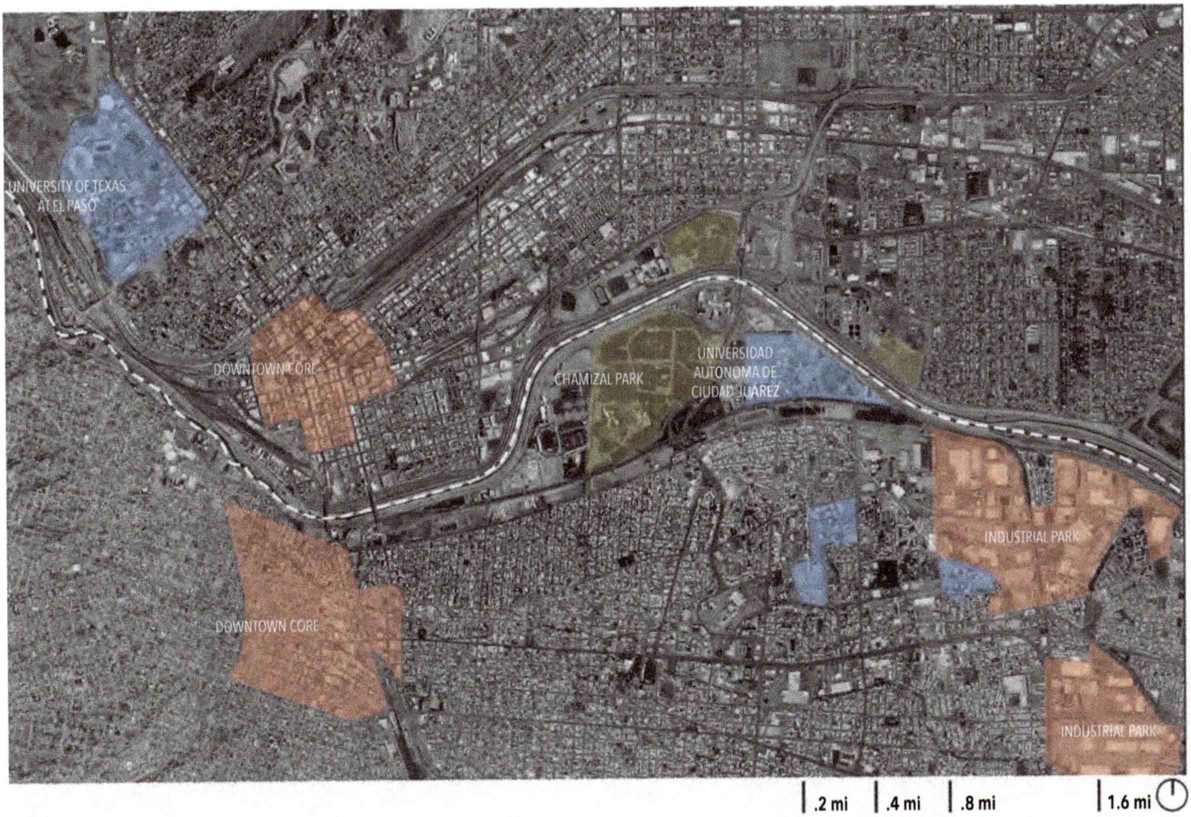

UNIVERSITY OF TEXAS
AT EL PASO

DOWNTOWN CORE

CHAMIZAL PARK

UNIVERSIDAD
AUTONOMA DE
CIUDAD JUÁREZ

DOWNTOWN CORE

INDUSTRIAL PARK

INDUSTRIAL PARK

| .2 mi | .4 mi | .8 mi | 1.6 mi

El Paso - Ciudad Juárez
El Paso: "Safest City in the U.S." 2010 - 2014
Juárez: "Global Murder Capital" 2010

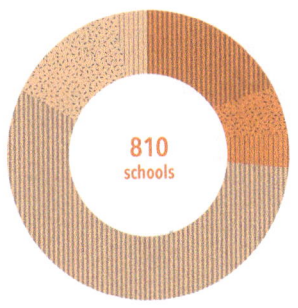

810
schools

42,000 university students (UACJ + UTEP)

88% of high school graduates attend college in metro

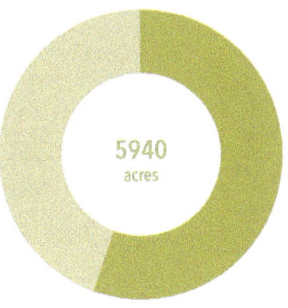

5940
acres

41 linear miles of river within metro region
(Rio Grande/Rio Bravo)

Chamizal Park dispute over roughly 825
acres, of which roughly 400 are preserved
as park today

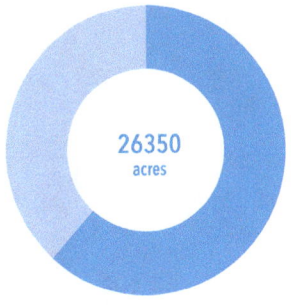

26350
acres

Over 330 maquiladoras in 35 industrial parks

Over 180,000 maquiladora employees

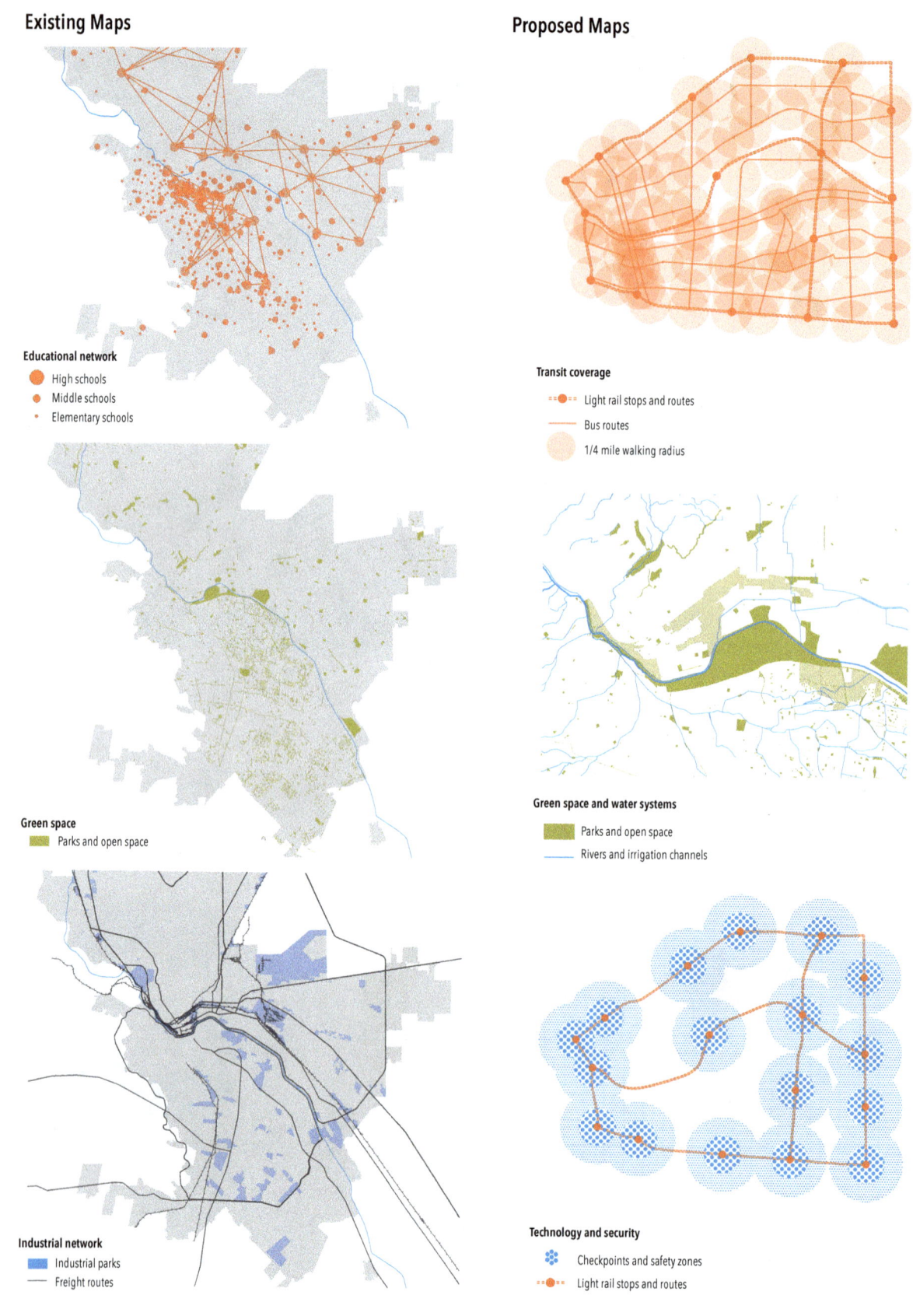

Existing Maps

Educational network
- High schools
- Middle schools
- Elementary schools

Green space
- Parks and open space

Industrial network
- Industrial parks
- Freight routes

Proposed Maps

Transit coverage
- Light rail stops and routes
- Bus routes
- 1/4 mile walking radius

Green space and water systems
- Parks and open space
- Rivers and irrigation channels

Technology and security
- Checkpoints and safety zones
- Light rail stops and routes

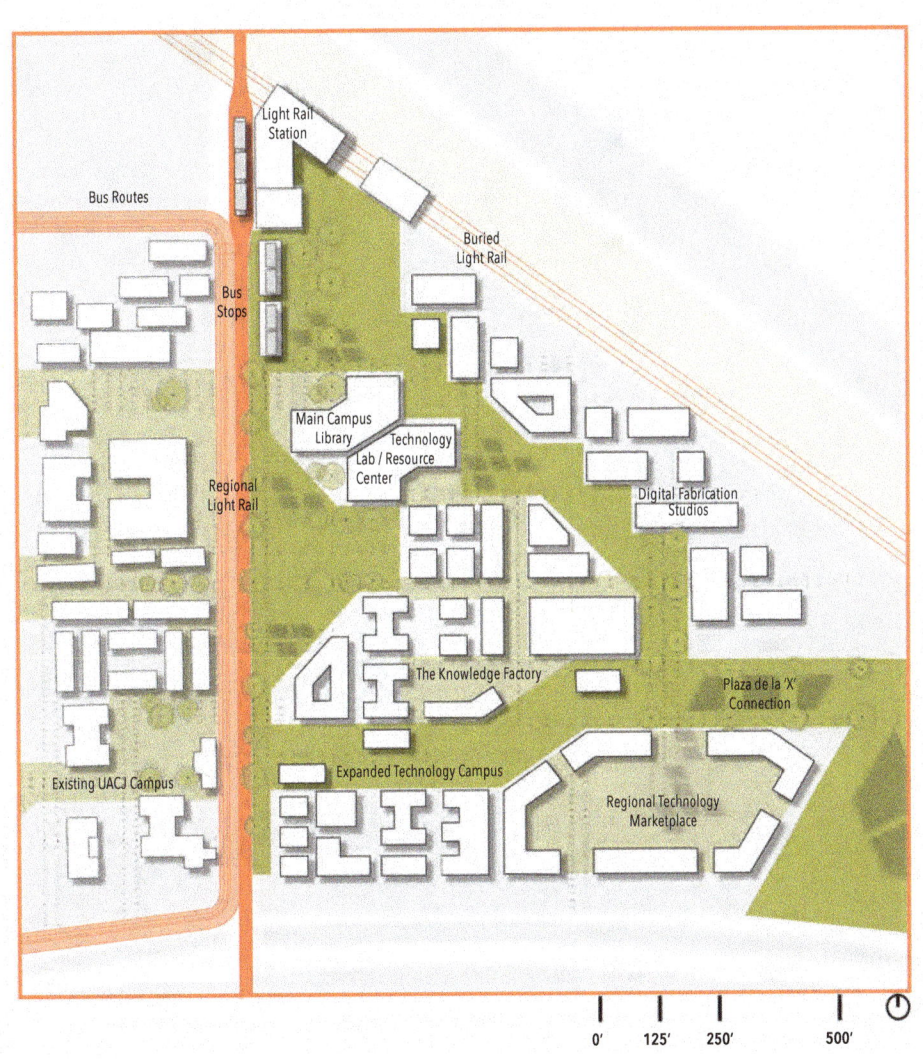

Light Rail
Station

Bus Routes

Burled
Light Rail

Bus
Stops

Main Campus
Library
Technology
Lab / Resource
Center

Regional
Light Rail

Digital Fabrication
Studios

The Knowledge Factory

Plaza de la 'X'
Connection

Existing UACJ Campus

Expanded Technology Campus

Regional Technology
Marketplace

0'   125'   250'   500'

Regional Technology Campus

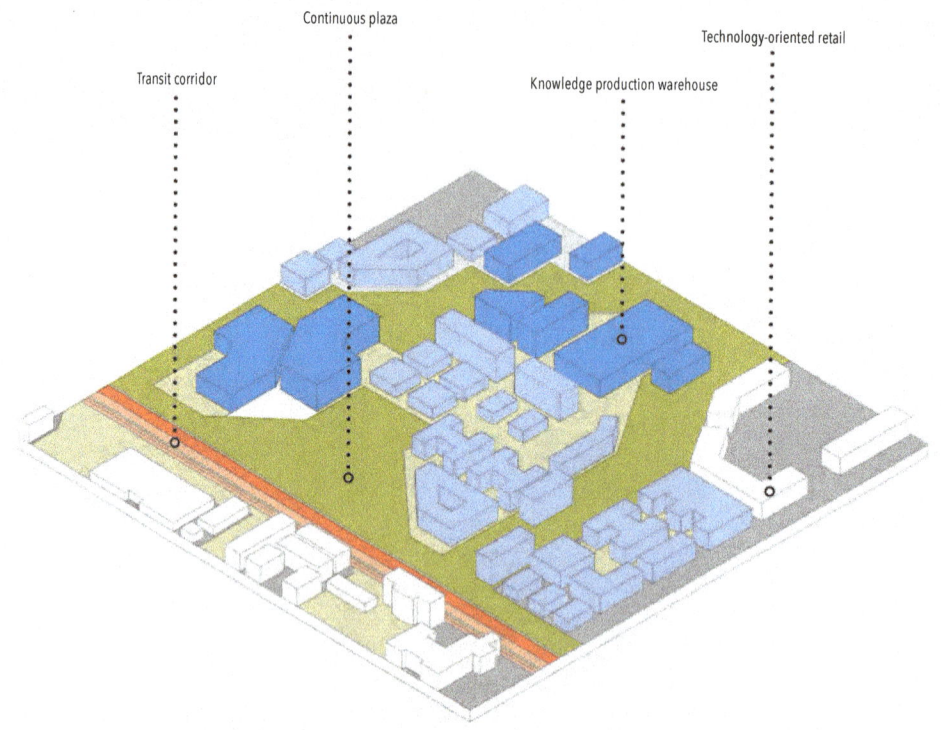

Transit corridor

Continuous plaza

Knowledge production warehouse

Technology-oriented retail

Cross-Border Transit Station

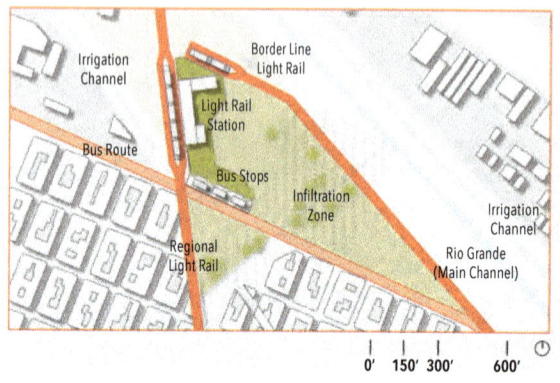

Irrigation Channel

Border Line Light Rail

Light Rail Station

Bus Route

Bus Stops

Infiltration Zone

Irrigation Channel

Regional Light Rail

Rio Grande (Main Channel)

0' 150' 300' 600'

Post-Industrial Rail Yard Park

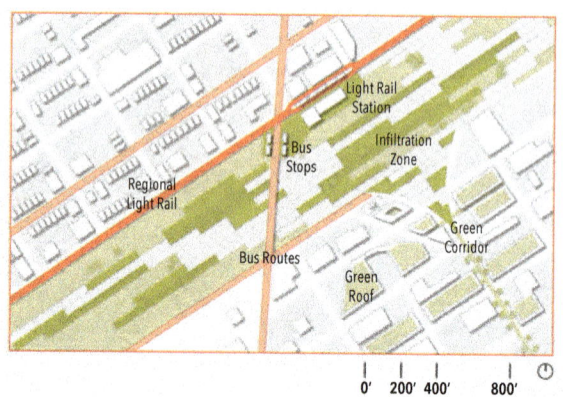

Light Rail Station

Bus Stops

Infiltration Zone

Regional Light Rail

Green Corridor

Bus Routes

Green Roof

0' 200' 400' 800'

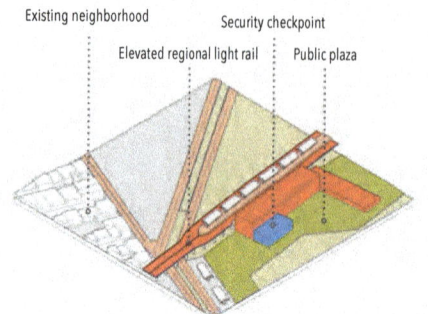

Existing neighborhood

Elevated regional light rail

Security checkpoint

Public plaza

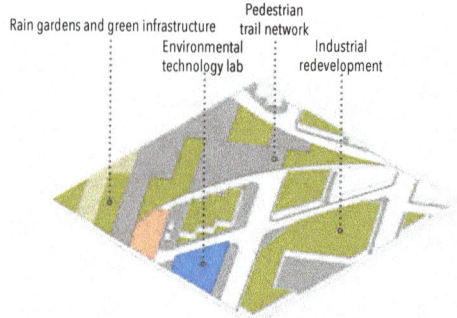

Rain gardens and green infrastructure

Environmental technology lab

Pedestrian trail network

Industrial redevelopment

MAYOREO • MENUDEO
TIENDITA

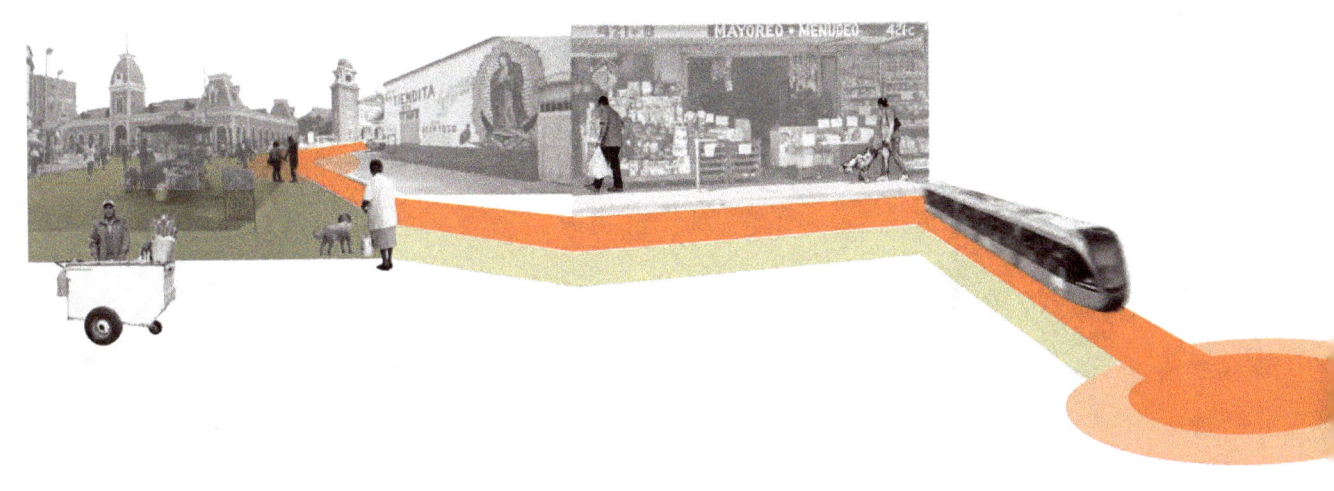

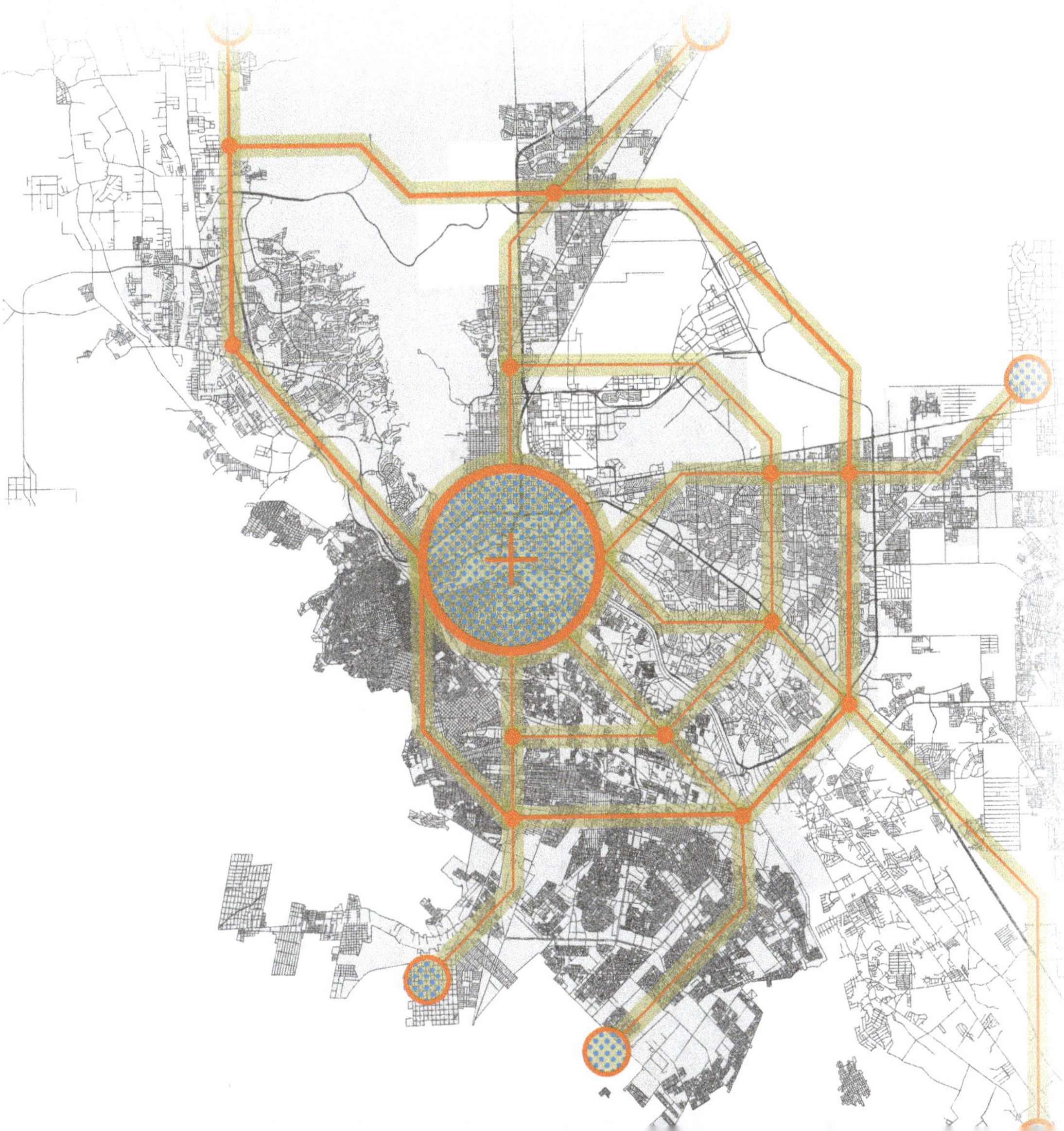

CROSS-BORDER CONNECTIVITY

Regional light rail system to increase cross-border social and economic interactions

Border the light rail shuttle to provide rapid transit within the new technological core

Extensive bus rapid transit system to enhance transit equity and access

CONTINUOUS LANDSCAPE

Re-envisioning of industrial zones as ecologically productive spaces and environmental labs

Interconnected plazas and pedestrian systems to promote social cohesion and exchange

Enhanced infiltration zones and green buffers to contribute towards ecological health

TECHNOLOGICAL CORE

Expanded Autonomous University of Ciudad Juárez (UACJ) technology campus

Knowledge Factory based in fabrication technologies for former workers in maquila industry

Embedded security technologies in transit system to decentralize border crossing process

The Knowledge Factory subverts the violence and exploitation of the maquiladora culture by transforming post-industrial landscapes into spaces of production and empowerment, utilizing technology to better physically connect residents across the border through an enhanced transportation and security network.

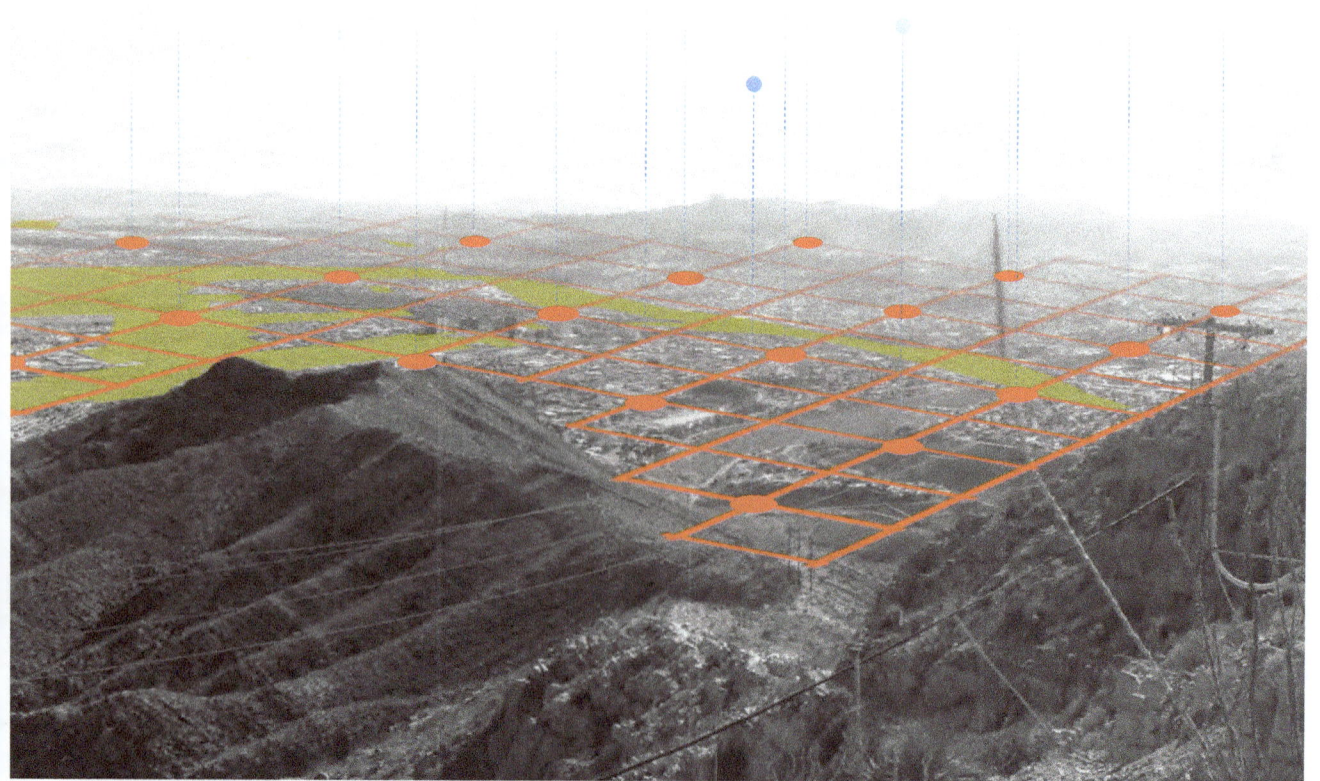

TRANS-BORDER HIGH SPEED TRAIN

Valentina Rodriguez
Juarez / El Paso

Controversial topics of the 2016 United States Presidential Election presented an opportunity for the intersectionality of social issues, urban studies, and architectural design to discuss potential solutions for addressing the U.S.-Mexico border crisis.

The project began with abstract studies on the representative definition of a border as a noun and action, and later developed from extensive research and data gathering about the different industries within the border region. All major border cities share in common three major economies: the military industry, the shipment of goods, and the circulation of human labor. My interests focused on opening up the border to new, unexplored opportunities in connecting major border cities and their surrounding metropolitan areas with a high speed passenger train that runs East to West along the border.

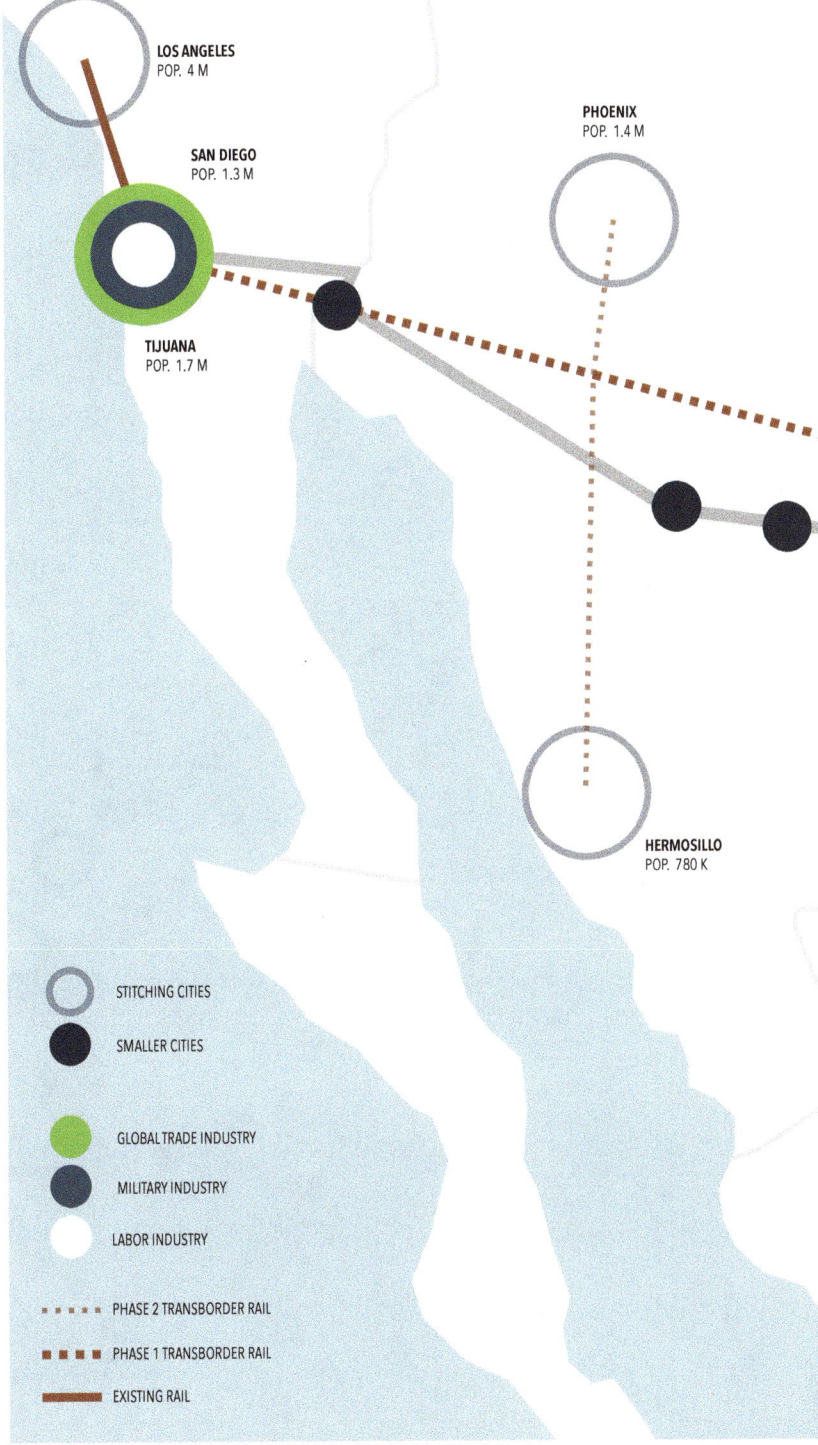

LOS ANGELES
POP. 4 M

SAN DIEGO
POP. 1.3 M

PHOENIX
POP. 1.4 M

TIJUANA
POP. 1.7 M

HERMOSILLO
POP. 780 K

○ STITCHING CITIES

● SMALLER CITIES

● GLOBAL TRADE INDUSTRY

● MILITARY INDUSTRY

○ LABOR INDUSTRY

• • • • PHASE 2 TRANSBORDER RAIL

■ ■ ■ PHASE 1 TRANSBORDER RAIL

▬▬ EXISTING RAIL

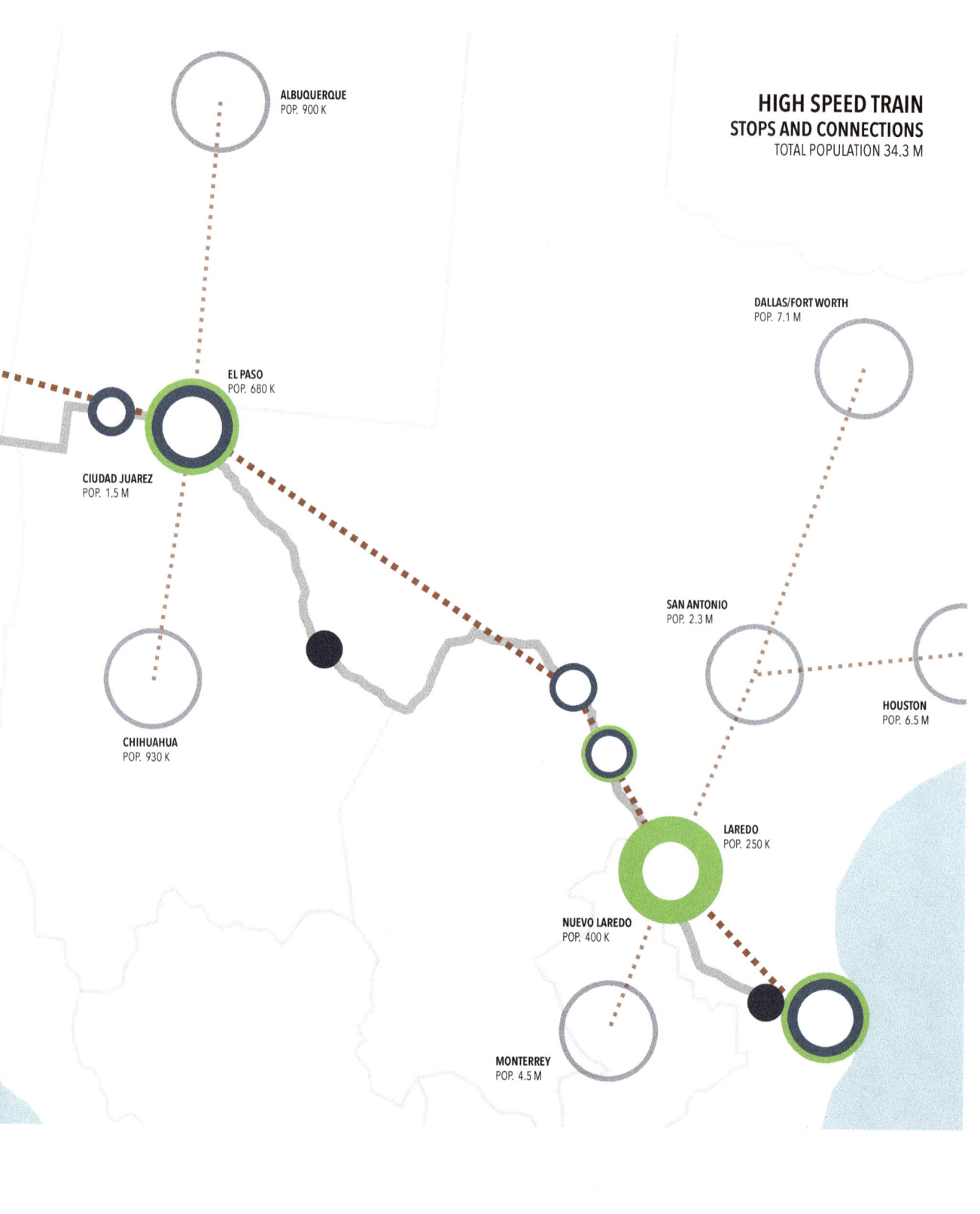

HIGH SPEED TRAIN
STOPS AND CONNECTIONS
TOTAL POPULATION 34.3 M

ALBUQUERQUE
POP. 900 K

DALLAS/FORT WORTH
POP. 7.1 M

EL PASO
POP. 680 K

CIUDAD JUAREZ
POP. 1.5 M

SAN ANTONIO
POP. 2.3 M

CHIHUAHUA
POP. 930 K

HOUSTON
POP. 6.5 M

LAREDO
POP. 250 K

NUEVO LAREDO
POP. 400 K

MONTERREY
POP. 4.5 M

72

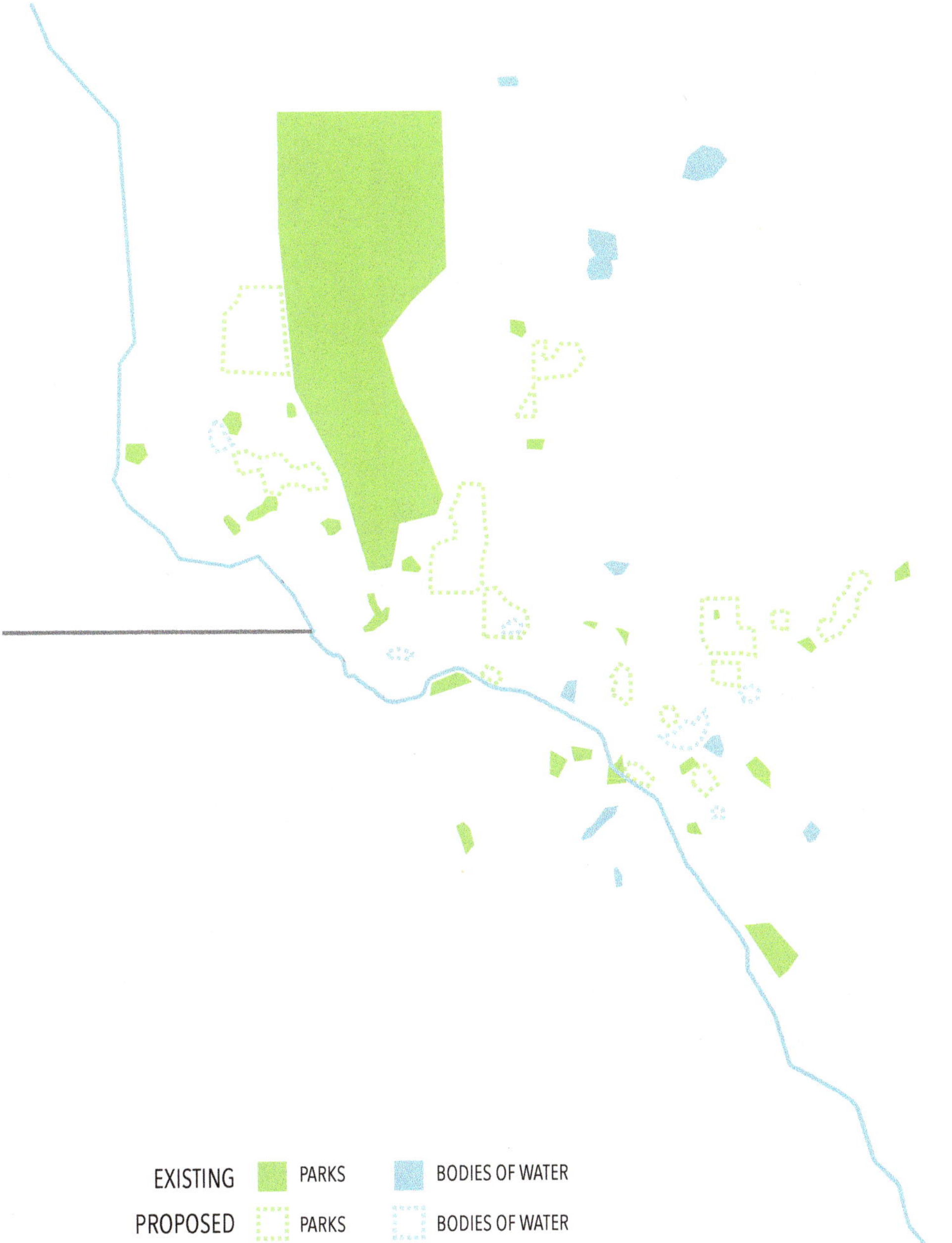

EXISTING ▮ PARKS ▮ BODIES OF WATER

PROPOSED ▯ PARKS ▯ BODIES OF WATER

OPEN SPACES

EXISTING ![AIRPORT swatch] AIRPORT   ![RIVER swatch] RIVER   ![LOW INCOME HOUSING swatch] LOW INCOME HOUSING

PROPOSED ☐ TRAILS

OPEN SPACES

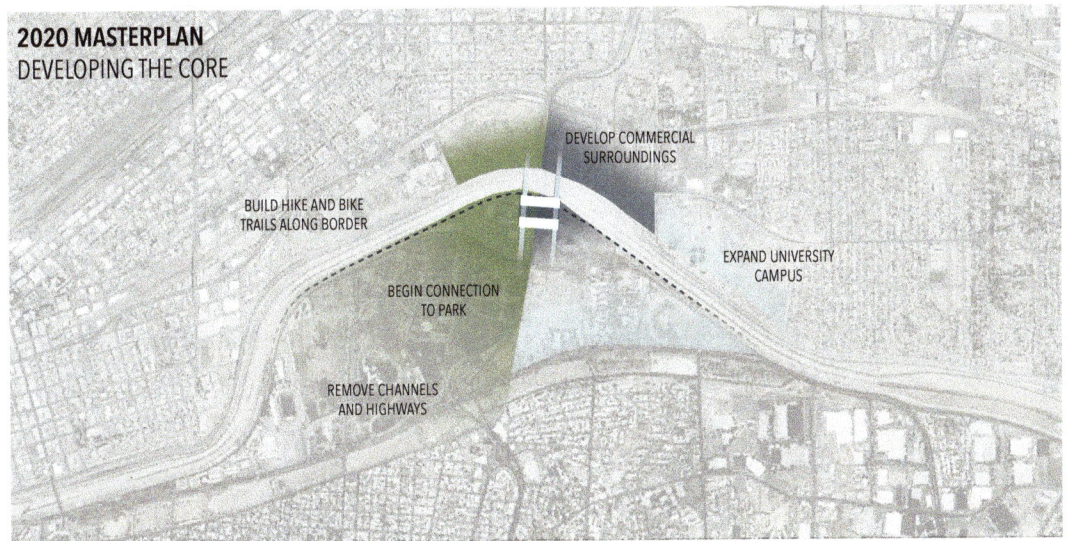

2020 MASTERPLAN
DEVELOPING THE CORE

DEVELOP COMMERCIAL
SURROUNDINGS

BUILD HIKE AND BIKE
TRAILS ALONG BORDER

EXPAND UNIVERSITY
CAMPUS

BEGIN CONNECTION
TO PARK

REMOVE CHANNELS
AND HIGHWAYS

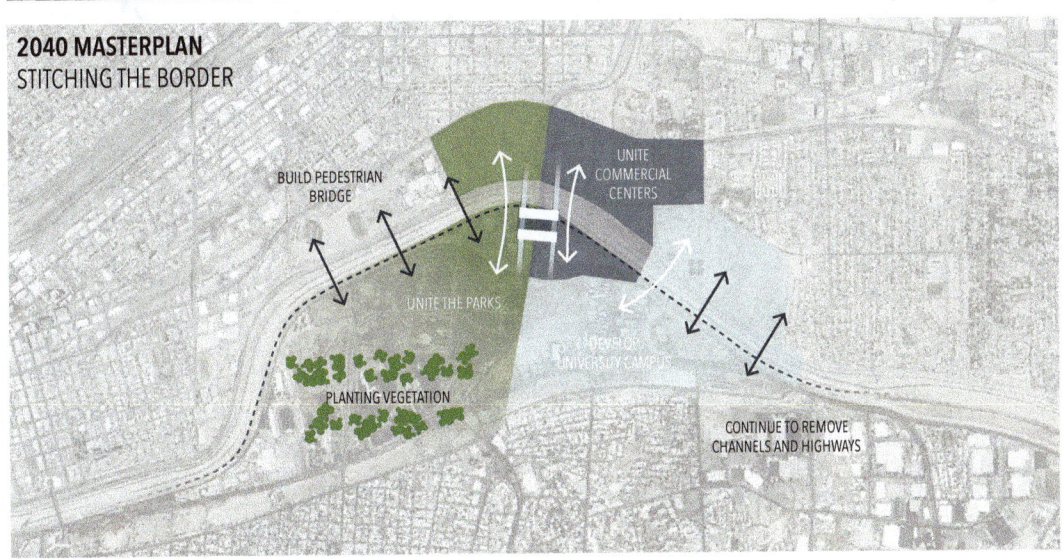

2040 MASTERPLAN
STITCHING THE BORDER

BUILD PEDESTRIAN
BRIDGE

UNITE
COMMERCIAL
CENTERS

UNITE THE PARKS

DEVELOP
UNIVERSITY CAMPUS

PLANTING VEGETATION

CONTINUE TO REMOVE
CHANNELS AND HIGHWAYS

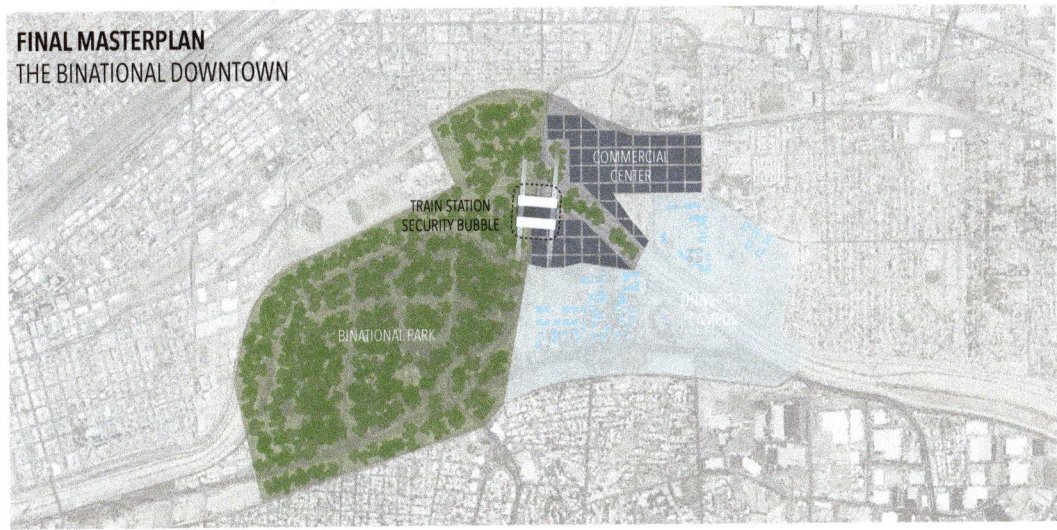

FINAL MASTERPLAN
THE BINATIONAL DOWNTOWN

TRAIN STATION
SECURITY BUBBLE

COMMERCIAL
CENTER

BINATIONAL PARK

UNIVERSITY CAMPUS

MILITARY INDUSTRY BUDGET $6 B   GLOBAL TRADE INDUSTRY $91 B   **FLOW OF TRAFFIC 4.2 M PEDS 3.6 M CARS**

SPACE NEEDS

HIGH SPEED TRAIN INFRASTRUCTURE
   PASSENGER CABINS
   RAIL LOCATION

TRAIN STATION INFRASTRUCTURE
   PEDESTRIAN BRIDGE
   VEHICULAR CROSSING
   TRAIN PLATFORM
   VARIED SECURITY MEASURES

SQ. FT.

200,000 - 600,000 SF. TRAIN STATION
1300 MILES OF TRACK, 100 FT WIDTH

NUMBER OF USERS

4.2 M PEDESTRIANS PER YEAR
3.6 M VEHICLES PER YEAR

COST

$15 B FOR 1300 MILES OF TRACK
$1 B FOR TRAIN STATION AND SECURITY
   INFRASTRUCTURE
$4 B PER YEAR FOR 4 YEARS
COSTS LESS THAN 1% OF US-MX ANNUAL TRADE

PROGRAM

PASSENGER HIGH SPEED TRAIN WITH STATIONS AT MAJOR
FRONTERA PORTS OF ENTRY

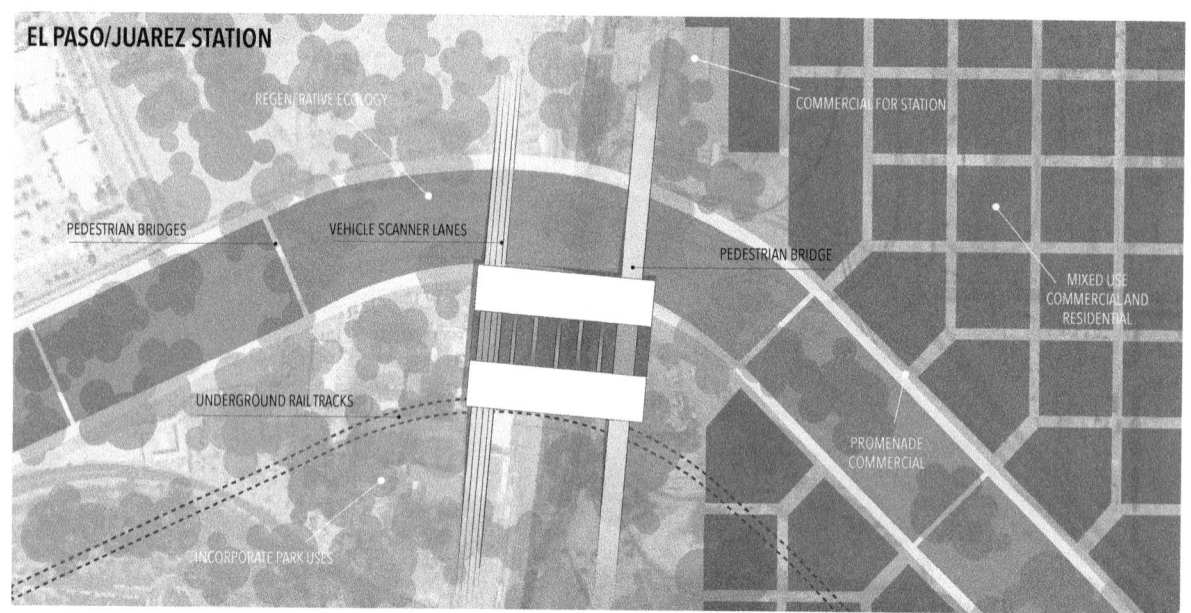

EL PASO/JUAREZ STATION

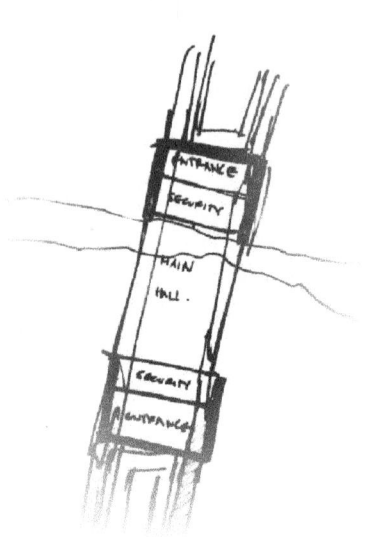

A high-speed passenger rail that unifies the entire border by connecting border cities through public transportation infrastructure.

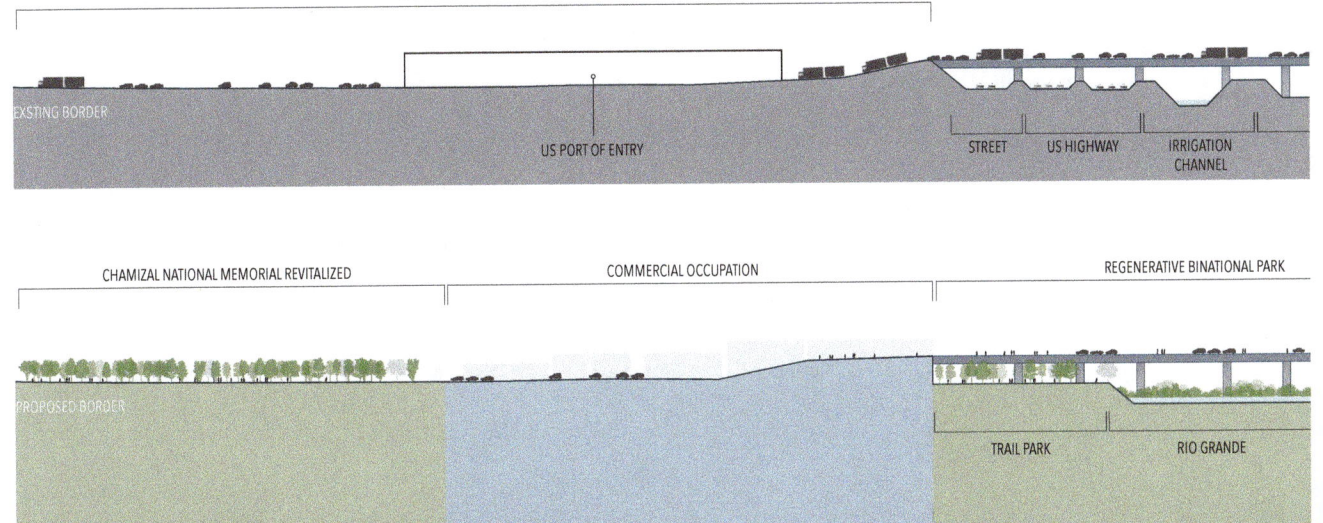

US BORDER PATROL

EXISTING BORDER

US PORT OF ENTRY

STREET   US HIGHWAY   IRRIGATION CHANNEL

CHAMIZAL NATIONAL MEMORIAL REVITALIZED   COMMERCIAL OCCUPATION   REGENERATIVE BINATIONAL PARK

PROPOSED BORDER

TRAIL PARK   RIO GRANDE

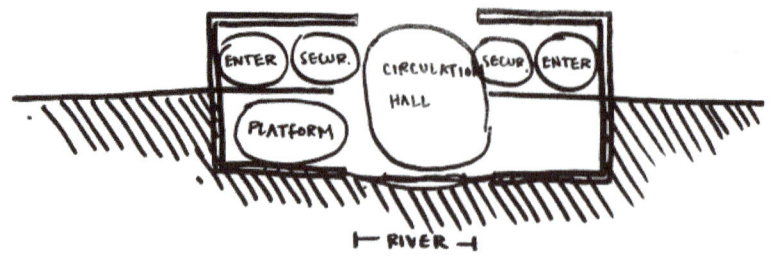

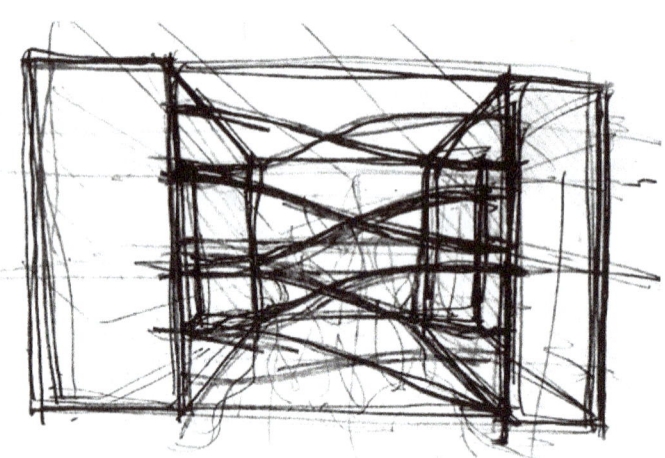

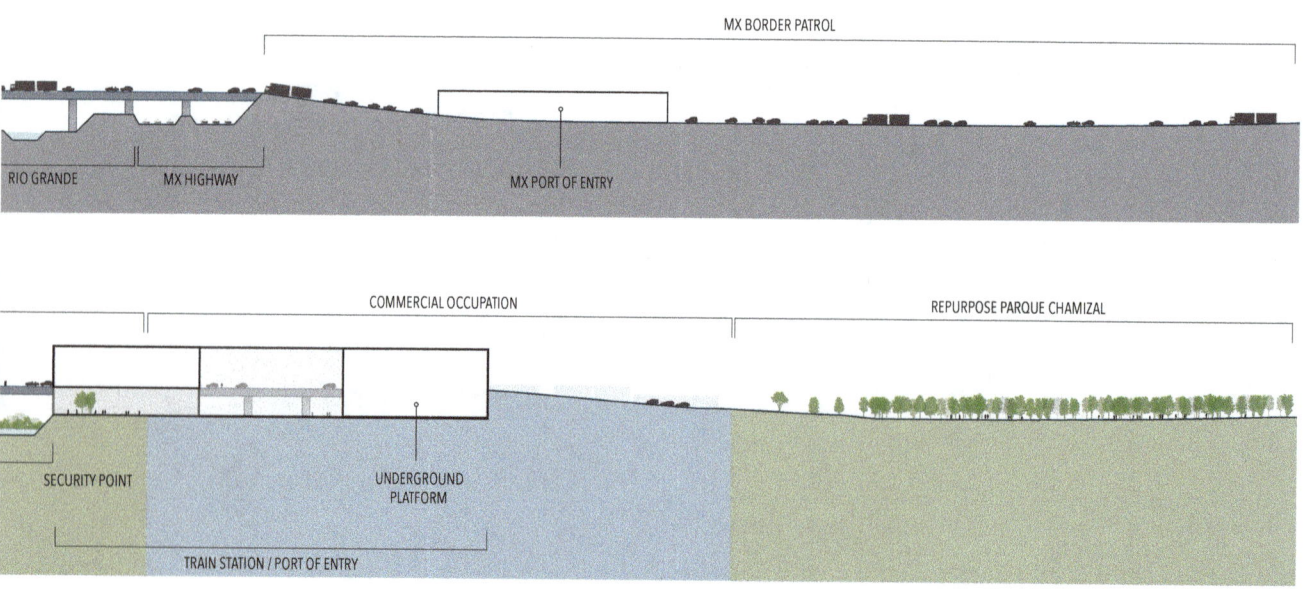

BORDER SPORTS COMPLEX
Donghwan Kim
Nuevo Laredo / Laredo

Between Laredo and Nuevo Laredo, the Rio Grande river divides the two nations.

The project plans to connect the riversides of both cities. The building accommodates pedestrian and vehicular circulations. Between both circulation types, duty-free shops will be located, providing diverse goods and necessary medical centers to both countries. At the center of the building, there will be a plaza near the river as well as various sports facilities such as kayak platforms, swimming pools, baseball diamonds, and soccer fields.

In addition to gradually improving the safety of the surrounding area, the project would also change the traditional border buffer zones into more active and attractive public spaces for people to cross more freely.

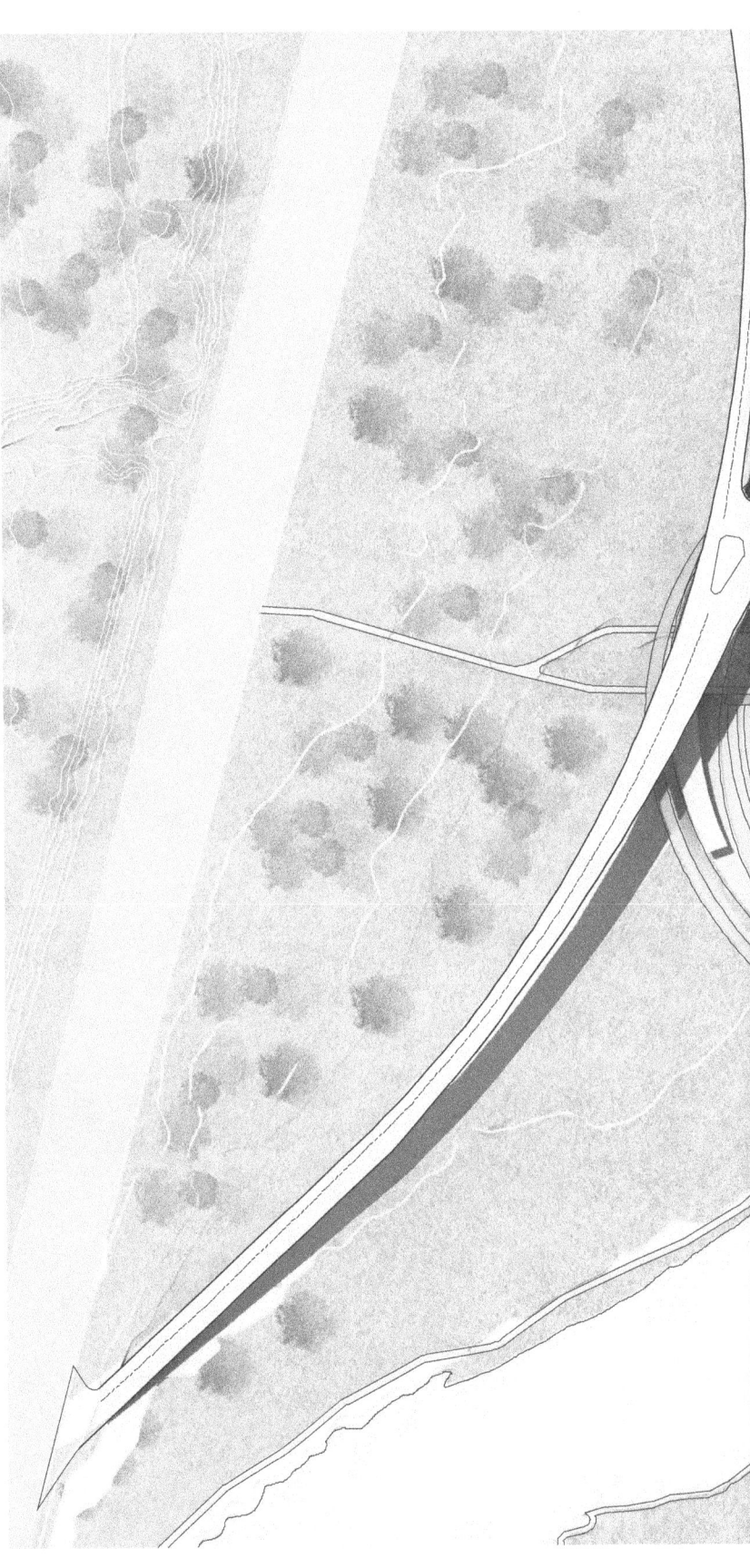

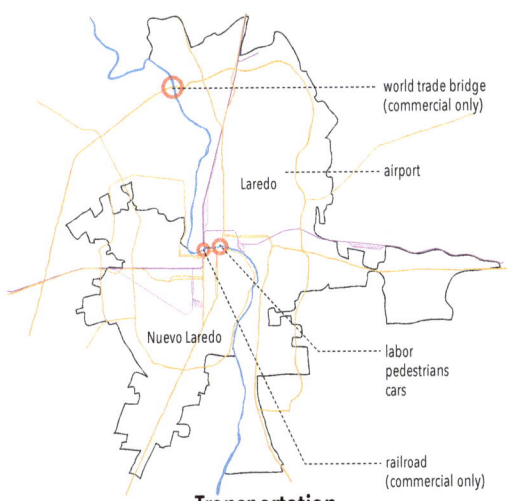

world trade bridge
(commercial only)

airport

Laredo

labor
pedestrians
cars

Nuevo Laredo

railroad
(commercial only)

Transportation

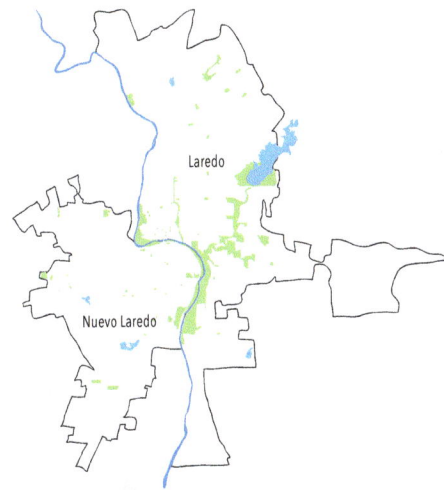

Laredo

Nuevo Laredo

Green Spaces

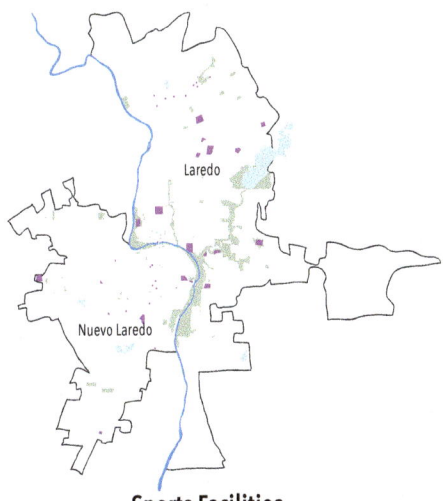

Laredo

Nuevo Laredo

Sports Facilities

Section Diagram

In 2020
A park ramp, which can be used as an observatory, will be initially installed with columns.

In 2040
Following further development, the ramp will be extended.

In 2020
Under the canopy, market spaces will appear naturally.
Some pop-up stores will play a major role in the neighborhood's community.

In 2040
On the canopy, pop-up stores will transition into duty-free shops.
People will be able to see each other on the green roof, monorail circulation, car bridge, running track, and biking track.

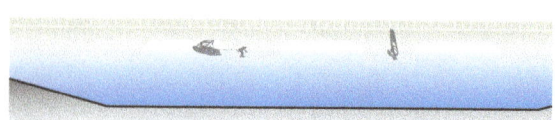

In 2020
The installed dams will clean the Rio Grande.
People can watch the water and play sports activities.

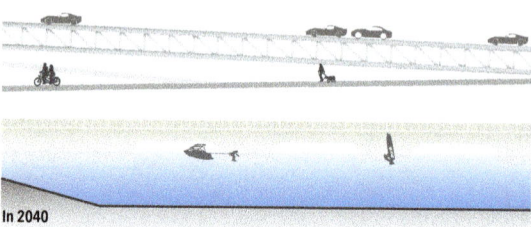

In 2040
Car and pedestrian circulations will be built above the dams.

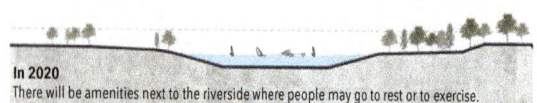

In 2020
There will be amenities next to the riverside where people may go to rest or to exercise.

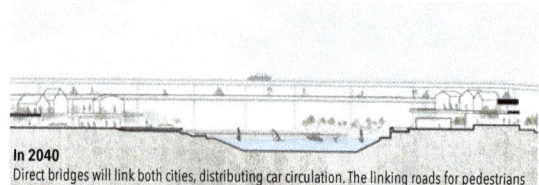

In 2040
Direct bridges will link both cities, distributing car circulation. The linking roads for pedestrians and cars will become an observatory zone for watching sports games.

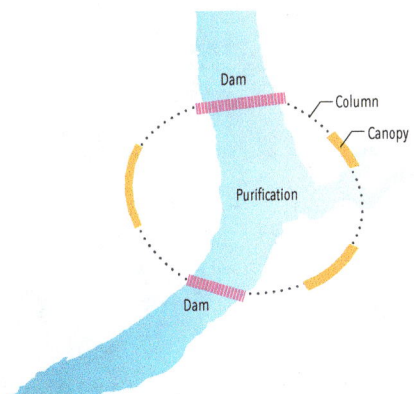

Phase 1.
Install dams, canopy, columns

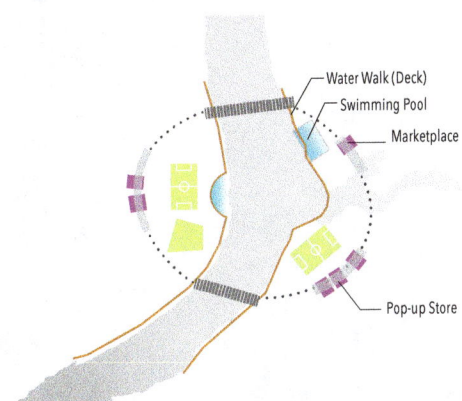

Phase 2. (2018)
Sports facilities : baseball diamonds, soccer fields
Canopy, columns : pop-up store, marketplace

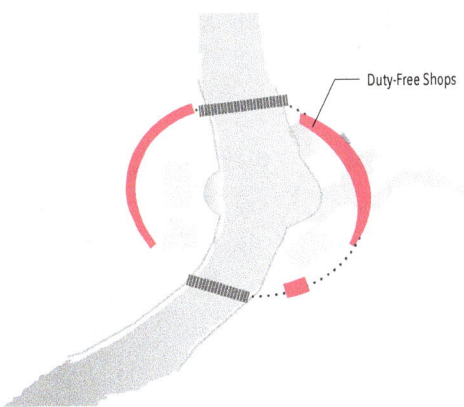

Phase 3. (2020)
Duty-free shop (raise funds from economic values)

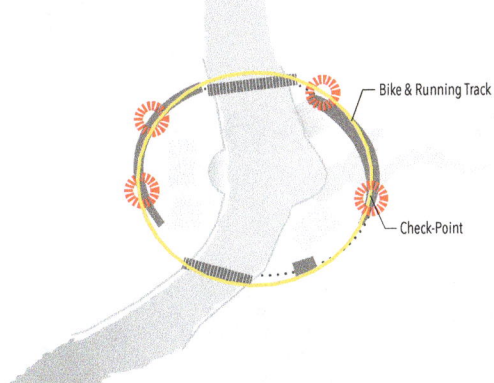

Phase 4. (2030)
Bike & running track
Check-Point

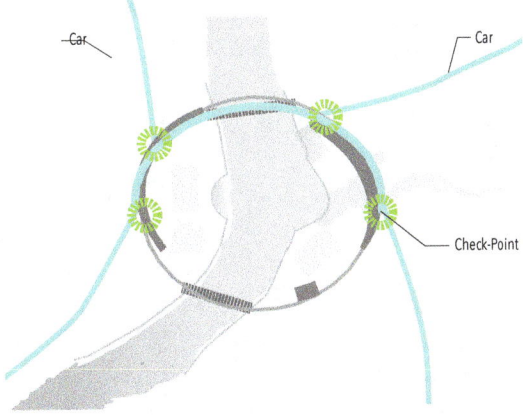

Phase 5. (2040)
Car circulation : Link the roads to the other side
Check-point : without any weapon

Create direct connections between Laredo and Nuevo Laredo within a circular form through recreational and commercial programming.

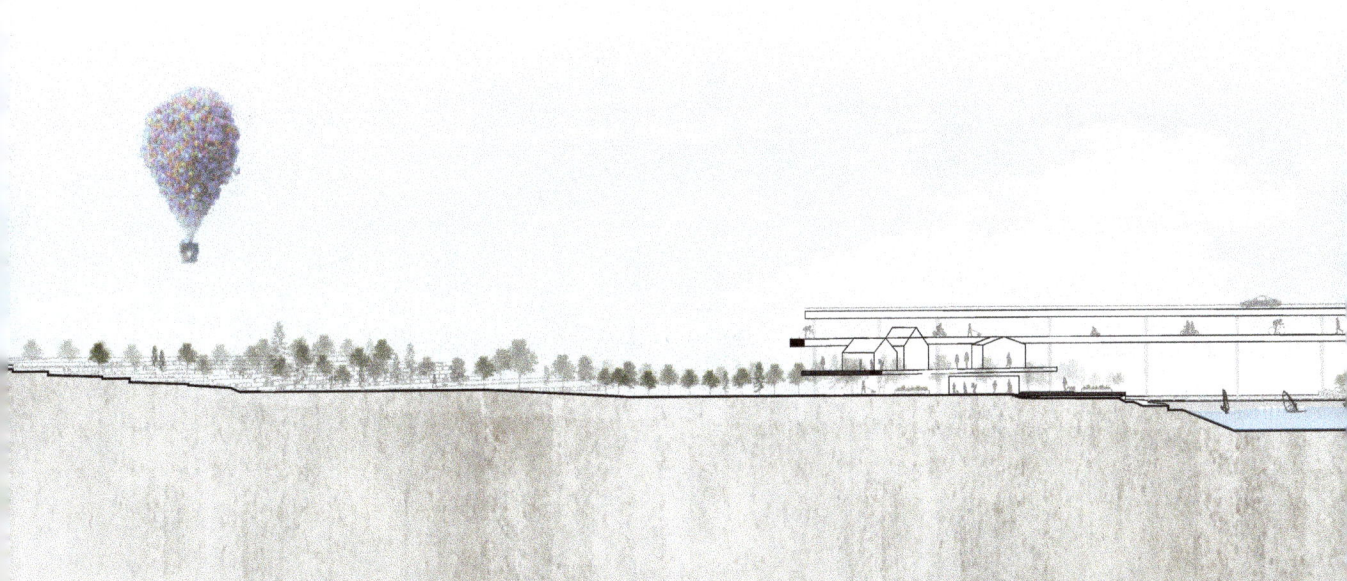

BRIDGE PARKS OF THE LAREDOS

Nathan Sears
Nuevo Laredo / Laredo

The cities of Laredo and Nuevo Laredo have always been tightly interwoven. Despite their social and economic linkage, the restrictive manner in which the border zone is treated and physically crossed communicates a conflicting narrative of a need for separation and control.

To counter this perception of the border, the project proposes a series of pedestrian bridges linking the cities in a network of green spaces, trails, public transit connections, and programmatic facilities. Along with increasing connectivity, benefiting the local community, and cultivating regional interest and support, the bridges will serve as hubs for developing cultural, commercial, and recreational centers.

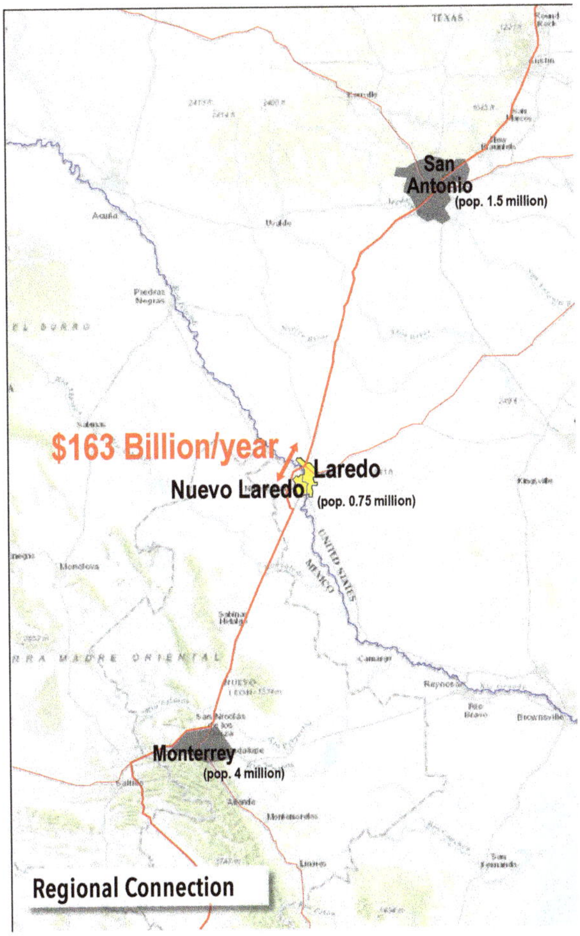

San Antonio (pop. 1.5 million)

$163 Billion/year

Laredo (pop. 0.75 million)
Nuevo Laredo

Monterrey (pop. 4 million)

Regional Connection

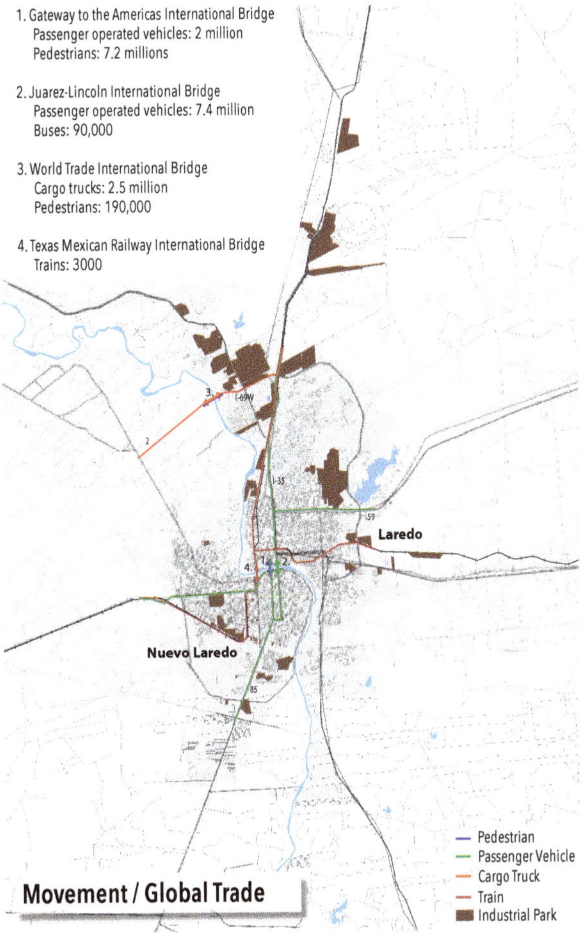

1. Gateway to the Americas International Bridge
   Passenger operated vehicles: 2 million
   Pedestrians: 7.2 millions

2. Juarez-Lincoln International Bridge
   Passenger operated vehicles: 7.4 million
   Buses: 90,000

3. World Trade International Bridge
   Cargo trucks: 2.5 million
   Pedestrians: 190,000

4. Texas Mexican Railway International Bridge
   Trains: 3000

Laredo

Nuevo Laredo

Movement / Global Trade

— Pedestrian
— Passenger Vehicle
— Cargo Truck
— Train
▪ Industrial Park

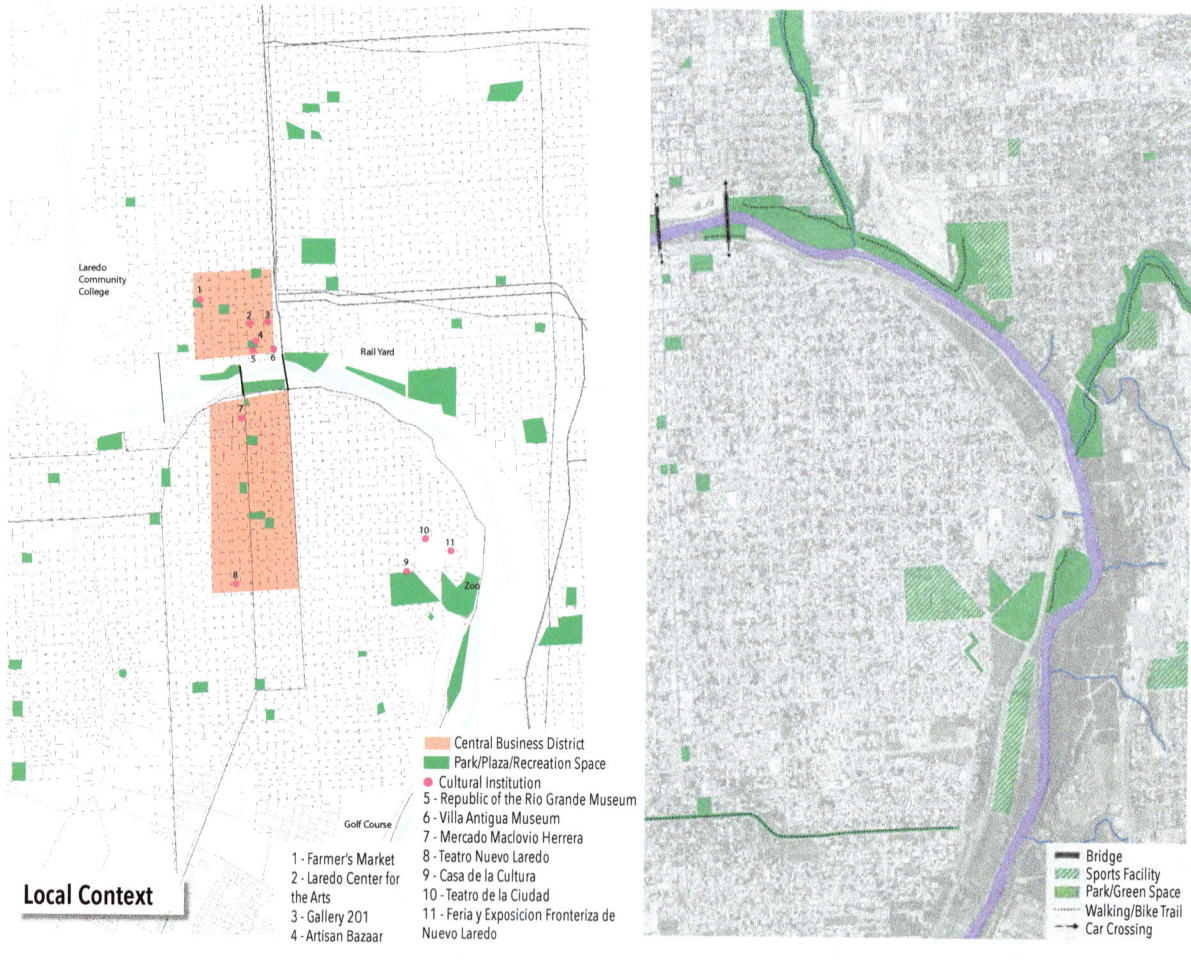

Local Context

Central Business District
Park/Plaza/Recreation Space
● Cultural Institution
5 - Republic of the Rio Grande Museum
6 - Villa Antigua Museum
7 - Mercado Maclovio Herrera
8 - Teatro Nuevo Laredo
9 - Casa de la Cultura
10 - Teatro de la Ciudad
11 - Feria y Exposicion Fronteriza de Nuevo Laredo

1 - Farmer's Market
2 - Laredo Center for the Arts
3 - Gallery 201
4 - Artisan Bazaar

Laredo Community College

Rail Yard

Golf Course

Zoo

Bridge
Sports Facility
Park/Green Space
Walking/Bike Trail
Car Crossing

Master Plan 2020

⤬	 bridge
	eco restoration
	sports facility
	park/green space
	walking/bike/trail
	bus/public transit
	car crossing

Proposed 2040

⤬	bridge
	eco restoration
	sports facility
	park/green space
	walking/bike/trail
	bus/public transit
	car crossing

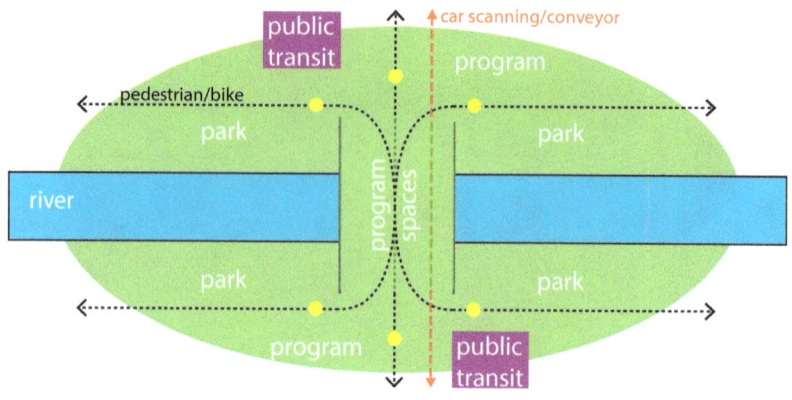

Bridge parks as hubs

regional ←——————————————————————————————→ local

Cultural hub
- music/theater/dance performances
- art exhibitions & creation
- historical/social exhibitions & celebrations

Commercial hub
- local craft markets
- farmer's markets
- food vendors
- local services

Recreational hub
- sports/athletic facilities
- jogging/bike trails
- parks/green spaces
- ecological parks - wetlands, wildlife

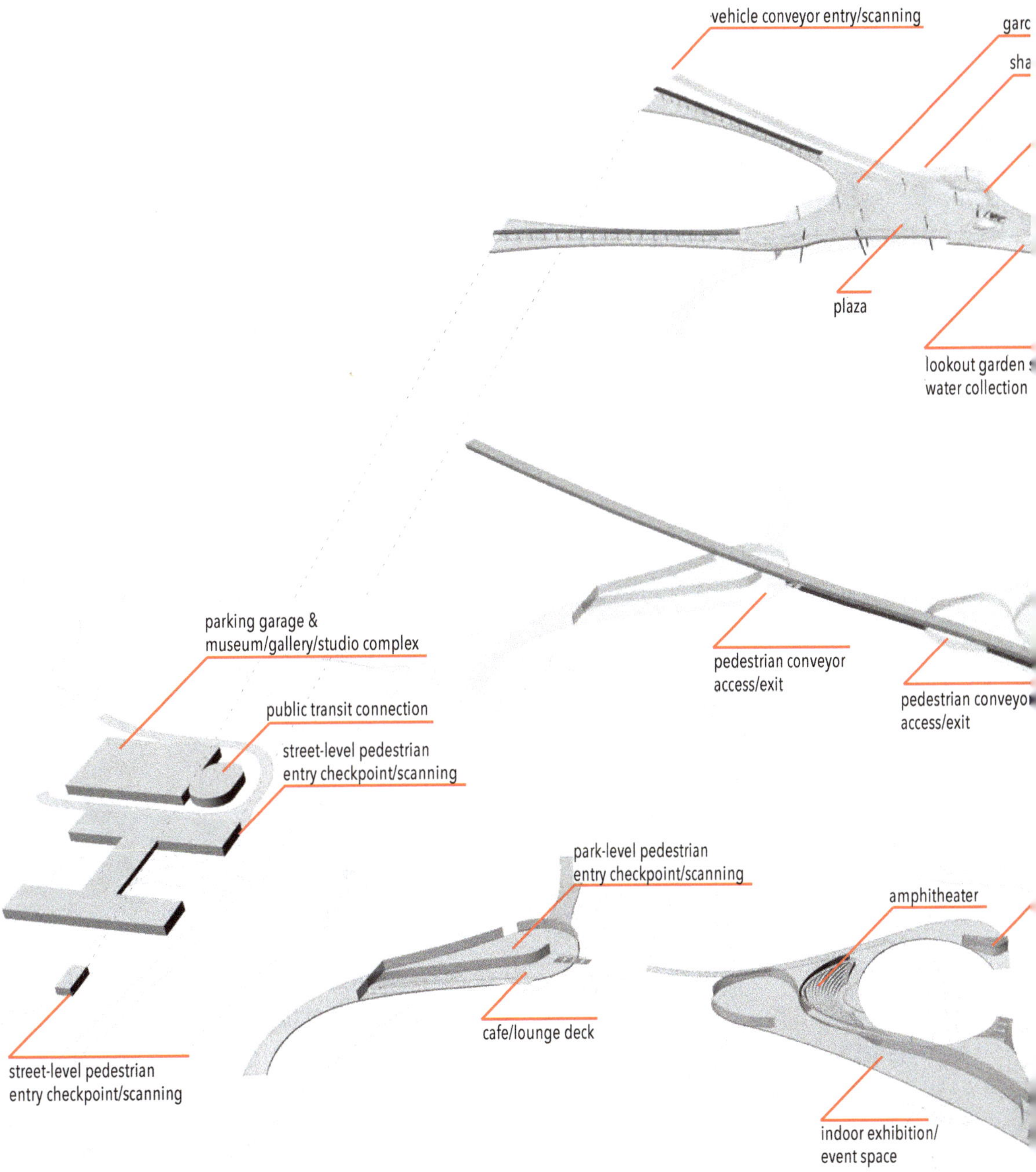

vehicle conveyor entry/scanning

garc

sha

plaza

lookout garden
water collection

parking garage &
museum/gallery/studio complex

public transit connection

street-level pedestrian
entry checkpoint/scanning

pedestrian conveyor
access/exit

pedestrian conveyo
access/exit

park-level pedestrian
entry checkpoint/scanning

amphitheater

cafe/lounge deck

street-level pedestrian
entry checkpoint/scanning

indoor exhibition/
event space

Bridge Layers/Features

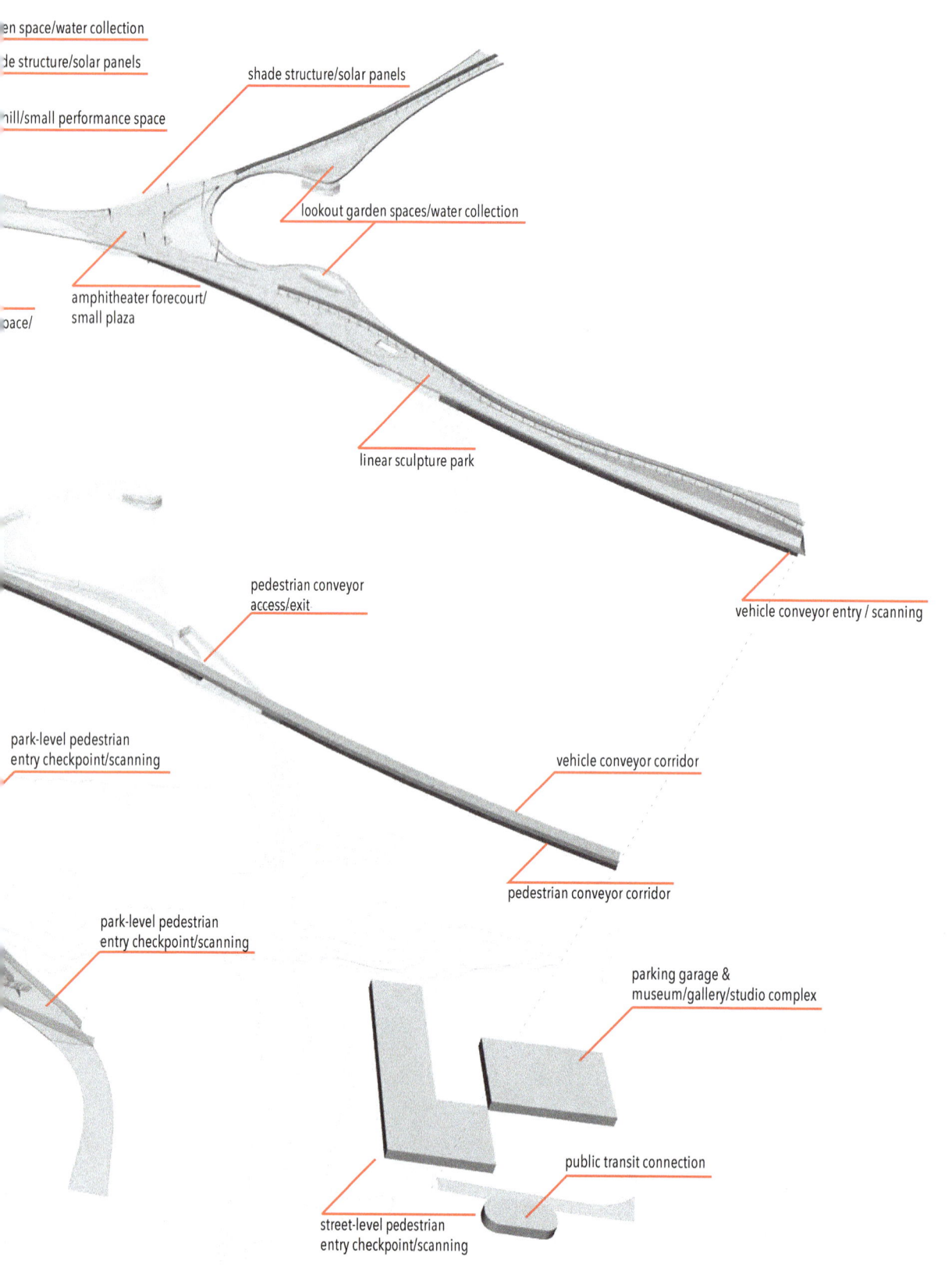

en space/water collection

de structure/solar panels

hill/small performance space

shade structure/solar panels

lookout garden spaces/water collection

amphitheater forecourt/
small plaza

space/

linear sculpture park

pedestrian conveyor
access/exit

vehicle conveyor entry / scanning

park-level pedestrian
entry checkpoint/scanning

vehicle conveyor corridor

pedestrian conveyor corridor

park-level pedestrian
entry checkpoint/scanning

parking garage &
museum/gallery/studio complex

public transit connection

street-level pedestrian
entry checkpoint/scanning

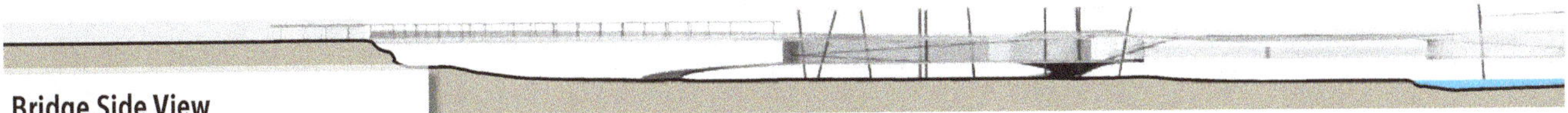

Bridge Side View

Bridge parks as cultural, commercial, and recreational hubs to serve the local community and to cultivate regional interest and support.

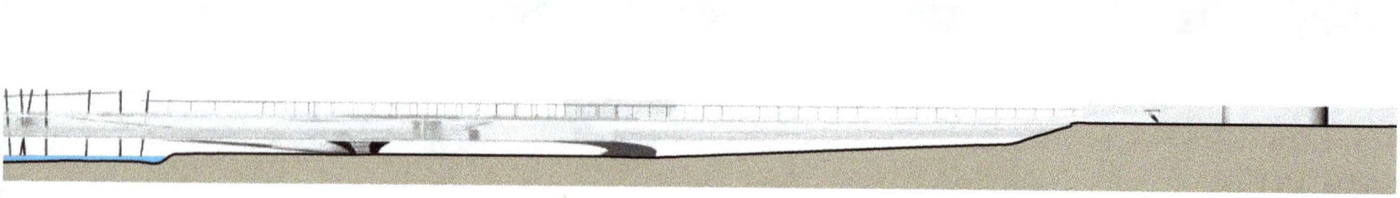

RIVER CENTRE
CULTURAL MUSEUM
Ashley Chung
Ciudad Acuña / Del Rio

2.4 feet separates a body of water from being a flooding river or tranquil stream.

The two border cities of Ciudad Acuña and Del Rio in Mexico and the United States, respectively, have experienced four major floods within 60 years. Separated by the intersections of the Rio Grande and San Felipe Creek, the water body is regarded negatively, a constant threat to occupy the floodplain region that encompasses the city edge of Ciudad Acuña and the lower edge of Del Rio.

The proposal introduces three dams at the rivers' confluence to control water levels, reinvigorating water as a shared amenity of the region. Above the water height is a River Centre Cultural Museum. Organized from realistic to utopian thought, security measures are integrated on the outermost rings of vehicular and pedestrian circulation to allow for increased porosity and binational interactions within the centre. Closest to the river, this central museum space immerses its visitors with views of the water around and below.

Integrating with the two cities via pedestrian bridges and boardwalks, the proposal challenges the imposed border of the two nations that is the Rio Grande River as well as highlights the water's fundamental and connecting potential for the two river cities.

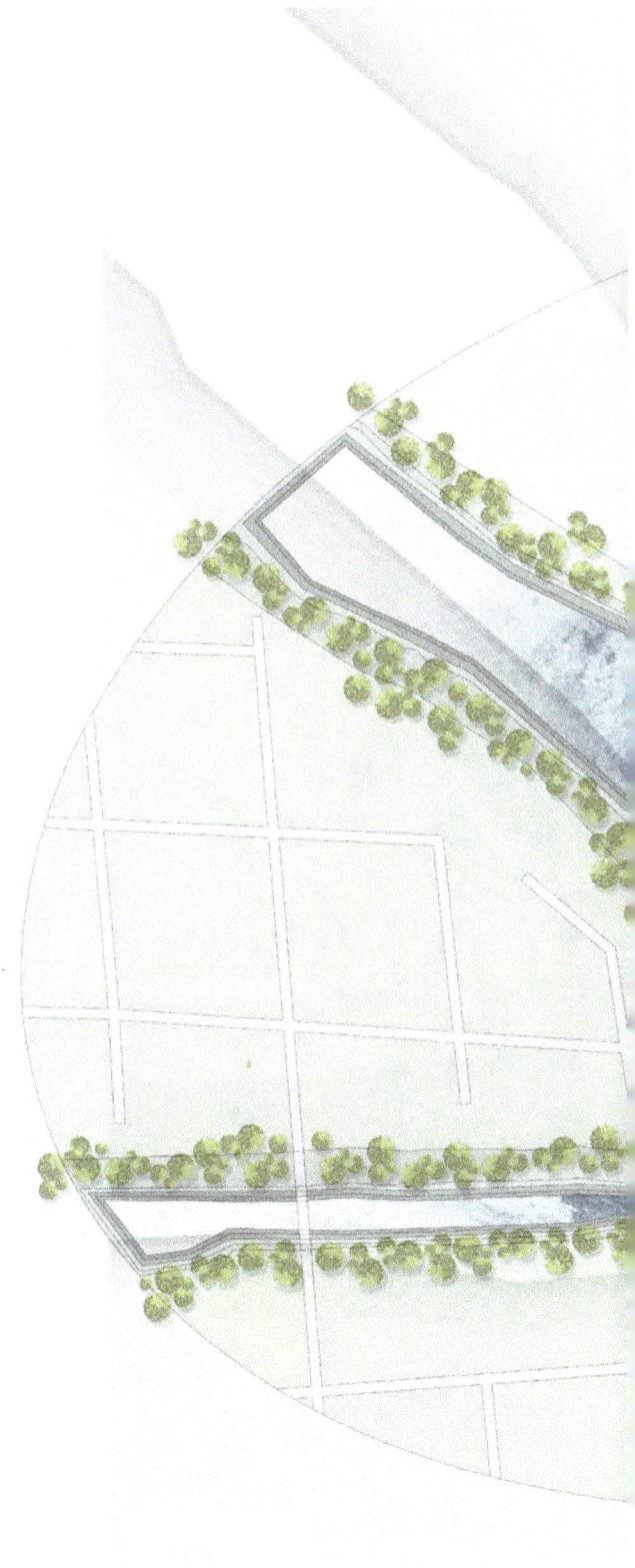

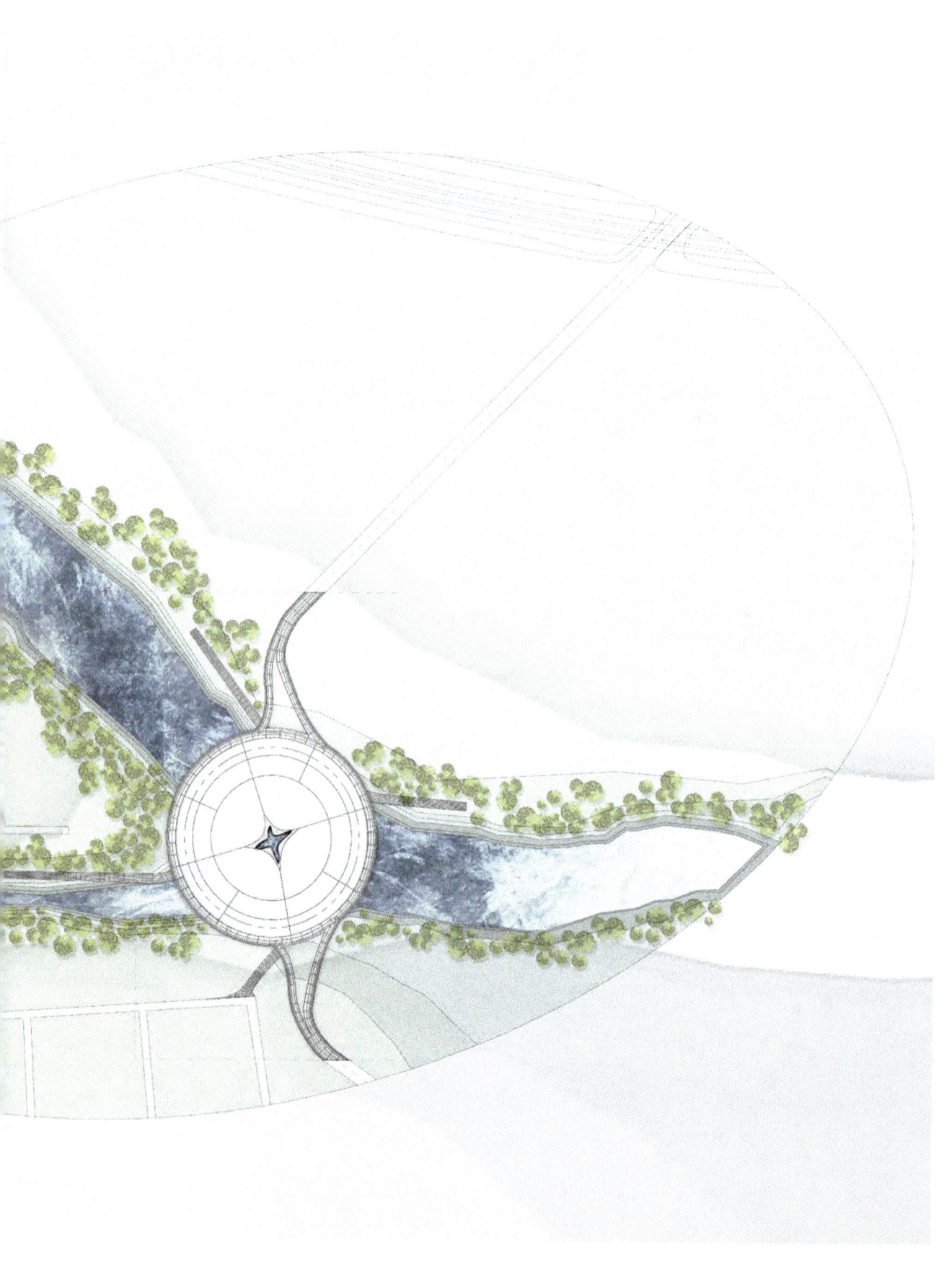

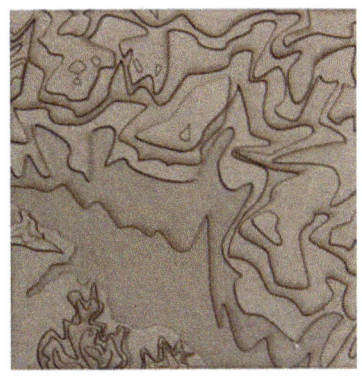

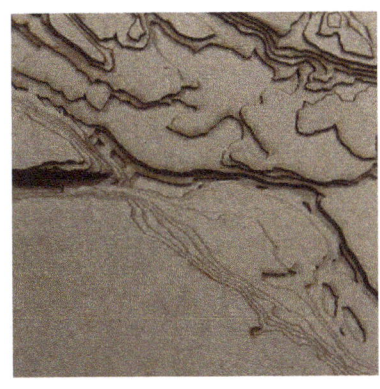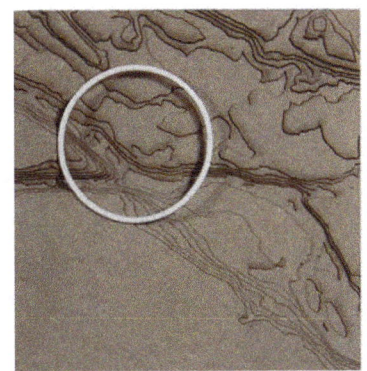

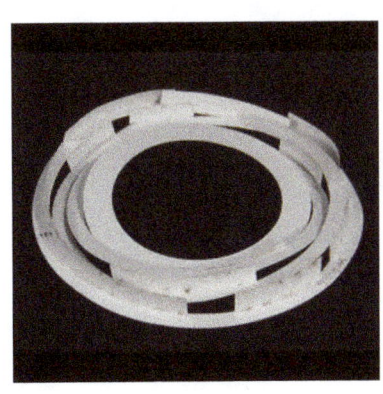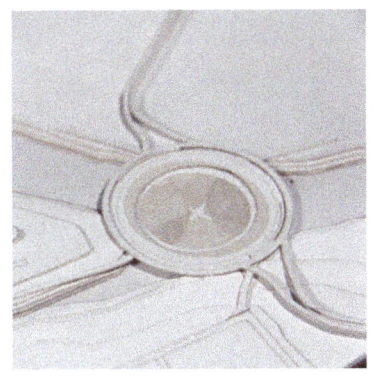

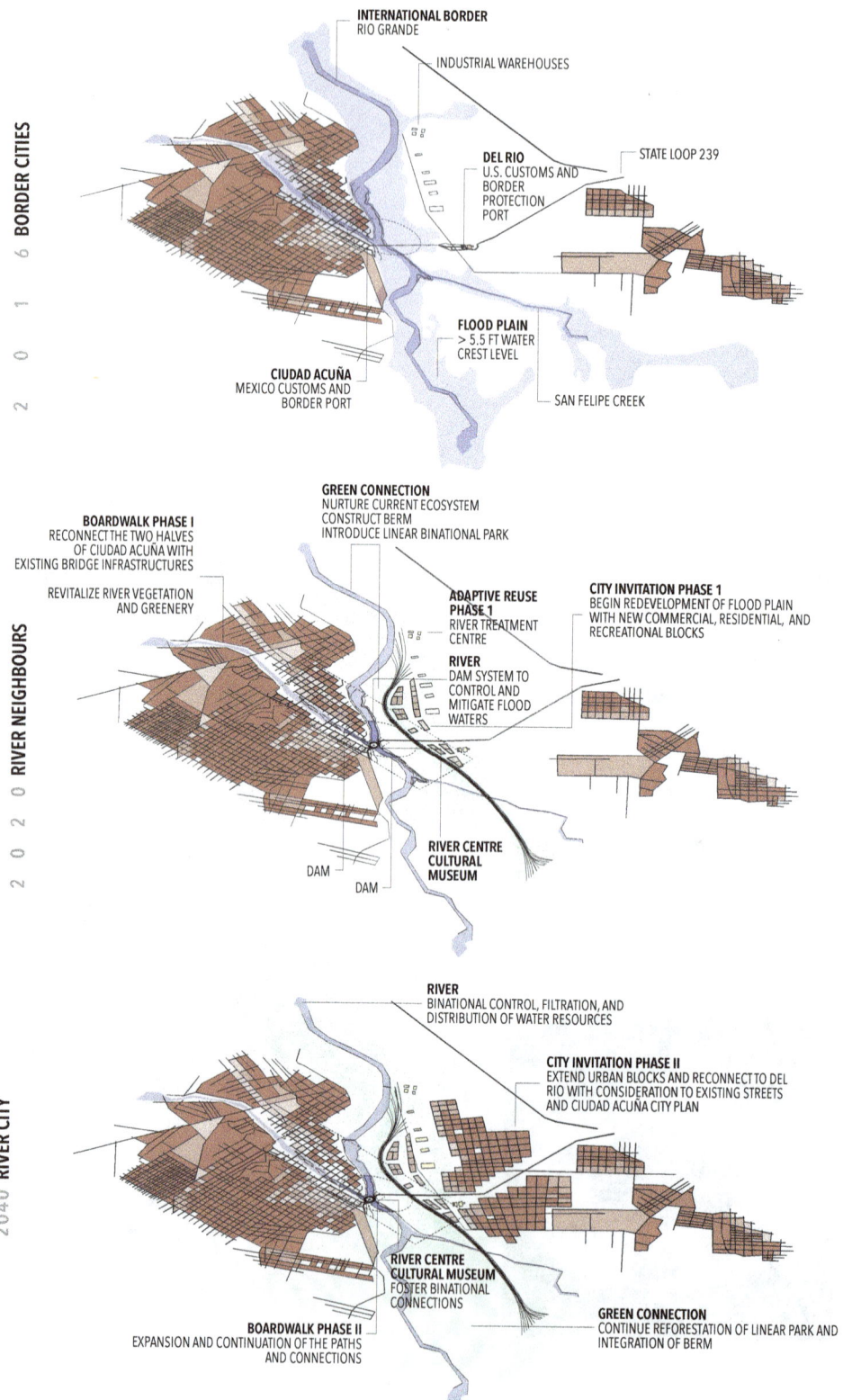

2016 BORDER CITIES

INTERNATIONAL BORDER
RIO GRANDE

INDUSTRIAL WAREHOUSES

DEL RIO
U.S. CUSTOMS AND BORDER PROTECTION PORT

STATE LOOP 239

FLOOD PLAIN
> 5.5 FT WATER CREST LEVEL

CIUDAD ACUÑA
MEXICO CUSTOMS AND BORDER PORT

SAN FELIPE CREEK

2020 RIVER NEIGHBOURS

BOARDWALK PHASE I
RECONNECT THE TWO HALVES OF CIUDAD ACUÑA WITH EXISTING BRIDGE INFRASTRUCTURES

REVITALIZE RIVER VEGETATION AND GREENERY

GREEN CONNECTION
NURTURE CURRENT ECOSYSTEM
CONSTRUCT BERM
INTRODUCE LINEAR BINATIONAL PARK

ADAPTIVE REUSE PHASE 1
RIVER TREATMENT CENTRE

CITY INVITATION PHASE 1
BEGIN REDEVELOPMENT OF FLOOD PLAIN WITH NEW COMMERCIAL, RESIDENTIAL, AND RECREATIONAL BLOCKS

RIVER
DAM SYSTEM TO CONTROL AND MITIGATE FLOOD WATERS

RIVER CENTRE CULTURAL MUSEUM

DAM

DAM

2040 RIVER CITY

RIVER
BINATIONAL CONTROL, FILTRATION, AND DISTRIBUTION OF WATER RESOURCES

CITY INVITATION PHASE II
EXTEND URBAN BLOCKS AND RECONNECT TO DEL RIO WITH CONSIDERATION TO EXISTING STREETS AND CIUDAD ACUÑA CITY PLAN

RIVER CENTRE CULTURAL MUSEUM
FOSTER BINATIONAL CONNECTIONS

BOARDWALK PHASE II
EXPANSION AND CONTINUATION OF THE PATHS AND CONNECTIONS

GREEN CONNECTION
CONTINUE REFORESTATION OF LINEAR PARK AND INTEGRATION OF BERM

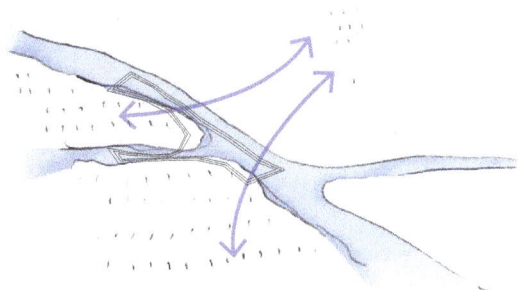

Propose Flood Control /
Increase Human Activity and Exchange

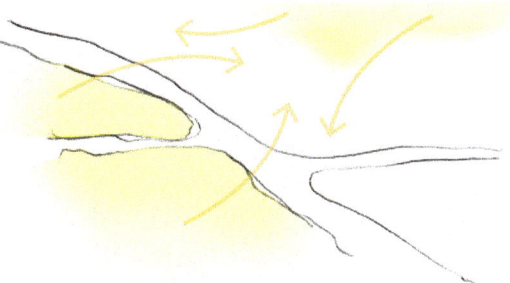

Expand Commercial Spheres

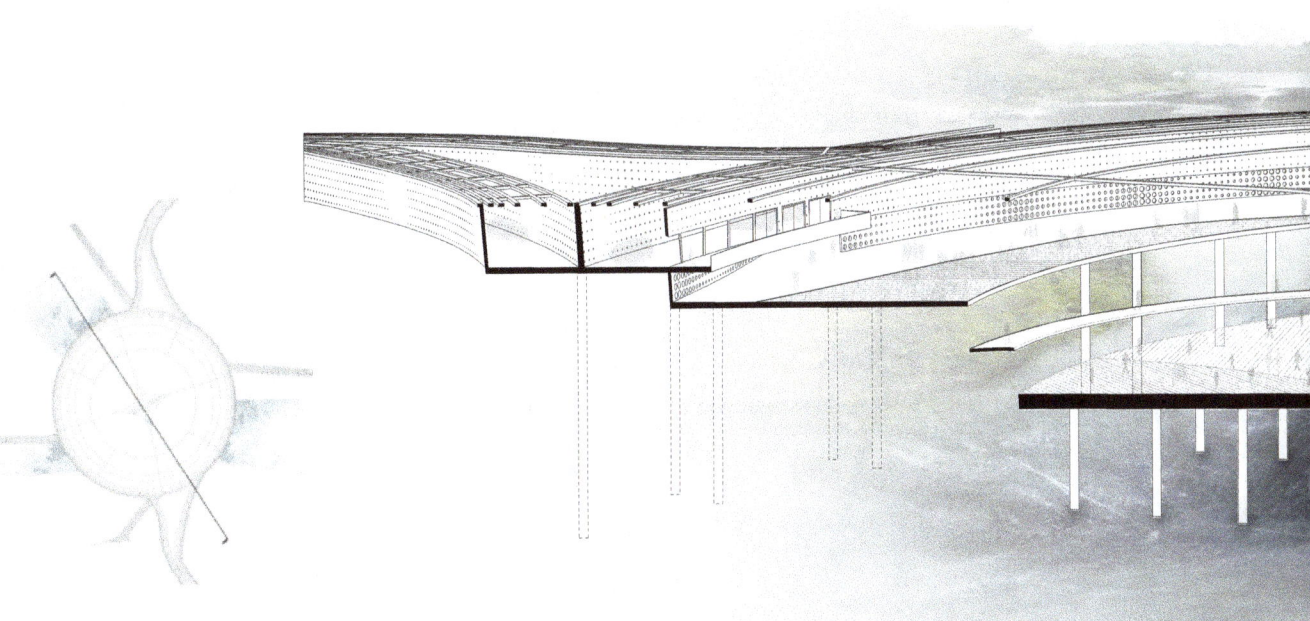

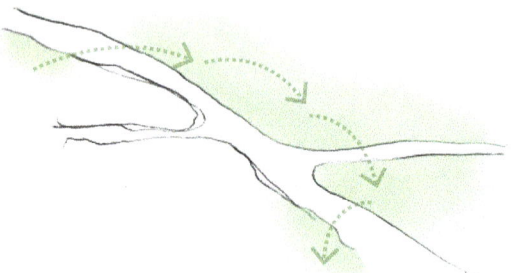

Connect Open Areas

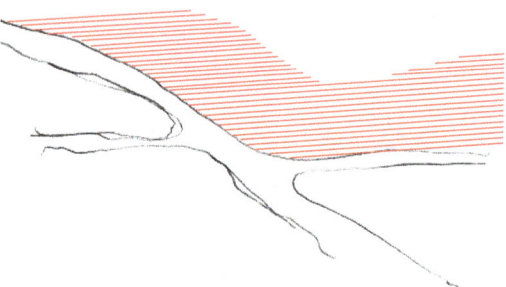

Humanize the Border

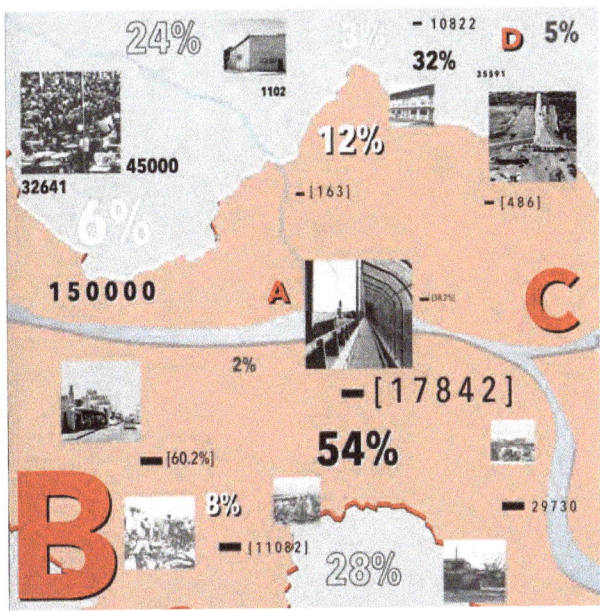

Existing Conditions of Ciudad Acuña and Del Rio

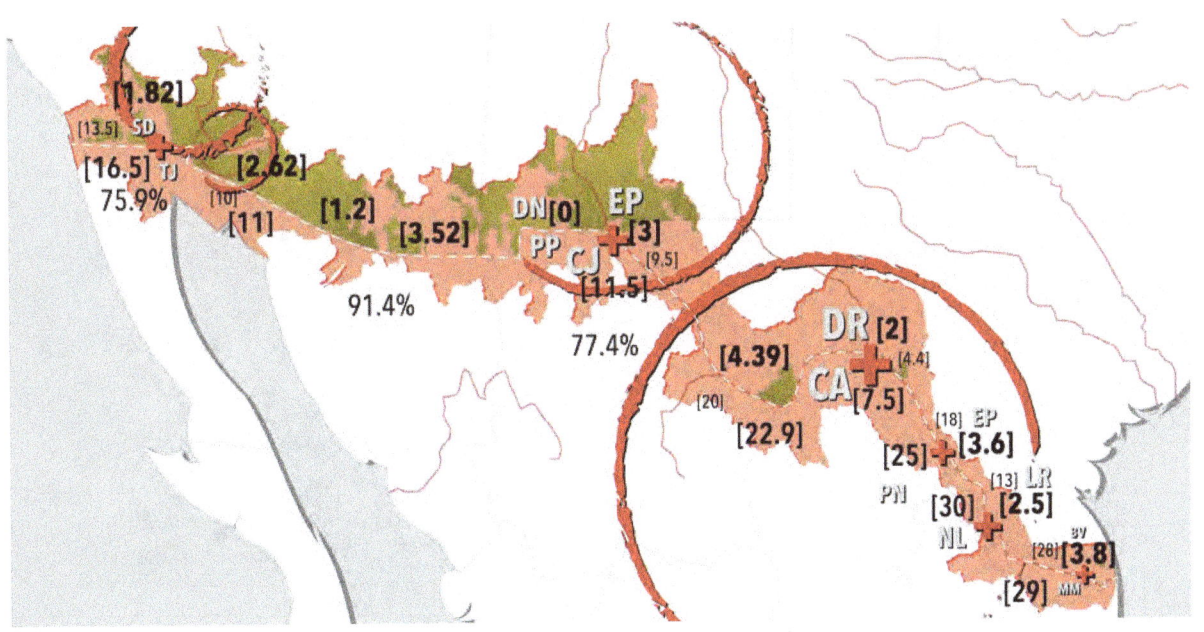

Flood Conditions of the U.S.-Mexico Border

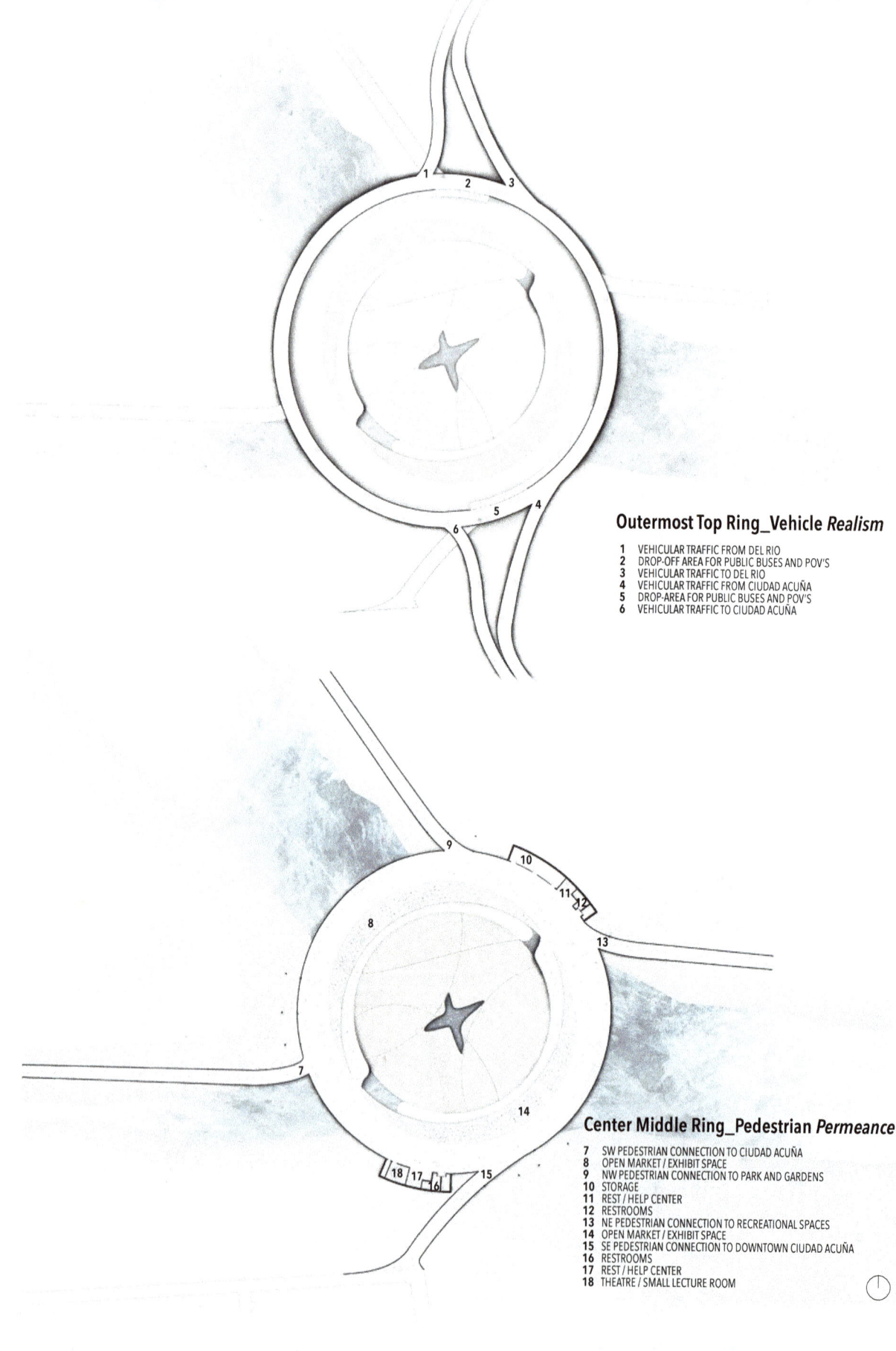

Outermost Top Ring_Vehicle *Realism*

1 VEHICULAR TRAFFIC FROM DEL RIO
2 DROP-OFF AREA FOR PUBLIC BUSES AND POV'S
3 VEHICULAR TRAFFIC TO DEL RIO
4 VEHICULAR TRAFFIC FROM CIUDAD ACUÑA
5 DROP-AREA FOR PUBLIC BUSES AND POV'S
6 VEHICULAR TRAFFIC TO CIUDAD ACUÑA

Center Middle Ring_Pedestrian *Permeance*

7 SW PEDESTRIAN CONNECTION TO CIUDAD ACUÑA
8 OPEN MARKET / EXHIBIT SPACE
9 NW PEDESTRIAN CONNECTION TO PARK AND GARDENS
10 STORAGE
11 REST / HELP CENTER
12 RESTROOMS
13 NE PEDESTRIAN CONNECTION TO RECREATIONAL SPACES
14 OPEN MARKET / EXHIBIT SPACE
15 SE PEDESTRIAN CONNECTION TO DOWNTOWN CIUDAD ACUÑA
16 RESTROOMS
17 REST / HELP CENTER
18 THEATRE / SMALL LECTURE ROOM

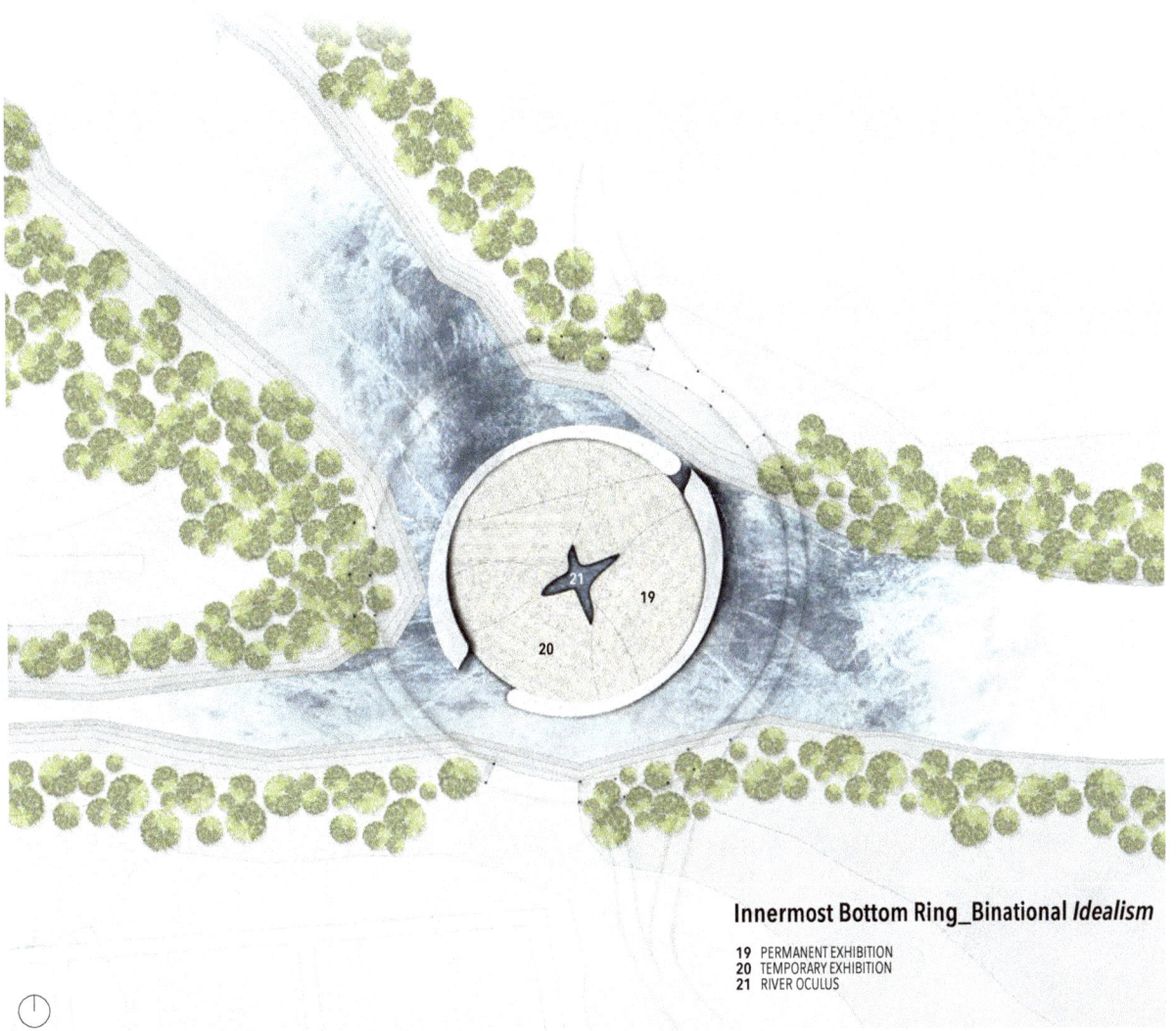

Innermost Bottom Ring_Binational *Idealism*

19 PERMANENT EXHIBITION
20 TEMPORARY EXHIBITION
21 RIVER OCULUS

Juxtaposition of an imposed political border and
shared geographical boundary as an opportunity of
spatial collaboration.

FRONTERA SIN MURO

UNIVERSIDAD AUTÓNOMA DE NUEVO LEÓN
FALL 2016 | SPRING 2017
DIANA MALDONADO FLORES, PhD.
and NASHELLY RICAÑO ALARCÓN

ANHELÍ ALCORTA
DIEGO LEDESMA
DANIELA DEL VALLE MEDINA
LUIS FERNANDO FLORES PUENTE
PEDRO A. RAMÍREZ PUENTE
SILVESTRE MÁRQUEZ RODRÍGUEZ
EDUARDO GAMEZ RUIZ
MAURICIO CANALES TÁRREGA
KAREN YVETTE QUIMBAR URQUIZA
ROGELIO VIDALES

MESA

Bolsón de

Mapimí

CRÓNICAS WE ARE (I AM) FRONTERA

Nashelly Ricaño Alarcón[1]
Profesor de Asignatura, Universidad Autónoma de Nuevo León

Comenzamos esta experiencia académica de un año con el propósito de desarrollar los proyectos finales de carrera de los estudiantes del taller. Los muchachos resultaron ser un grupo excepcional de "viejos conocidos", fue enero del 2014 cuando coincidí con algunos de ellos en un aula, otros se fueron sumando a los grupos de taller que iba impartiendo a lo largo de los semestres hasta encontrarnos aquí, en noveno semestre y con la oportunidad de trabajar en un tema de actualidad y al mismo tiempo sui generis.

En ese primer taller semestral se propuso como objetivo establecer una red de sinergias entre algunas ciudades en la zona oriente del territorio fronterizo, después de estudiar acerca de la sociedad, cultura, historia, geografía natural y artificial, economía y delincuencia organizada del territorio que en este momento constituye el Norte de México y el sur de los Estados Unidos de América.

Se profundizó en la introducción del curso acerca del concepto de Frontera y como es aplicado en otras latitudes y momentos, así como entre México-EUA a través del tiempo. La información se representó gráficamente en una línea de tiempo del siglo XIV al XXI, en donde se marcaron los acontecimientos internacionales trascendentales, fundaciones, acontecimientos internos y económicos, tratados fronterizos y conflictos.

En este momento de búsqueda y análisis de información surgió una catarsis acerca de cómo vivimos "la frontera" los integrantes del grupo. Se comenzó un reconocimiento del otro y de las fronteras que hemos tenido que cruzar en la vida, así como las que en el día a día enfrentamos al habitar nuestros contextos. Las veces que hemos sido "migrantes/locales" y como migraron nuestros antepasados a través de las generaciones para hacer posible nuestra existencia.

Nos desdibujamos y recreamos hasta convertirnos a nosotros mismos en "el otro", el de afuera que también está dentro según el contexto, revisamos los movimientos de sur-norte, este-oeste, campo-ciudad, centro-suburbio, formal-informal, campesino-obrero, obrero-burgués y viceversa en cada caso.

Se generaron mapas que nos muestran gráficamente las variables que han existido en las líneas fronterizas desde el establecimiento del virreinato en y la independencia de las 13 Colonias hasta la venta de "la Mesilla", evento que establece la configuración actual de la línea fronteriza binacional.

Debido al estudio realizado de los movimientos de la línea fronteriza en el tiempo e historia en común de las poblaciones que han habitado estos territorios se propuso graficar y replantear la franja frontera que emerge como una tercera nación sobre un escenario natural en común, donde los asentamientos y comunicaciones se han entretejido y albergan el día de hoy una población con una identidad regional fronteriza en ambos lados de la línea, así como una economía (formal e informal) consolidada a partir de la cercanía entre las naciones y las condiciones de ventaja que esto genera.

Ya replanteada la Franja Fronteriza nos trasladamos a la región Este y se analizó la información de los estados de Tamaulipas, Nuevo León, Coahuila y Texas. En estos cuatro estados se eligieron dieciséis ciudades que contaban con cualidades sociales, culturales, históricas, económicas y migratorias; con las cuales se estableció una Red de Estrategias que refuercen su vinculación mediante intervenciones interconectadas que potencialicen sus particularidades y alberguen nuevas propuestas.

Se establecieron siete ejes temáticos en la Red: cultural, académica y de investigación, política y económica, salud, de equipamiento urbano y paisajismo, infraestructura de comunicaciones y migración. En cada ciudad se plantearon una serie de proyectos para configurar la red en sus diferentes ejes como ejercicio final de este primer taller. El objetivo del segundo taller, iniciado en enero del 2017, fue desarrollar proyectos arquitectónicos puntuales de impacto metropolitano y capaces de detonar nuevos lazos con las otras ciudades que conforman la Red Fronteriza del Este, desdibujando las fronteras estatales y nacionales para unificar el concepto de región.

El punto inicial desde el sur es Tampico hasta llegar a Dallas, mientras que en la parte poniente el límite es Eagle Pass/Piedras Negras. Ciudad Victoria también fue incluida, así como las ciudades binacionales de Nuevo Laredo/Laredo y Matamoros. En la parte central de la red encontramos a Monterrey que en conjunto con Linares y Lampazos de Naranjo amalgaman en conjunto de proyectos que constituyen la Red de Estrategias de la Franja Fronteriza.

CHRONICLES WE ARE (I AM) FRONTERA

Nashelly Ricaño Alarcón[1]
Lecturer, Autonomous University of Nuevo León

We begin this one-year academic experience with the purpose of developing the final design projects, the students turning out to be an exceptional group of "old acquaintances". Back in January of 2014 I met some of them in a classroom, others joined the workshop groups that I was teaching throughout the semesters until we gathered here, in ninth semester, with the opportunity to work on a current topic that was also sui generis.

In that first semester workshop the goal was to establish a network of synergies between cities in the eastern part of the border territory, after studying about society, culture, history, natural and artificial geography, economy and organized crime in the territory. This constitutes reality of the North of Mexico and the southwest of the United States of America.

The introduction of the concept of Frontier and how it is applied in other latitudes and moments, as well as between Mexico and USA over time, was deepened. The information was graphically represented in a time line from the fourteenth to the twenty-first century, highlighting transcendental international events, foundations, deistic politics, economics, frontier treaties and conflicts.

With this search and analysis of information came a catharsis about how members of the group live "the border". We acknowledged the borders that we have had to cross in life, as well as those that we face day by day when inhabiting our contexts. The times we have been "migrants and/or locals" and how our ancestors migrated through generations to make our existence possible.

We drafted and recreated until we become "the other," the outside that is also within the context. We reviewed the movements of south-north, east-west, countryside-city, center-suburb, formal-informal, peasant-worker, bourgeois worker and vice versa in each case. We generated maps that graphically show us the variables that have existed in the frontier lines from the establishment of the viceroyalty and the independence of the 13 colonies until the sale of "la Mesilla", an event that establishes the current configuration of the binational border line.

Based on the study of the movements of the border in time; and common history of the populations that have inhabited these territories; it was proposed to draw and to rethink the border strip that emerges as a third nation with a natural scene in common, where the settlements and communications are interweaved and are now house a population that share a border identity on both sides of the line, as well as an economy (formal and informal) consolidated from the closeness between nations and the conditions of advantage that this generates.

Once we reconfigured the Border Strip we moved to the East region and analyzed the information of the states of Tamaulipas, Nuevo Leon, Coahuila and Texas. In these four states we choose sixteen cities that had social, cultural, historical, economic and migratory qualities; with which a network of strategies was established to reinforce their linkage through interconnected interventions that enhance their particularities and support new proposals.
Seven thematic axes were established in this network: cultural, academic and research, political and economic, health, urban equipment and landscaping, communications infrastructure and migration. In each city a series of projects were proposed to reconfigure the network in its different axis as the final exercise of this first workshop.

The goal of the second workshop, which began in January 2017, was to develop specific architectural projects with a metropolitan impact capable of sparking new ties with the other cities that make up the eastern border network, blurring the state and national borders to unify the idea of region.

The starting point in the south is Tampico, moving north until reaching Dallas, while in the west limit is Eagle Pass / Piedras Negras. Ciudad Victoria was also included, as well as the binational cities of Nuevo Laredo / Laredo and Matamoros /Brownsville. In the central part of the network we find Monterrey that in conjunction with Linares and Lampazos de Naranjo t constitute the network of strategies of the border strip.

---

[1] Nashelly Ricaño Alarcón es arquitecta y Profesora de Asignatura de la Universidad Autónoma de Nuevo León. Facultad de Arquitectura. En la actualidad, Ricaño Alarcón combina la práctica docente con la coordinación de diseño, en el nivel de pre-grado.

FRANJA FRONTERIZA

Taller We Are Frontera
Mexico / EE.UU.

Asesora: Nashelly Ricaño Alarcón
Michelle Alarcón Ramos - Anhelí V. Alcorta Lozano - Mauricio Canales Tárrega - Daniela del Valle Medina - Luis F. Flores Puente - Eduardo Gámez Ruíz - Diego E. Ledesma Ramos - Karen Y. Quimbar Urquiza - Silvestre Márquez Rodríguez - Pedro A. Ramírez Puente - Jesús Rodríguez Salas - Julio C. Cortés Moreno - Mentor O. Torres Silva - Rogelio Vidales Saucedo - **Brenda Guadalupe Venegas Llamas**

El replanteamiento de la franja fronteriza se generó a partir del estudio de las dinámicas de ambos países a través del tiempo. Se identificaron sus relaciones en diferentes aspectos: social, cultural, histórico, geográfico, económico y delincuencia organizada.

Buscando entender las relaciones, se generó una línea del tiempo tomando como punto de partida la colonización y mapas de conclusiones que empalmados nos mostraron las reincidencias de las dinámicas compartidas por los dos países. Estas relaciones no necesariamente siguen los límites políticos y su entendimiento nos permite proponer desdibujar la línea y marcar la zona de transición que permita evidenciar las dinámicas.

Ya propuesta la nueva franja fronteriza se hizo un acercamiento a la zona comprendida por Texas, Tamaulipas, Nuevo León y Coahuila A partir de un estudio profundo de las ciudades que lo conforman se generó una tabla de evaluación para ponderar sus cualidades. Esto permitió seleccionar las dieciséis ciudades que forman parte de la Red de Estrategias.

Se buscó conectar las ciudades con estrategias compartidas, condensadas en siete ejes temáticos: cultural, académica y de investigación, política y económica, salud, equipamiento urbano y paisajismo, infraestructura de comunicaciones y migración. Estas estrategias apoyarán a la mejora de la ciudad y reforzarán su relación con las otras ciudades dentro de la red, eliminando las fronteras.

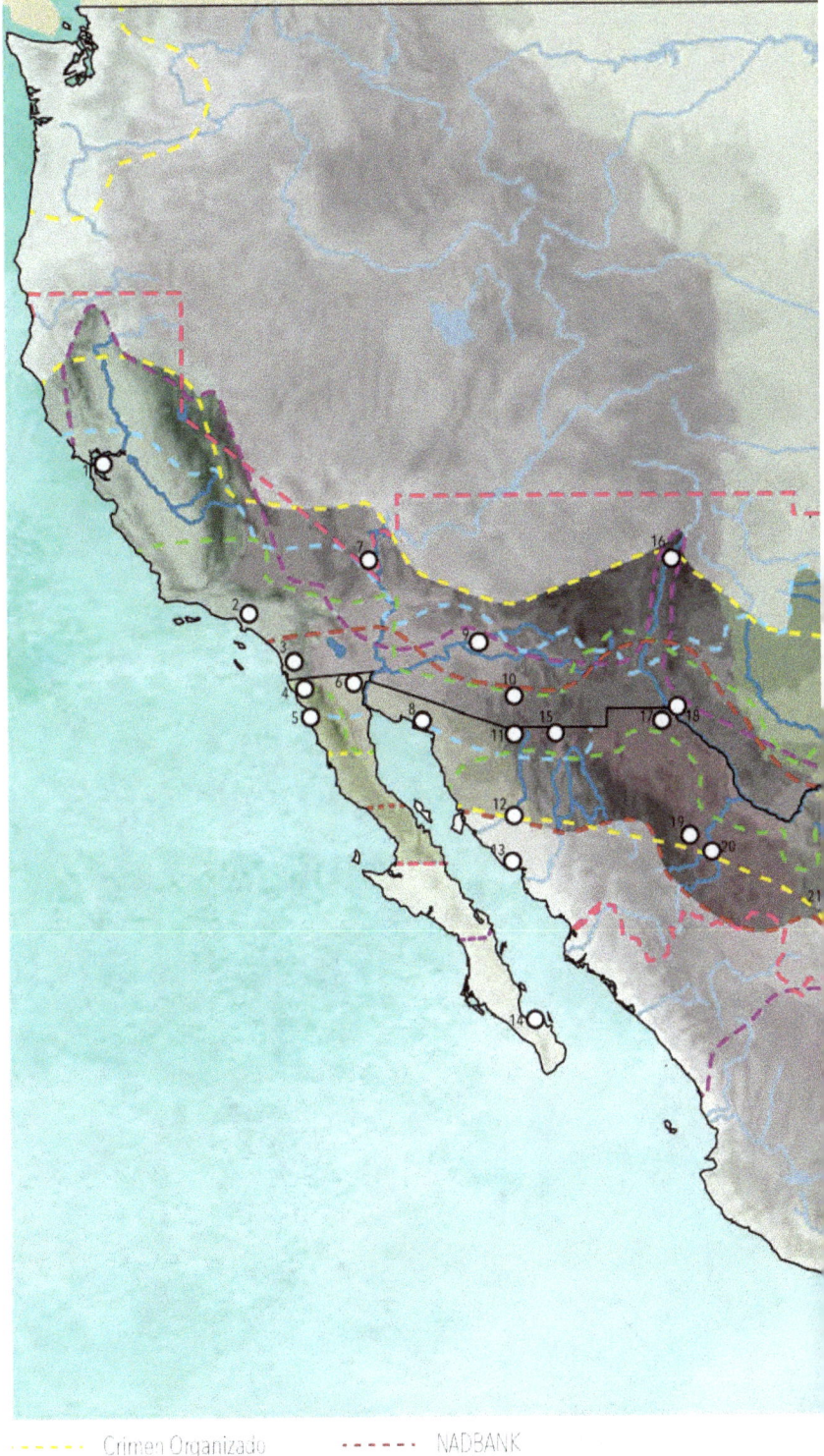

- - - Crimen Organizado	- - - NADBANK
- - - Sociodemográfico	- - - Región transfronteriza
- - - Redes de comunicación	O Ciudades
- - - Franja Militar	

1. San Francisco	7. Las Vegas	13. Guaymas	19. Chihuahua	25. Laredo	31. San Antonio	37. Brownsville
2. Los Ángeles	8. Puerto Peñasco	14. Los Mochis	20. Delicias	26. Nuevo Laredo	32. Tampico	38. Corpus Christi
3. San Diego	9. Phoenix	15. Agua Prieta	21. Monclova	27. Monterrey	33. San Fernando	39. Austin
4. Tijuana	10. Tucson	16. Albuquerque	22. Piedras Negras	28. Cadereyta	34. Reynosa	40. Dallas
5. Ensenada	11. Nogales	17. Cd. Juárez	23. Saltillo	29. Linares	35. McAllen	41. Houston
6. Mexicali	12. Hermosillo	18. El Paso	24. Lampazos	30. Cd. Victoria	36. Matamoros	

Línea del Tiempo

XVI

Simbología

- Conflicto Armado
- Política Interna y Tratados Fronterizos
- Acontecimientos Internacionales
- Sucesos socio-económicos

1682
Fundación Fort Maurepas
Franceses reclaman zona costera del Golfo de México en la desembocadura del río Mississipi, llamada Louisiana

1699
Fundación La Balize
Primer asentamiento permanente francés asegurando el control naval de la zona. Se establecen las primeras fronteras internacionales en América del Norte.

1620
Peregrinos protestantes de Gran Bretaña parten a bordo del Mayflower y se establecen en la costa de Massachusetts.

1520
Movimiento de Reforma inaugurado por Martín Lutero

1565
Fundación San Agustín, Florida

1540-1542
Expedición del conquistador español Francisco Vázquez Coronado de Santa Fe del Yunque hasta San Luis de Ilinues. Predecesor del Camino de Santa Fe.

1607
Colonias permanentes en América del Norte
Fundación Jamestown, Virginia. Primera fundación británica. Economía basada en el cultivo del tabaco.

1500

1600

1492
Llegada de Colón a América

1582
Fundación Nuevo Reino de León

1610
Fundación Santa Fe, Nuevo México

1609
Rebelión del negro Yanga

1521
Conquista de México-Tenochtitlán

1523
Se establece gobierno colonial en la Nueva España.

1523
Constantes rebeliones en la Nueva España

Introducción del Mercantilismo

1546
Descubrimiento Minas de Zacatecas
Comienzo del auge minero que propicia las exploraciones al norte de la Nueva España

1546
Fundación Fuerte San Agustín

XVIII

1789
George Washington toma juramento como primer presidente bajo la Constitución de los Estados Unidos de América

1763
Tratado de París
Finaliza la Guerra de los Siete Años. Se cede Canadá, Florida y América del Norte a Inglaterra, a la vez que Inglaterra devuelve La Habana y Manila a España

1783
Tratado de Versalles
Se reconoce la independencia de las Trece Colonias

1776-1783
Guerra de Independencia

1733
Fundación de las Trece Colonias

1700

1750

1700
Ascenso de los borbones al trono español
Reformas borbónicas en lo referente a la administración de sus posesiones en América

1722
Primera publicación periódica en España

1767
Expulsión de los jesuitas

1786
Consolidación de las Doce Intendencias de la Nueva España que implican un nuevo orden administrativo, político y jurisdiccional.

1769
Primera fundación franciscana en San Diego, California

XIX

1822
Doctrina Monroe
América para los americanos

1823
Se inaugura el Camino de Santa Fe
Ruta comercial y de transportes que posteriormente se utilizaría para movilizar tropas durante la invasión a México.

1823
Inmigración Estadounidense
La crisis económica derivada de la guerra anglo-americana obliga a emigrar a anglosajones estadounidenses a los territorios conocidos como el Lejano Norte Mexicano

1803
EEUU compra a Napoleón la Louisiana Francesa

1812-15
Guerra Anglo-Americana
Conflicto entre EEUU y el Reino Unido. Durante la guerra, Penascola, capital de la Florida Española cae en poder de los FEUU

1800
Tratado de San Idelfonso
España devuelve a Francia el territorio de Louisiana.

1840
Destino manifiesto
EUA es una nación destinada a expandirse desde las costas del Atlántico hasta el Pacífico.

1821
1USD=$0.97MXN

1800

1808
Napoleón invade España

1810
Inicia la lucha por la
Independencia de México
y la abolición de la esclavitud.

1819
Tratado Adams-Onís. Primer tratado de frontera

1830
Antonio López de Santa Anna **prohibe inmigración** de EEUU a Texas en un intento de frenar la influencia inglesa en México.

1830
Fundación del Banco del Avío
para promover el desarrollo industrial del país

1835
Constitución Centralista

1823
Congreso mexicano prohíbe la compra de esclavos.

1823
Por falta de habitantes México abarata territorios en Texas.

1824
Constitución Federal de 1824
México se convierte en República

1825
Rebelión Yaqui.
Se proclama la independencia de Confederación India de Sonora

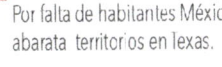

1848-1849
La Fiebre del Oro provoca una inmigración de 90 000 estadounidences a California

1846
Rebelión de la Bandera del Oso.
California se independiza de México y rápidamente se anexa a EEUU.

1846-1848
Guerra
México-EEUU
Se concluye con la firma del Tratado Guadalupe-Hidalgo. México pierde más de la mitad de su territorio ante EEUU. Río Grande se establece como nuevo límite fronterizo.

1861-1865
Guerra Civil
EEUU
Enfrentamiento armado entre los estados del Norte y los recién formados Estados Confederados de América producido principalmente por diferencias entre sistemas económicos industrial-abolicionistas contra agrario-esclavistas. El resultado dejó como vencedor a los estados de la Unión y la abolición total de la esclavitud.

1845
Texas se anexa a EEUU

1854
Ley Kansas-Nebraska
Permite esclavitud en estados del norte.

1853
Compra de Gasdsen
EEUU compra 30,000 millas cuadradas de territorio a lo largo del Valle Mesilla, que corre de California a El Paso, por $10M. Se resuelve la última disputa fronteriza.

1882-1910
Tras bloqueo de inmigración china, EEUU recluta trabajadores mexicanos para industria ferroviaria popularmente conocidos como "traqueros"

1850

1857-1861
Guerra de Reforma
Enfrentamiento entre Liberales y Conservadores. Último intento por establecer un gobierno monárquico y mantener el antiguo régimen de privilegios además de separar los poderes de Iglesia y Estado.

1862-1867
Invasión europea en México
La alianza Franco-Británico-Española invade México en un intento por colectar la deuda acumulada por el gobierno mexicano. Durante la invasión, Francia ve la oportunidad de intervenir los EEUU ofreciendo apoyo a los Estados Confederados para dividir la nación. Finalmente el bloqueo ejercido desde Washington expulsa a tropas de Francia.

1848
Tratado de Guadalupe Hidalgo
Acuerdos de paz y de nuevas fronteras

1835
Texas se independiza de México.

1836
Tratado de Velasco-Santa Anna
México reconoce la Independencia de Texas.

1838
República de Río Grande
integrada por los estados de Nuevo León, Coahuila y Tamaulipas, declara su independencia de México.

1838-1839
Primera intervención francesa en México

1877-1919
Porfiriato
Se establece un régimen de conciliación bajo el lema de "Orden y Progreso" que consistió en otorgar concesiones a inversionistas extranjeros y por ello los mayores beneficios fueron para ellos.

1884
Impulso al ferrocarril
Se inaugura tren México-Fresnillo y primer convoy de pasajeros México-Chicago.

 XX

1914-1919
Primera Guerra Mundial

1929-1940

Gran Depresión

Decenas de miles de estadounidenses del mediooeste migran a California en busca de trabajo. Los estadounidenses comienzan a ver a los mexicanos como competencia por empleo y como dren a servicios sociales.

1920
Crece migración mexicana a EEUU a raíz de la Revolución Mexicana.

1917
EEUU entra a la IGM
El Telegrama de Zimmermann dirigido a México es interceptado por EEUU y le declara la guerra a Alemania entrando así a la Primera Guerra Mundial.

1921-1929
Se crea la patrulla fronteriza y se empieza a cobrar tarifas a los mexicanos para cruzar la frontera a trabajar.

1900
Comisión de Límites
Se crea la comisión binacional encargado de la frontera

900

1910

1920

1905
Huelga de los Obreros de la Cananea Consolidet Copper en Rio Blanco Sonora
Antecedente de la Revolución Mexicana

1910
Se celebran los primeros cien años de Independencia en medio de tensiones políticas y sociales

1910-1921

Revolución Mexicana

Estalla el conflicto armado en el que se enfrentaron diversos bandos con intereses en común pero divergentes que culminaron en la división de ideologías y sistemas y la expulsión del dictador Porfirio Díaz.

1916
Pancho Villa ataca un pueblo de Columbus, Nuevo México. Fue el primer ataque a EU desde 1812. Esto dañó las relaciones entre México-EU.

1917
Se adopta una Nueva Constitución Política que asegura la democracia permanente en la nación.

1921
Convenio De La Huerta-Lamont Reducción de deuda.

1923
Álvaro Obregón prohíbe importar narcóticos. Se incrementa contrabando de licor en frontera con EEUU

1927
Se prohíbe exportación de heroína y marihuana

1929
Creación Partido Nacional
Se crea el Partido Revolucionario Institucional (PRI) y gobierna México por los próximos 71 años.

1939-1945
Segunda Guerra Mundial
■ 1939-1945

1945-1991
Guerra Fría
■ 1945-1991
Enfrentamiento entre el Bloque Occidental (capitalista) y
el Bloque del Este (comunista)

1944
**Tratado sobre
Distribución de Aguas
Internacionales**
Procedimientos y porcentajes de
agua a utilizar por los ciudadanos
de ambos lados de la frontera.

1933
Política de Buenos Vecinos
El presidente Franklin Roosevelt anuncia la
Política de Buenos Vecinos con Latino
America buscando la solidaridad
hemisférica contra emnazas exteriores.

1945
**Fin de la Segunda Guerra Mun-
dial**
EEUU derrota a Japón después del lanzamiento
de dos bombas atómicas y con esto se declara
vencedor junto con los Países Aliados

1954
Operación Wetback
Un programa de repatriación
obligada. Se deportaron a los
mexicanos a su país por la patrulla
fronteriza.

1930
1USD=$2.12MXN

1930

1940
1USD=$4.21MXN

1940

1950

1952
1USD=$8.65MXN

1938
**Expropiación
Petrolera.**
El presidente Lázaro
Cárdenas nacionaliza la
industria petrolera

1942-1964
Programa Bracero
Acuerdo laboral temporal de "trabajador
huésped" a consecuencia de la escasez
de trabajadores. Más de 4.5 millones de
mexicanos ingresan legalmente a EEUU

1952
Devaluación 12.50 pesos por dólar.

1954-1970
Desarrollo Estabilizador
Modelo económico implementado en México
basado en buscar la estabilidad económica
impulsando la infraestructura agrícola, transportista
y energética. El llamado "Milagro Mexicano"
produce un crecimiento del 3 al 4% durante tres
décadas.

1944
Tratado Distribución de las
Aguas Internacionales de los
Ríos Colorado, Tijuana y Bravo.

1946
Se compra Ferrocarril de la Reina
al consorcio inglés, incorporándolo
al patrimonio nacional
como División Mexicano

1947
**Tratado Inter-Americano de
Asistencia Reciproca**
Tratado Río su principio se basa en que
si un país es atacado se considerará
como un ataque hacía los demás países
que firmaron.

¡EL PETROLEO
PERTENECE...

1973
Crisis del Petróleo
Países árabes exportadores de petróleo deciden dejar de exportar a países que apoyaron a Israel durante la guerra de Yom Kipur generando drásticos aumentos de precio

1989
Caída del Muro de Berlín.
Representa el fin de la guerra fría y la expansión del capitalismo por el mundo

1969
Alunizaje Apolo 11

1969
Guerra contra las drogas
EU declara la guerra contra las drogas en su país aumentando sus inspecciones, México disconforme con esta situación porque no fue informado y se cierra el programa.

1973
EEUU crea la DEA
(Drug Enforcement Administration) para combatir el tráfico de drogas.

1984-1990
Epidemia del Crack
Periodo en el que tuvo lugar un enorme incremento en el consumo del crack, derivado de la cocaína.

960   1970   1980

1965
Incremento de las Maquiladoras.
Tras el fin del programa Bracero, México establece el programa Frontera Industrial para crear nuevas oportunidades de trabajo. Este progrograma benefició la relación EEUU-México por las exportaciones de materiales.

968
Masacre de Tlatelolco
los estudiantes que protestaban en contra de desigualdades sociales son asesinados por órdenes del gobierno mexicano a 10 días de las Olímpiadas.

1976
Se descubren reservas petroleras en el Golfo de México. Lopez Portillo pide dinero extranjero y deja el país con una deuda extrangera más grande del mundo.

1982
La caída del precio del petróleo, la inflación y la deuda externa dejan a México en una crisis económica. El gobierno devalúa tres veces el peso

1985
México y EEUU crean una unidad unilateral para combatir la guerra contra las drogas.

1986
Ley de Control y Reforma de la Inmigración
Regularización de 2.3 millones de mexicanos en EEUU

1986
Mexico entra en la **Organización Mundial del Comercio.**

1991
Guerra del Golfo
Invasión liderada por los Estados Unidos contra la república de Irak dejando como resultado un saldo muy alto de víctimas humanas y el incendio de los pozos petroleros iraquíes.

1993
Operativo "Hold The Line" en El Paso, Texas.

1994-1996
Criminalización de la frontera:
Bill Clinton se interesa en la frontera, pidiendo la deportación de los inmigrantes, a algunos incluso se les encarceló y pidió crédito por bajar el crimen en la frontera.

2001
Atentado al World Trade Center en Nueva York.

2004
Arizona Border Control Initiative

2004
Después del atentado a las Torres Gemelas se intesificó la seguridad froteriza aumentando las patrullas fronterizas al doble

2007
El presidente George W. bush firma legislación para construir setecientas millas de malla a lo largo de la frontera.

2010
EU y México firman el acuerdo Mérida 2.0 para ayudar a México en la guerra contra el narcotráfico.

2012
Obama se reúne con los embajadores de países de Sudamérica para discutir los esfuerzos para reducir el consumo de drogas y sus consecuencias e impedir el ingreso de las ilícitas al país.

2016
Candidato a la presidencia Donald Trump declara que de resultar vencedor constuirá un muro entre EEUU y México para detener la inmigración ilegal.

| 1990 | 2000 | 2010 | 2016 |

1994
Firma del Tratado de Libre Comercio.

1994
Mexico entra en una crisis económica cuando el peso se devalua a nivel internacional. México pide un préstamo por $20 mil millones para ayudar a estabilizar la economía.

1994
El EZLN dirigido por el Subcomandante Marcos declara la guerra al gobierno haciendole frente con las políticas antiglobalización, especialmente contra el TLC.

1998
Zedillo y Clinton firman una declaración comprometiendo a las naciones a crear una estrategia para combatir el tráfico de drogas.

2002
México se convierte en el primer país en salir del Tratado Inter-Americano de Asistecia Recíproca como protesta contra EU por invadir Iraq.

2007-2009
El presidente Felipe Calderón le declara la guerra al narcotráfico.

2007
Iniciativa Mérida
México y EEUU invierten dinero y soldados para contener violencia ligada al narcotráfico.

2008
Ejército, Marina y Policia Federal toman control de calles de princioales ciudades fronterizas del país.

2016
Comisión Internacional de Límites y Aguas.
Deuda pagada del Tratado de agua 1944.

12

Análisis Franja Fronteriza

1. Medio Físico Natural.

Leyenda / Simbología

S. de B.C. Norte

VIII. Montañas del Pacífico
25 Inferior de California

Península de Baja California
Sierras de Baja California

Desierto Sonora

VII. Intermontañas - Mesetas
22 Cuenca y Cordillera
22 b Desierto de Sonora
22 c Salton

Llanura Sonorense
Desierto del Altar
Sierra del Pinacate
Sierras y Llanuras Sonorenses

Sierra Madre Occidental
Sierras y Valles del Norte

Grandes Llanuras

IV. Llanuras Interiores
13 Grandes Llanuras
13 h Valle de Pecos
13 i Meseta Edwards
13 j Centro de Texas

Grandes Llanuras de Norteamérica
Llanuras de Coahuila y Nuevo León

Cierra Madre Oriental
Serranía del burro
Sierras y Llanuras Coahuilenses

Desierto Chihuahua

VII. Intermontañas - Mesetas
22 Cuenca y Cordillera
22 d Tierras Altas Mexicanas
22 e Sacramento

Sierras y Llanuras del Norte
Llanuras y Médanos del Norte
Sierras Plegadas del Norte
Del Bosón de Mapimí
Llanuras y Sierras Volcánicas

Sierra Madre Oriental
Serranía del burro
Sierras y Llanuras Coahuilenses

Planicie Costera del Golfo

II. Llanura del Atlántico
3 Llanura Costera
3 f Llanura Costera del Golfo Oeste

Llanura Costera del Golfo Norte
Llanuras Costeras Tamaulipecas

Grandes Llanuras de Norteamérica
Llanuras de Coahuila y Nuevo León

3. Población y migración

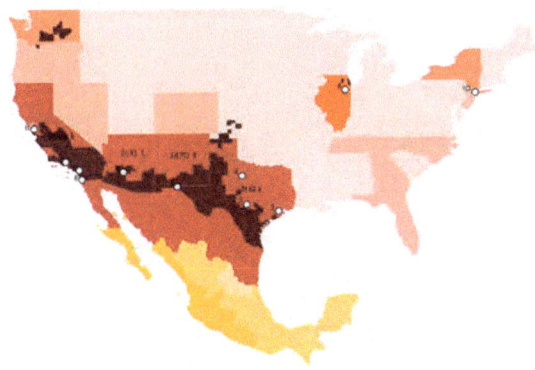

Leyenda / Simbología

Porcentaje de Migrantes por Estado

Menos de 1 %
1 a 1.9 %
2 a 4.9 %
5 a 9.9%
Más de 10 %

Principales Regiones de Salida

Hacia California
Hacia Texas
Hacia Nuevo México

Mayor población migratoria
hispanoahablante

Nomenclatura

Ciudades con mayor Población Mexicana

1. Los Ángeles - 925,141
2. Riverside - 740,000
3. Houston - 600,000
4. Dallas - 587,000
5. San Antonio - 483,307
6. Chicago - 348,040
7. El Paso - 340,871
8. San Diego - 193,080
9. Phoenix - 177,534
10. Nueva York - 55,698
11. San Francisco - 38,326

5. Franjas oficiales

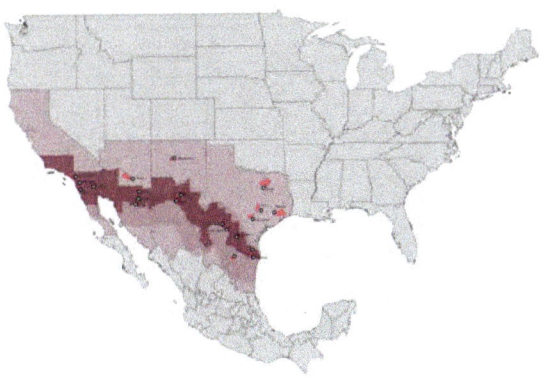

Leyenda / Simbología

○ Ciudades Transfronterizas
— Franja Fronteriza
— Zona Fronteriza
--- Región Transfronteriza

2. Asentamientos y comunicaciones

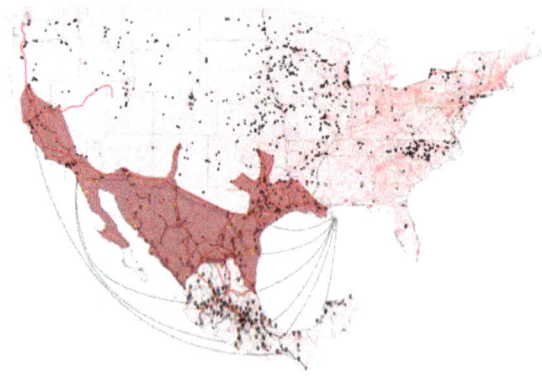

4. Economía

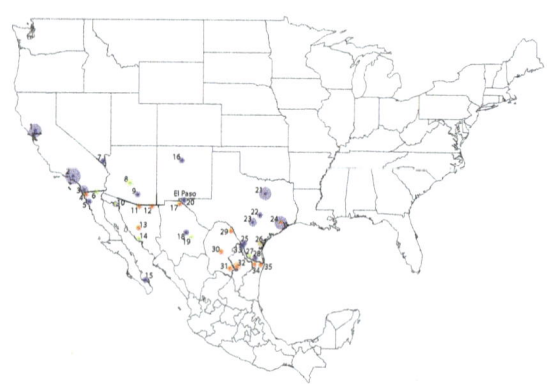

Leyenda / Simbología

- Sector Primario
- Sector Secundario
- Sector Terciario
- PIB 0 - 100 MDD
- PIB 100 - 300 MDD
- PIB 300 - 500 MDD
- PIB + 500 MDD

Nomenclatura

1. San Francisco	19. Delicias
2. Los Ángeles	20. El Paso
3. San Diego	21. Dallas
4. Tijuana	22. Austin
5. Ensenada	23. San Antonio
6. Mexicali	24. Houston
7. Las Vegas	25. Laredo
8. Phoenix	26. Corpus Christi
9. Tucson	27. Río Grande
10. Puerto Peñasco	28. McAllen
11. Nogales	29. Piedras Negras
12. Agua Prieta	30. Monclova
13. Hermosillo	31. Saltillo
14. Guaymas	32. Monterrey
15. La Paz	33. Nuevo Laredo
16. Albuquerque	34. Reynosa
17. Ciudad Juárez	35. Matamoros
18. Chihuahua	

6. Delincuencia organizada

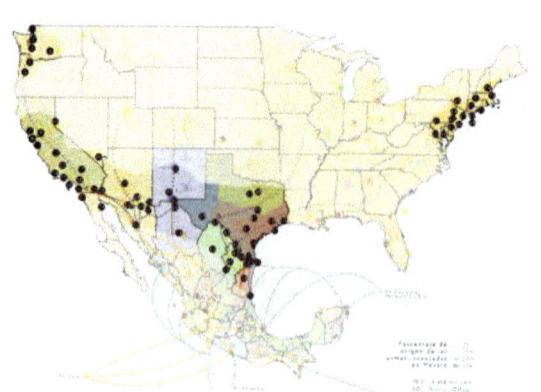

Leyenda / Simbología

Territorios de poder por cártel
- Cártel Juárez
- Cártel del Golfo
- Cártel de Sinaloa
- Beltrán Leyva
- Sin presencia de Cártel
- Cártel de Jalisco
- Familia Michoacana
- Caballeros Templarios
- Cártel Los Zetas

Tráfico de armas
- ..... Rutas de abastecimiento
- ——— Ruta de tráfico de armas
- ● Ciudades de paso de tráfico de armas

Trata de personas
- ● Puntos de intersección de rutas de migración
- ● Ciudades con alta incidencia de trata de personas
- ● Ciudades de paso de las redes de trata de personas
- ----- Ruta de las redes de trata de personas

Tráfico de droga
- ——— Tráfico de mariguana y mentafetaminas
- ——— Tráfico de cocaína
- ----- Tráfico de todas las drogas
- ——— Tráfico de efedrina
- ● Ciudades de paso de narcóticos

Ciudades dentro de la franja

1. Belingham RO	17. Orange RO	33. Hermosillo	49. Cd. Miguel Alemán	65. Newmark FDO
2. Seattle FDO	18. Riverside RO	34. Chihuahua	50. McAllen	66. Atlantic City RO
3. Tacoma RO	19. Las Vegas DO	35. Alpine RO	51. Reynosa	67. NY FDO
4. Portland DO	20. San Diego FDO	36. Acuña	52. Brownville	68. NY Joint TF
5. Salem RO	21. San Ysidro RO	37. Fort Worth RO	53. Matamoros	69. NY OCDETF SF
6. Yakima RO	22. Imperial DO	38. Dallas FDO	54. Cd. Victoria	70. Newmark FDO
7. Oakland RO	23. Yuma RO	39. Waco RO	55. Tampico	71. Springfield RO
8. San Francisco FDO	24. San Felipe	40. Austin RO	56. Corpus Christi	72. Long Island DO
9. Sacramento DO	25. Phoenix RO	41. San Antonio DO	57. Galveston RO	73. New Engand FDO
10. Rene RO	26. Nogales RO	42. Eagle Pass RO	58. Houston FDO	74. Manchester RO
11. San José RO	27. Agua Prieta	43. Monclova	59. Beaumont	75. Baltimore DO
12. Fresno RO	28. Sierra Vista RO	44. Saltillo	60. Washington FDO	76. Douglas
13. Baersfield FDO	29. Tucson DO	45. Monterrey	61. Hartosung RO	
14. Ventira RO	30. Albuquerque DO	46. Laredo DO	62. Camden RO	
15. Los Ángeles FDO	31. Las Cruces RO	47. Nuevo Laredo	63. Philadelphia FD	
16. Carfsbad RO	32. El Paso FDO	48. Cd. Juárez	64. Alientown RO	

1

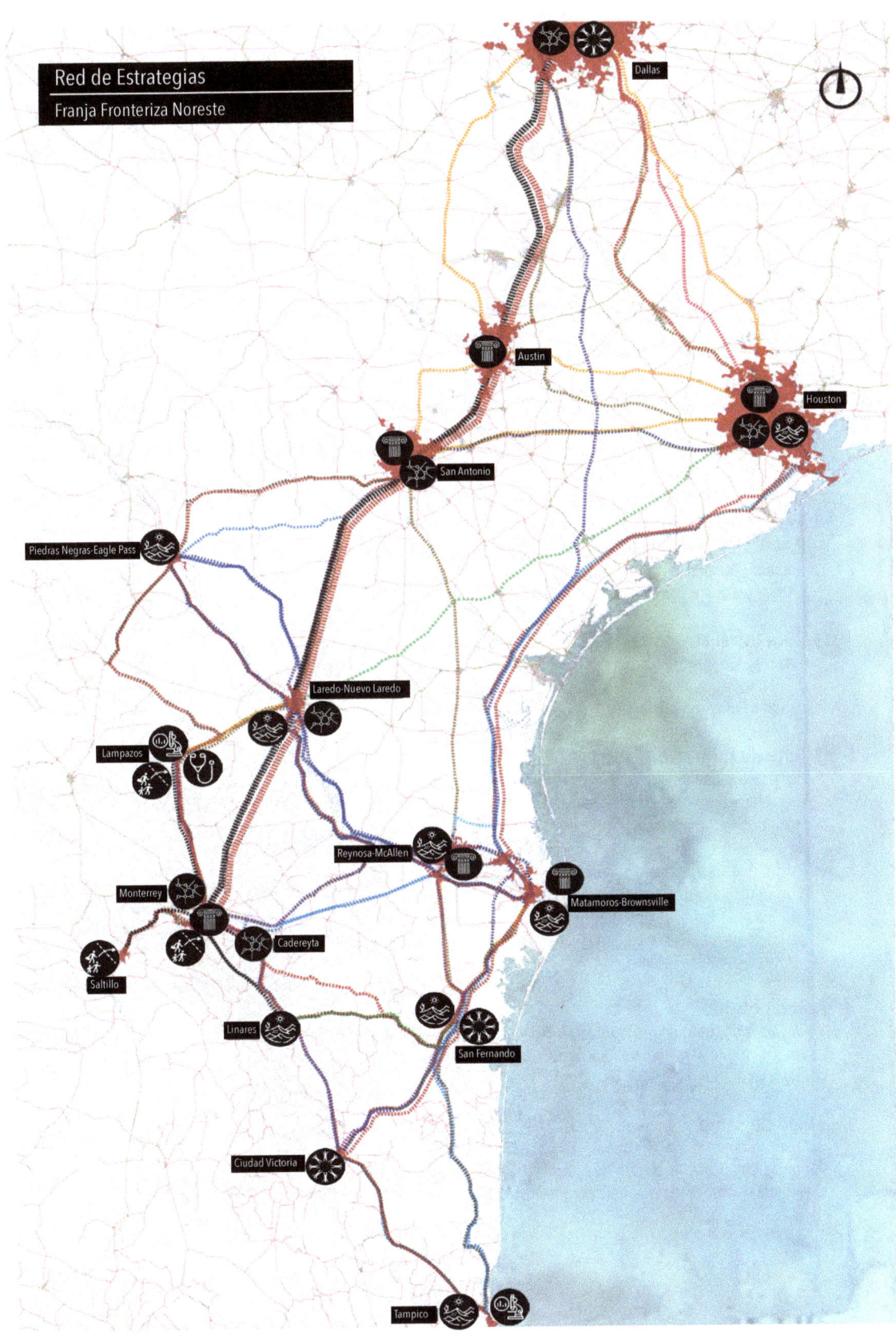

Red de Estrategias
Franja Fronteriza Noreste

Dallas

Austin

Houston

San Antonio

Piedras Negras-Eagle Pass

Laredo-Nuevo Laredo

Lampazos

Reynosa-McAllen

Matamoros-Brownsville

Monterrey

Cadereyta

Saltillo

Linares

San Fernando

Ciudad Victoria

Tampico

27

Red de Estrategias

 Red Cultural
Caminos y recorridos, dentro de/entre ciudades que, que a través de su arquitectura, elementos arqueológicos, museos, etcétera, evidencíen la historia y la relación entre ellas.

 Red Académica
Reforzar la relación entre escuelas y universidades con Centros de Investigación que permitan que se complementen y se apoyen con investigaciones, proyectos, tecnologías, descubrimientos, etcétera y contribuyan a la solución de problemas similares.

 Red de equipamiento urbano
Plan maestro dentro de la ciudad para mejorar infraestructura urbana y mejorar la calidad de vida de los habitantes locales y brindar un mejor servicio y espacios públicos a los visitantes.

 Ruta infraestructura de comunicaciones
Sistema de comunicaciones terrestres entre las ciudades poniendo especial atención en la propuesta de traer un tren de pasajeros al norte de México, con conexión binacional.

 Ruta de migración
Dirigida a migrantes en transición, ofreciendo refugio, albergue y empleos temporales en ciudades en desarrollo. El migrante reposa, se reincorpora y retribuye con su trabajo a la ciudad.

 Red de paisajismo
-Conjunto de espacios públicos naturales compartidos, que permita apreciar a las ciudades hermanas como una, binacional.
-Rutas a través de las ciudades que resaltan la transición de ecosistemas en la región.

 Red política
Proyectos y acuerdos que favorezcan las relaciones binacionales, especialmente para las ciudades dentro de la red, para lograr una mejor comunidad y agilizar trámites.

 Red de salud
Crear diferentes instituciones de salud que den abasto principalmente a la comunidad local, y que permitan que la ciudad también esté preparada para recibir y atender foráneos

Proyectos en la Red

Centro de Investigación Hidrológico
Tampico, Tamaulipas
Daniela del Valle Medina

Museo de Ciencia y Tecnología
Ciudad Victoria, Tamaulipas
Silvestre Márquez Rodríguez

Intervención Hacienda Guadalupe
Linares, Nuevo León
Eduardo Gámez Ruiz

Parque Fronterizo Los Cuarteles
Matamoros, Tamaulipas
Mauricio Canales Tárrega

Centro Comunitario Migrante
Monterrey, Nuevo León
Rogelio Vidales Saucedo

Museo "Los dos Laredos"
Nuevo Laredo, Texas
Pedro A. Ramírez P.

Corredor Cultural Binacional
Ladero, Nuevo Laredo / Tamaulipas, Texas
Anhelí V. Alcorta Lozano

Centro Multicultural Naranjo
Lampazos, Nuevo León
Karen Y. Quimbar Urquiza

Parque Botánico Binacional
Piedras Negras, Eagle Pass
Diego Ledesma

Central de Autobuses Metroplex
Dallas, Texas
Luis Fernando Flores Puente

STUDIO PROJECT

DANIELA DEL VALLE MEDIN
TAMPICO / TAMAULIPA

SILVESTRE MÁRQUEZ RODRÍGUE
CIUDAD VICTORIA / TAMAULIPA

EDUARDO GAMEZ RUI
LINARES / NEUVO LEÓ

ROGELIO VIDALE
MONTERREY, MÉXIC

KAREN YVETTE QUIMBAR URQUIZ
LAMPAZOS DE NARANJ

MAURICIO CANALES TÁRREG
HEROICA MATAMOROS, TAMAULIPA

PEDRO A. RAMÍREZ PUENT
LAREDO / NUEVO LARED

ANHELÍ ALCORT
LAREDO / NUEVO LARED

DIEGO LEDESM
PIEDRAS NEGRAS / EAGLE PAS

LUIS FERNANDO FLORES PUENT
DALLAS, TEXA

1

CENTRO DE INVESTIGACIÓN DE SISTEMAS DE SANEAMIENTO HIDROLÓGICO

Daniela del Valle Medina

Tampico / Tamaulipas

Siendo Tampico una ciudad costera, el tema de la contaminación del agua tiene un gran impacto sobre la mayoría de la población, ya que a través de los años se ha ido incrementando de manera alertante. Los principales cuerpos de agua receptores de contaminantes son el Río Pánuco y la Laguna del Carpintero, los cuales están conectados por el Canal de Cortadura.

Se decide desarrollar un proyecto medioambiental, el cual llevará a cabo un saneamiento hidrológico, con un alcance lo suficientemente grande como para beneficiar los 3 cuerpos de agua: Río Pánuco, Laguna del Carpintero y Canal de Cortadura. Esto tendrá un impacto en la red académica de investigación entre las diversas universidades de la red, como la UANE en Piedras Negras, y su campus en Matamoro, UANL en Monterrey, UT en Matamoros, así como la UAT de Tampico.

El proyecto es ubicado en un terreno de grandes dimensiones situado en la Laguna del Carpintero, la cual ha sido gravemente contaminada por aguas negras procedentes de las colonias aledañas.

Se proponen humedales dentro del terreno seleccionado, lo cual es viable, ya que dentro de la Laguna se encuentran humedales de distintos tipos. En base a esto, se genera un diseño arquitetónico en base a la topografía del terreno, junto con la ubicación de los humedales, esto, respondiendo a los tratamientos naturales que se desarrollarán dentro del complejo. Por otro lado, en el área técnica, se estarán llevando a cabo saneamientos hidrológicos artificiales: Micro filtración y Osmosis Inversa.

Laguna del Carpintero

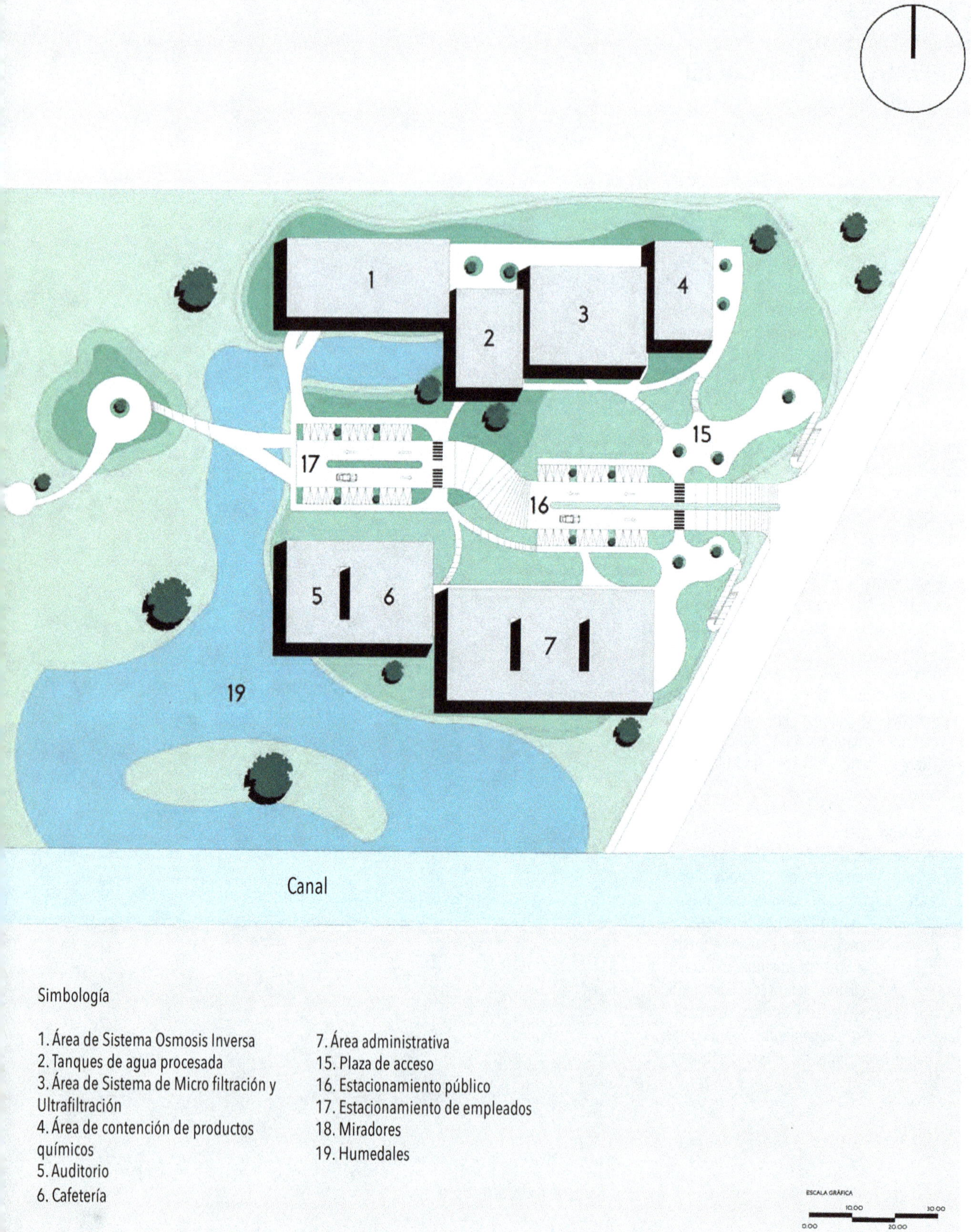

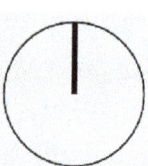

Canal

Simbología

1. Área de Sistema Osmosis Inversa
2. Tanques de agua procesada
3. Área de Sistema de Micro filtración y Ultrafiltración
4. Área de contención de productos químicos
5. Auditorio
6. Cafetería

7. Área administrativa
15. Plaza de acceso
16. Estacionamiento público
17. Estacionamiento de empleados
18. Miradores
19. Humedales

ESCALA GRÁFICA

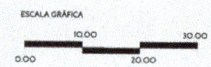

INTENCIONES DE DISEÑO

Uno de los conceptos rectores se basa en la sustentabilidad, por lo que se utilizan materiales de nulo o poco mantenimiento: concreto pulido para pisos y concreto armado para muros. Sistemas de ventiliación e iluminación natural, y un sistema constructivo de pilotes para la cimentación, con estructura de acero.

Investigación e innovación

Sustentabilidad

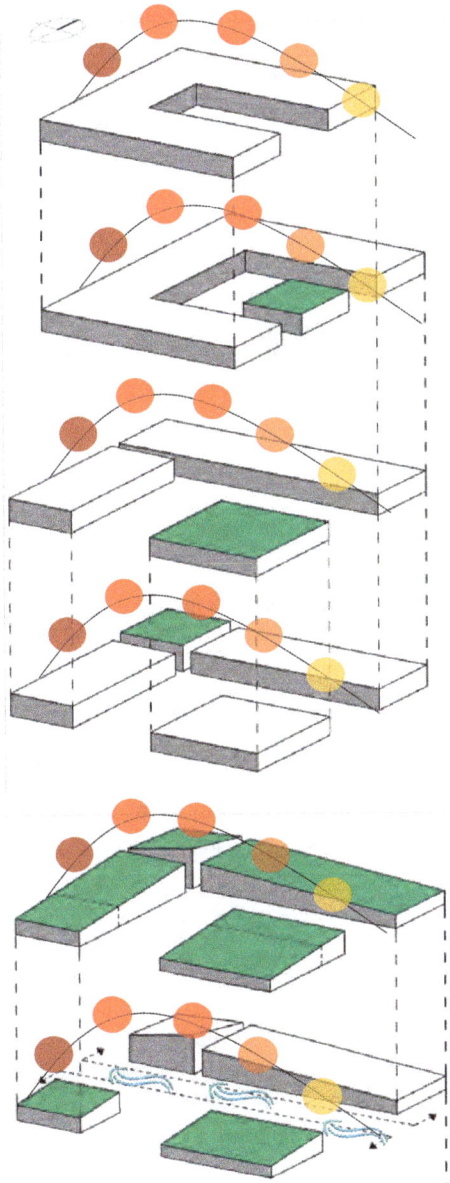

1. Se parte de la idea de "patio central" en una forma totalmente unida, sin dividir las diferentes áreas que poseerá el proyecto. Esto generaría sombras entre dichos complejos y protegería al lado este del mal asoleamiento.

2. Se decide abrir el espacio central para incorporar un nuevo volumen, el cual funcionaría como conector. Este estaría destinado a un uso administrativo, el cual estaría rodeado por área técnica

3. Forma de L, la cual es más alargada, permaneciendo el volumen de área administrativa al centro, la cual debido a su uso, se extendiende a sus extremos.

4. Se levanta volumen esquinero destinado a área conectora entre dos áreas técnicas. Al separar este volumen, se generan sombras entre sí y ventilación cruzada.

5. Se proponen losas inclinadas debido al clima lluvioso de Tampico, las cuales poseen diferentes direcciones entre sí. Dándoles un uso de "desagüe" a los techos.

6. Debido a un estudio de malos olores en plantas de tratamiento de agua, se separan el área técnica del área pública, para que ésta no se vea afectada.

Zonificación de humedales en el terreno

En base a la topografía del terreno, la cual posee desniveles no mayores a 5 mts, se ubican humedales en zonas de más bajo desnivel, para que a partir de ellos, se desarrolle un complejo arquitectónico.

Se emplaza el proyecto en el lado nor-este del terreno por su topografía, para que exista un drenaje natural de las aguas, y por un mejor asoleamiento.

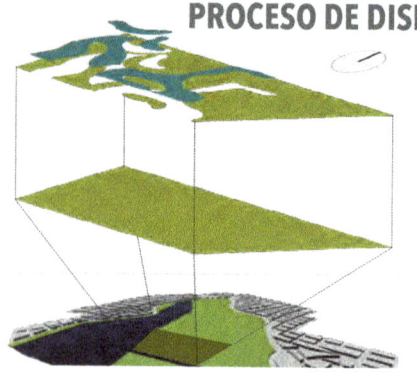

PROCESO DE DISEÑO

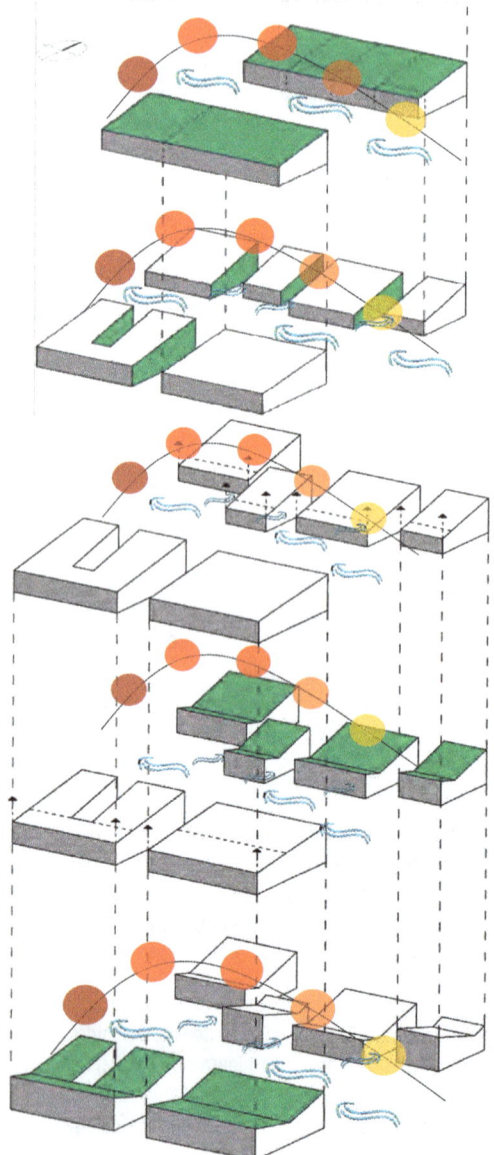

7. Esto contribuye a una correcta circulación de vientos dominantes por el complejo.

8. Se decide fraccionar estos dos volúmenes, para generar las diferentes áreas técnicas y públicas. Generando sombras entre sí, y teniendo eso como ventaja en su asoleamiento.

9. Las losas inclinadas poseen la misma dirección hacia el norte, por lo cual se decide jugar con éstas, y subir los puntos sur, para generar una losa más dinámica, como con mejor ventilación.

10. Se crea un pasillo central entre las dos áreas principales, técnica y pública.

11. Se decide levantar los puntos sur de las losas del área pública con el propósito de general mejor ventilación y una forma más interesante.

ÁREA TÉCNICA

Planta de referencia

Planta arquitectónica

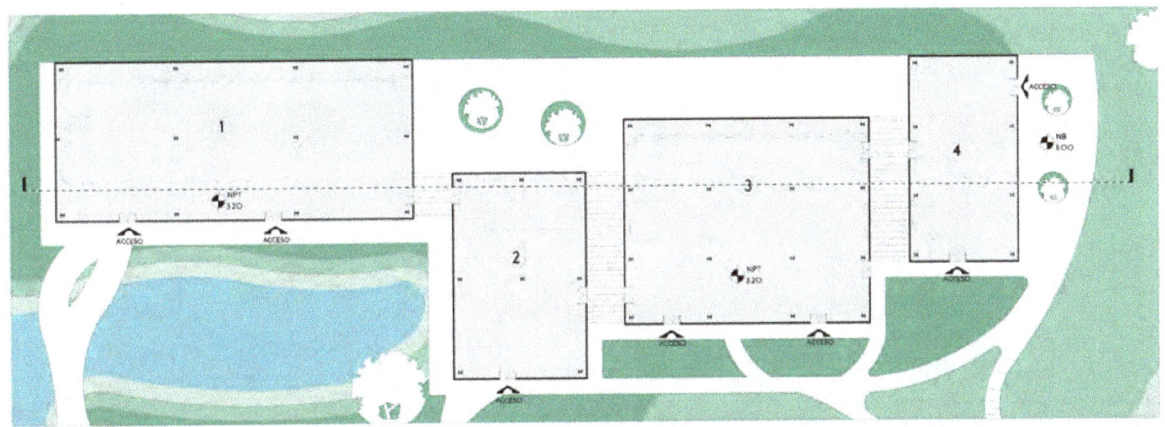

Simbología

1. Área de Sistema Osmosis Inversa
2. Tanques de agua procesada
3. Área de Sistema de Micro filtración
y   Ultrafiltración.

4. Área de contención de productos químicos.

ESCALA GRÁFICA

Sección longitudinal

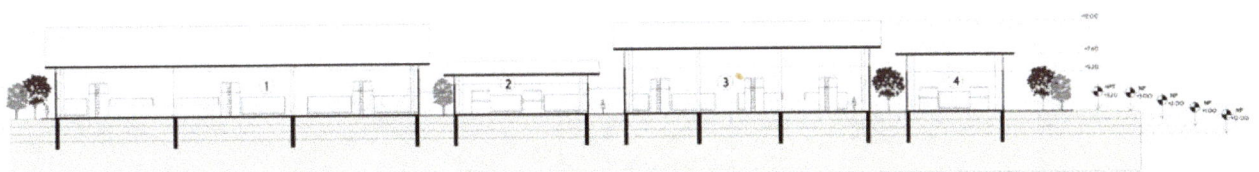

Elevación Sur

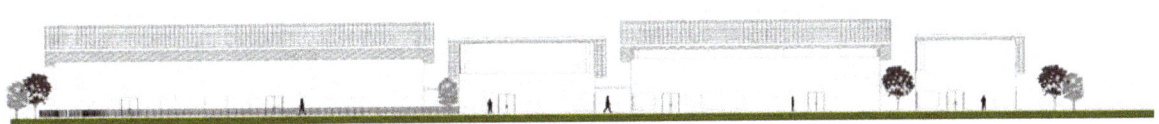

ÁREA PÚBLICA

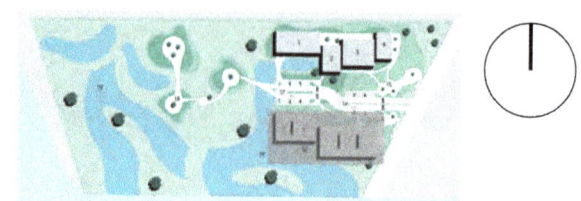

Planta de referencia

Planta arquitectónica

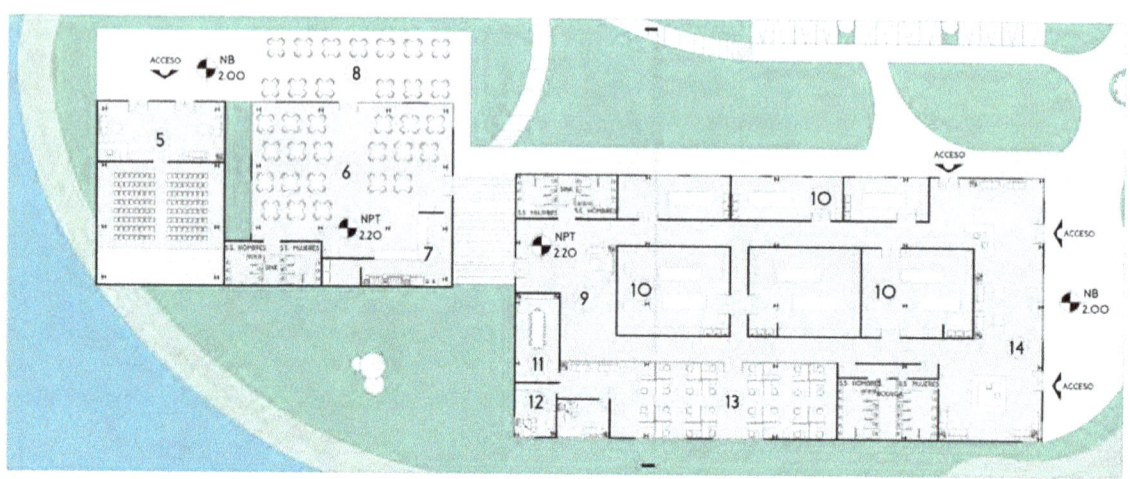

Simbología

5. Auditorio
6. Cafetería
7. Cocina
8. Área de mesas exterior.

10. Laboratorios
11. Sala de juntas
12. Oficinas
13. Cubículos
14. Recepción

ESCALA GRÁFICA

Sección transversal

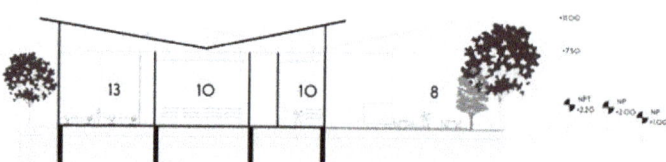

Elevación Este

"El uso apropiado de la ciencia no es conquistar la naturaleza, sino vivir en ella."
-Barry Commoner

MUSEO INTERACTIVO DE CIENCIA Y TECNOLOGÍA

Silvestre Márquez Rodríguez
Ciudad Victoria / Tamaulipas

Ciudad Victoria se encuentra en la Ruta Cultural junto con Linares, San Fernando y Tampico, las cuales coinciden patrimonio histórico e infraestructura nueva que se enlazará con los diferentes tipos de proyectos propuestos en la red de ciudades fronteriza. Se plantean diferentes estrategias urbanas en el centro historico, intervenciones puntuales y paisajísticas, que ayudarán a mejorar la calidad de vida y la seguridad de los habitantes, como parte integral del proyecto.

La propuesta consiste en una regeneración arquitectónica y urbana del conjunto de la Antigua Estación de Ferrocarril abandonada en 1998. Se propone hacer un reciclaje arquitectónico, liberando elementos agregados en los edificios existentes; reintegrando algunos elementos y valores arquitectónicos perdidos a lo largo del tiempo.

Se propone la conexión de cada uno los elementos del conjunto para la creación de un complejo cultural que ayude a los niños y jóvenes de la ciudad. Este conjunto tendrá una conexión directa con un corredor peatonal con ciclovía desde el centro histórico hasta la estación de ferrocarril, que junto a sus espacios públicos les brindara un espacio agradable de convivencia a los habitantes.

Nomenclatura:

1...................................Plazoleta Frontal
2.............................Museo de Acceso
3.....................................Paso Peatonal
4.........................Museo Subterráneo
5.............................Sala de Exhibición
6...............................Jardín Desértico
7.......................Talleres y Pabellón
8...............Servicios para Empleados
9...................................Foro Multiusos
10..........................Fuentes Bailarinas
11.........................Sala de Proyección
12.....................Jardín de la Ciencia
13...........................Estacionamiento

1925

2017

Propuesta

Estación de Ferrocarril

Museo de Acceso

Bodega de Carga

Sala de Exhibición

Talleres de Mantenimiento

Talleres y Pabellón

Tanque de Almacenamiento

Sala de Proyección

Proceso de Diseño del Conjunto

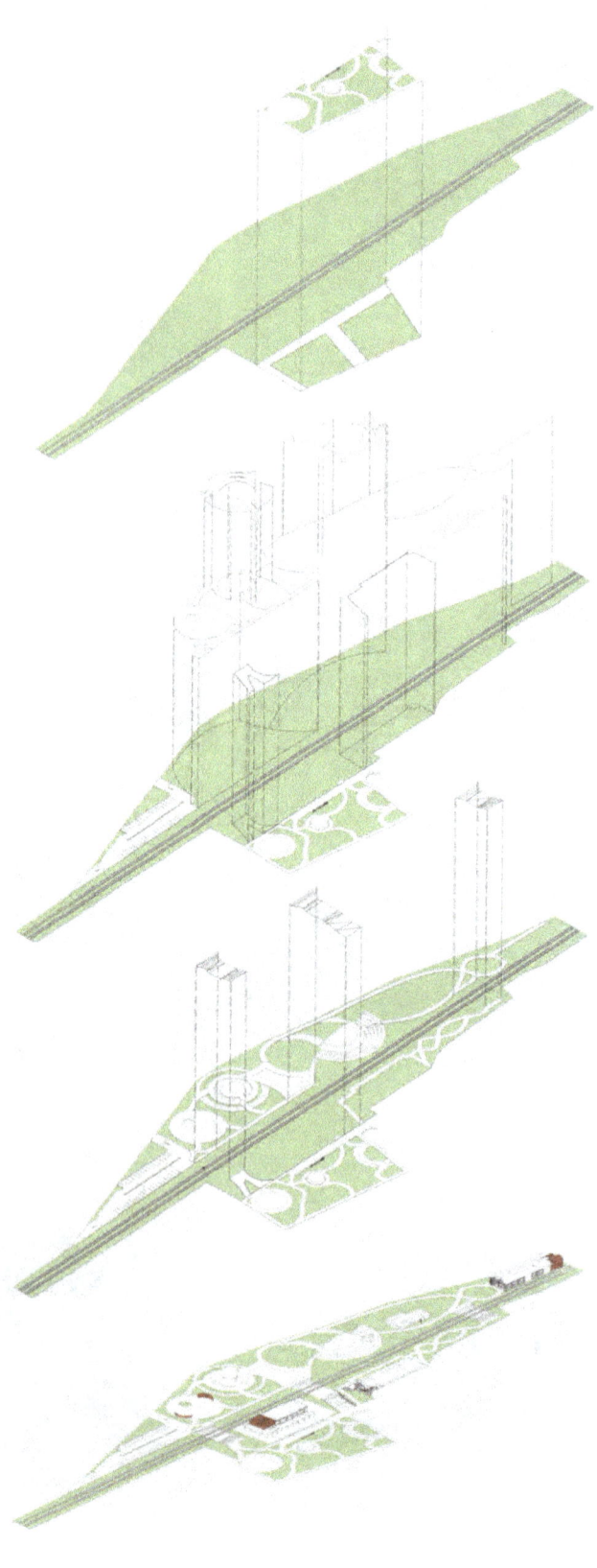

Plazoleta Frontal

Respetando la vegetación existente de la zona, se diseñó una plazoleta frontal que te de bienvenida al museo. Dicha plazoleta cuenta con espacios públicos y áreas de descanso para los usuarios que visiten el conjunto cultural.

Caminos y Espacios Públicos

Se diseñaron andadores que conectan toda la infraestructura y edificios del conjunto. Además se complementa con espacios públicos de libre acceso como el foro multiusos al aire libre, el jardín de la ciencia y el jardín desértico.

Pasos Peatonales

Se proponen tres pasos peatonales a desnivel que pasan por debajo de las vías férreas y facilitan el acceso y la circulación a lo largo del conjunto, ya que en la actualidad las vías férreas siguen en uso.

Acero Corten

En cada uno de los edificios a intervenir se utiliza éste material para integrar nuevos espacios y volúmenes, creando un contraste entre lo antiguo y lo propuesto obteniendo un resultado contrastante de acero y una composición limpia de pliegues y texturas.

Cortes Arquitectonicos del Terreno

Corte Longitudinal B-B'

Corte Longitudinal C-C'

Nomenclatura:

1................................Plazoleta Frontal
2.............................Museo de Acceso
3..................................Paso Peatonal
4.........................Museo Subterráneo
5............................Sala de Exhibición
6.............................Jardín Desértico
7............................Talleres y Pabellón
8..............Servicios para Empleados
9..................................Foro Multiusos
10...........................Fuentes Bailarinas
11.........................Sala de Proyección
12.....................Jardín de la Ciencia
13............................Estacionamiento

"México es un país de tradiciones, música, fiestas y colores, pongamos en las manos de los niños la solución que necesitamos a través de pinceles, exposiciones, historias y todo aquello que les permita convivir y generar la utilización positiva del tiempo libre y hacer de sus mentes el detonador del cambio."

INTERVENCIÓN EN LA HACIENDA GUADALUPE

Eduardo Gámez Ruiz

Linares / Nuevo León

Linares, ubicado cerca del Área Metropolitana de Monterrey, es el único municipio de la denominada "Región citrícola", la cual a nivel regional y estatal juega un papel importante dentro de las interacciones binacionales de carácter intangible, como lo es la exportación de productos agropecuarios y su relevancia histórica. Las habituales influencias provenientes de las zonas fronterizas y a su vez de las grandes ciudades de ambos países, llegan a propiciar un cambio de ritmo en las zonas rurales del país. Siendo éstas situaciones una amenaza a las tradiciones y modos de vida que forjan la identidad de la región, propiciando el abandono de las actividades locales y patrimoniales, así como costumbres y tradiciones.

Como intención principal de la intervención se busca expresar la temporalidad de los espacios a intervenir sin buscar formar un programa estático, el cual pretende incentivar diversas acciones a favor de la reutilización del lugar, sumado a la difusión local e importancia del mismo.

El proyecto se sitúa en la Hacienda Guadalupe, localizada al norte del municipio de Linares; en ella se busca la difusión y revalorización de sus patrimonio arquitectónico, como lo es el antiguo acueducto de la hacienda. Todo esto a través de una industria extinta, misma que fuera detonante de la importancia agropecuaria del municipio de Linares: la industria cañera. La intervención añade 2 volúmenes en una composición que busca la tensión de sus elementos formales y así presentarse como una alternativa para albergar las herramientas necesarias en la producción del cultivo de caña de azúcar a pequeña escala y reactivar un flujo económico local. Asi mismo la multifuncionalidad espacial pretende brindar lugares de interacción y difusión a los habitantes en periodos de inactividad con la finalidad de difundir su valor e importancia histórica.

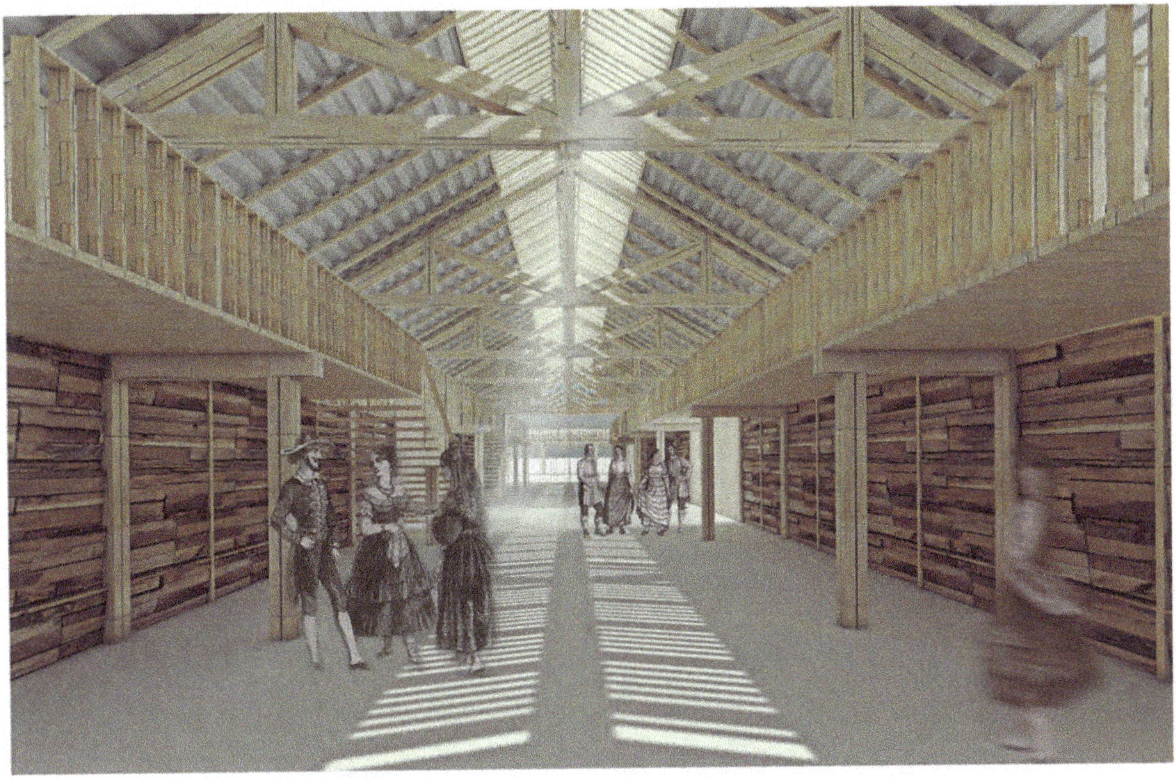

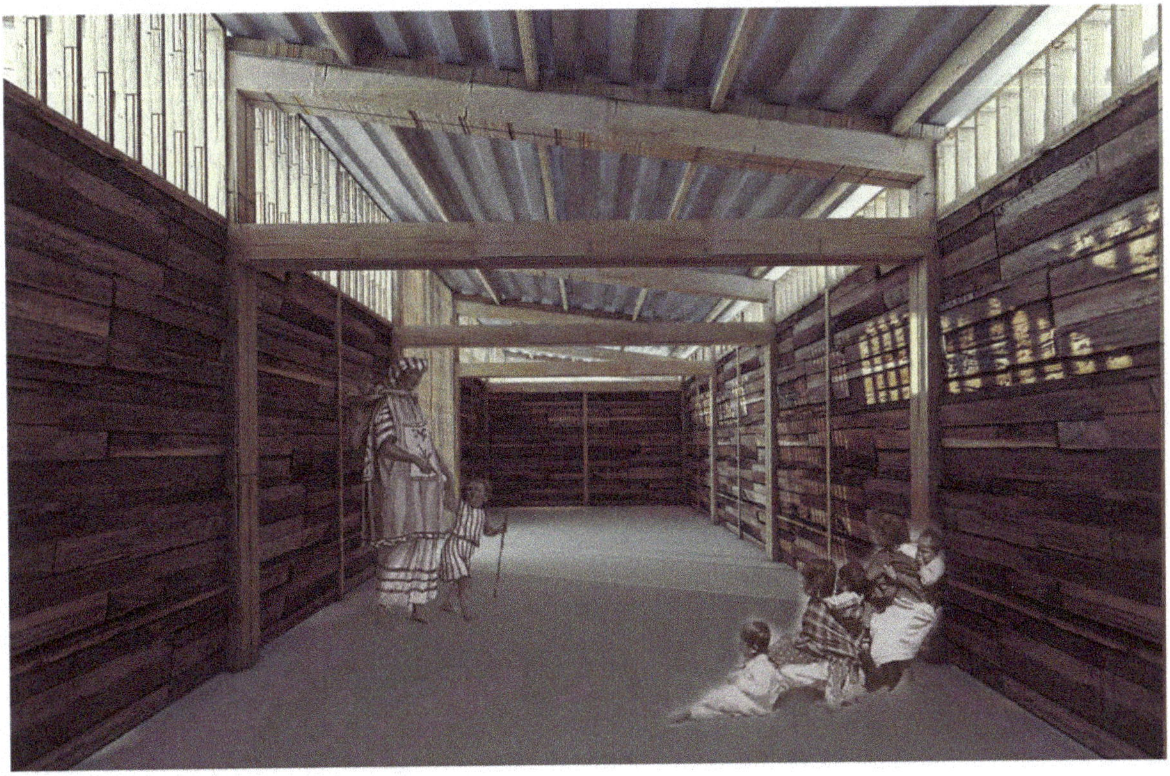

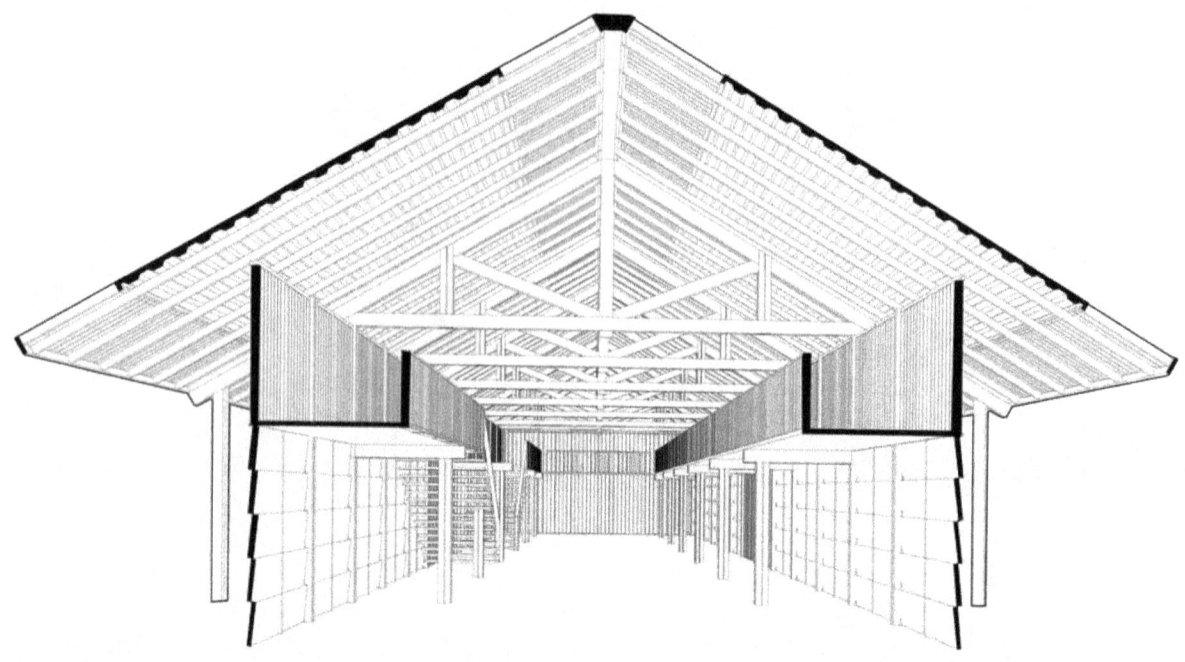

Corte Transversal Edificio de almacenado / Salón Multifuncional

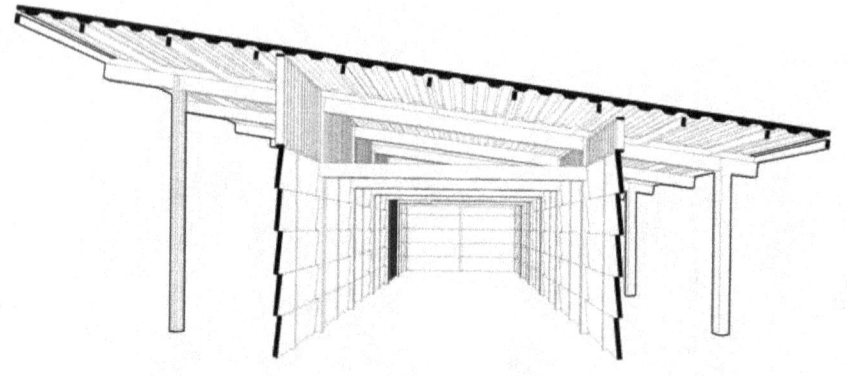

Corte Transversal Edificio de procesos en el cultivo de caña

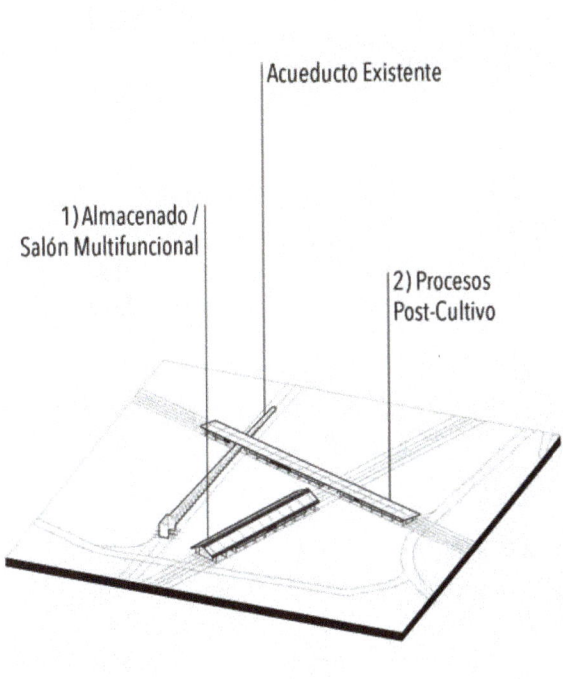

Acueducto Existente

1) Almacenado /
Salón Multifuncional

2) Procesos
Post-Cultivo

1)

Cubierta de Lamina galvanizada

Bastidor de madera de pino
en secciones 4x2"

Apoyos verticales y horizontales
en madera de pino con uniones
específicas

Muros exteriores en base a
paneles de madera reciclada

2)

Cubierta de Lamina galvanizada

Apoyos verticales y horizontales
en madera de pino con uniones
específicas

Subestructura de nivel
intermedio

Muros exteriores en base a
paneles de madera reciclada

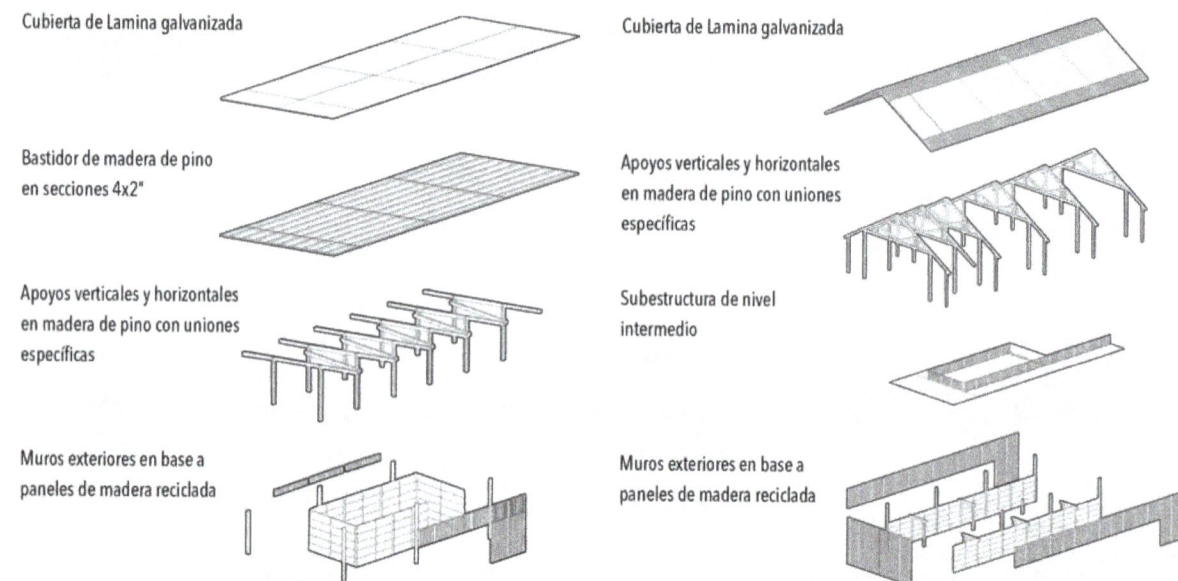

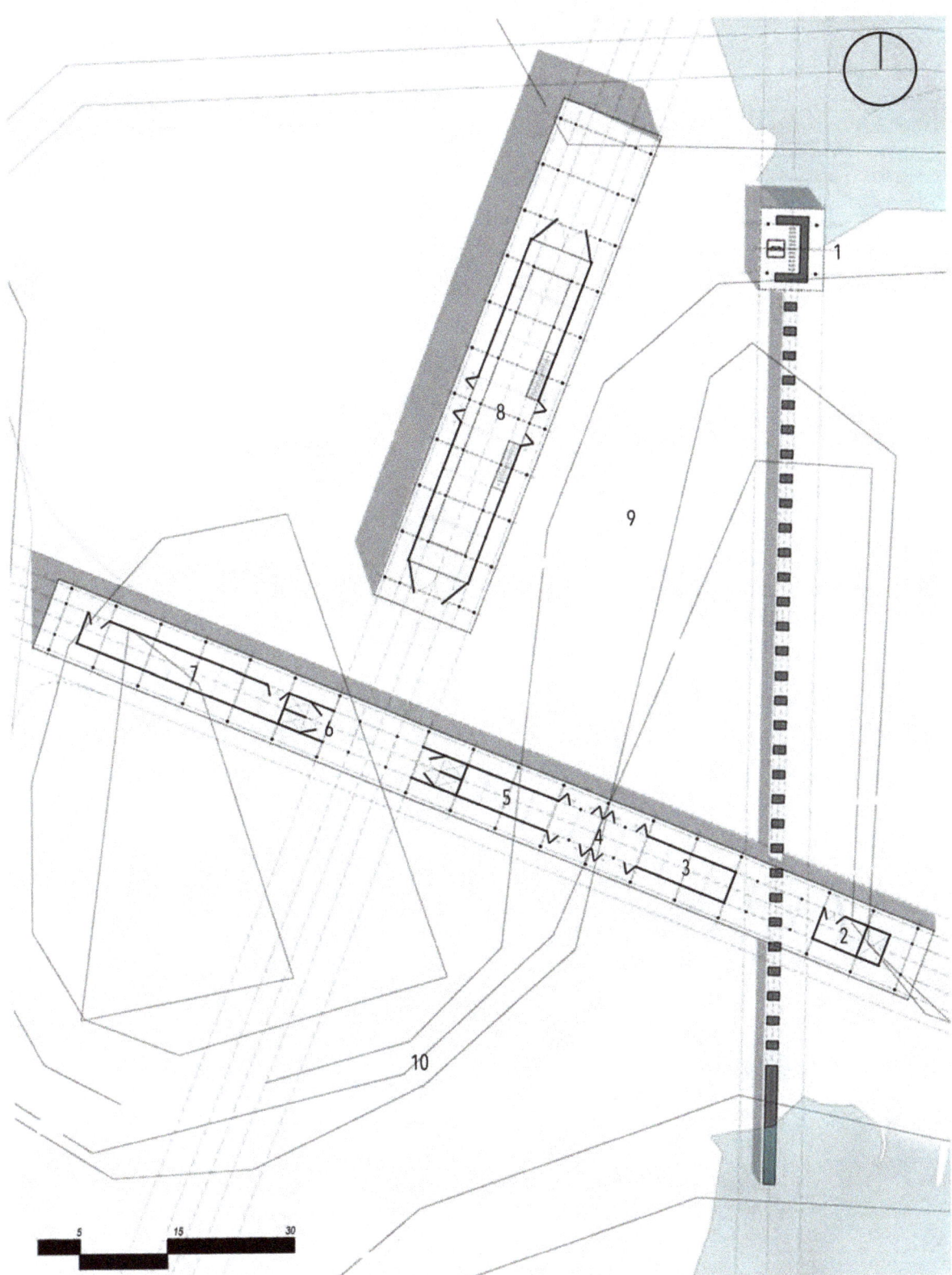

La globalización y su impacto en zonas rurales son el claro ejemplo del ambigüo contexto que puede significar para sus locales; la amenaza y la oportunidad para la conservación o desaparición de su historia y patrimonio regional.

Planta arquitectónica de la intervención, 1- Molienda de Caña de azúcar, 2-Administración del Lugar, 3-Área de cristalización, 4-Secado, 5-Centrifugado, 6-Servicios, 7-Manufactura, 8-Almacen/Salón Multifuncional, 9-Patio central y/o de cultivo, 10-Patio frontal y/o de cultivo.

El proceso de diseño y la materialidad del proyecto buscan enaltezer el paisaje y consolidar la fragilidad de la arquitectura existente. En busqueda de una interacción sin repercusiones sobre el acueducto existente, se generá una serie de volúmenes del mismo carácter longitudinal y con una disposición que pretende encontrar tensión entre todos sus elementos; generando finalmente una organización en base al flujo funcional del cultivo y sus distintas etapas.

CENTRO COMUNITARIO DE ATENCIÓN A MIGRANTES

Rogelio Vidales
Monterrey, México

Monterrey es el principal nodo político, económico y cultural en el territorio mexicano de nuestra franja, por lo que se convierte en paso obligado para la mayoría de los migrantes en su viaje hacia EEUU. A pesar de esto, la ciudad ha ignorado su responsabilidad de proponer soluciones legales y crear espacios que dignifiquen y reconozcan los derechos humanos de estas personas.

Se evidencia entonces la necesidad de un proyecto que dignifique la condición de los migrantes durante su estancia en Monterrey, así como el conscientizar a la sociedad sobre su responsabilidad en el fenómeno migratorio y maneras en las que puedan involucrarse.

El resultado es un proyecto que busca generar un espacio impregnado de una actitud probabilista, en donde el medio ambiente otorga posibilidades para elegir sin determinar la elección, pero que algunas actuaciones son más probables dependiendo del diseño. Es por esto que se toman elementos espaciales (y no formales) de la arquitectura vernácula del noreste mexicano, principalmente el zaguán, elemento que difumina la casi siempre clara división entre el dominio público y privado. Este espacio intersticial invita a entrar y conocer el Centro para llevar un poco de la vida y movimiento de la ciudad a la nueva plaza interior, para también lograr así una regeneración de la calle Reforma. Estos marcos de entrada no solo invitan a los regiomontanos, sino que también dan la bienvenida a todos aquellos que llegan en busca de una mejor vida y necesitan apoyo para establecerse o continuar con su travesía.

El acomodo de los espacios genera interacciones y miradas entre los migrantes que recien llegan a la ciudad y los que ya se consideran habitantes de la misma. El Centro se convierte en un conjunto de espacios públicos y privados incluyentes que brindan calidad de vida y dignidad a sus usuarios, a la vez que aprovecha este fenómeno migratorio y la vida y movimiento que viene con él, para una regeneración urbana a escala local. Un ejercicio para entender como la migración cambiara la arquitectura y el urbanismo de nuestras ciudades en el siglo XXI.

Central de Autobuses (15 min)

Albergue (18 min)

Pastoral Migrante (15 min)

CAM Nuevo León (15 min)

CAS Consulado (30 min)

_Plano de Ubicación

Avenida Cristobal Colón

→

IMSS (20 min)

Ejercito de la Salvación (18 min)

Reforma

Avenida Francisco I. Madero

Hermenegildo Galeana

Emilio Carranza

PROCESO DE DISEÑO

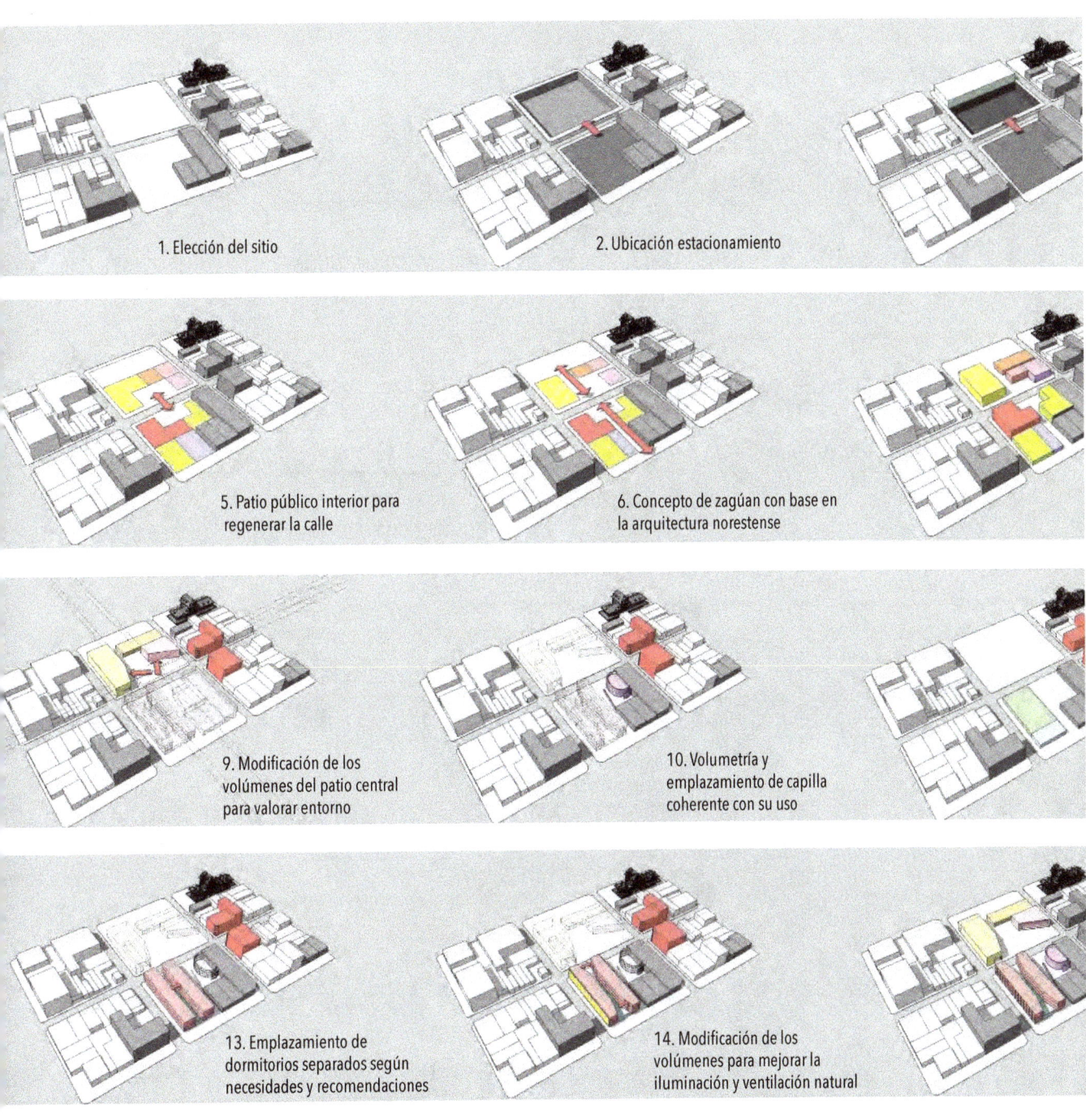

1. Elección del sitio

2. Ubicación estacionamiento

5. Patio público interior para regenerar la calle

6. Concepto de zagúan con base en la arquitectura norestense

9. Modificación de los volúmenes del patio central para valorar entorno

10. Volumetría y emplazamiento de capilla coherente con su uso

13. Emplazamiento de dormitorios separados según necesidades y recomendaciones

14. Modificación de los volúmenes para mejorar la iluminación y ventilación natural

INTENCIONES DE DISEÑO

AMBITO URBANO

AMBITO ARQUITECTÓNIC

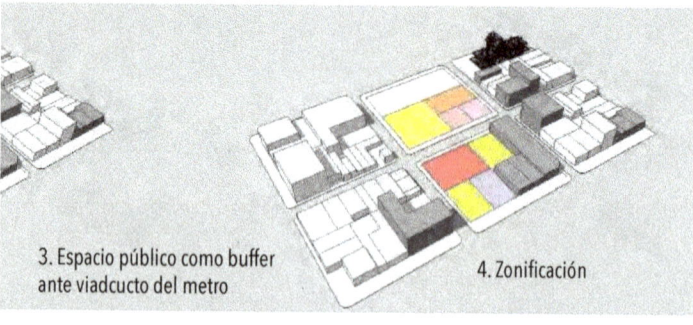

3. Espacio público como buffer ante viadcucto del metro

4. Zonificación

ARMONÍA CON EL CONTEXTO

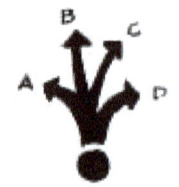

ESPACIOS PROBABILISTAS

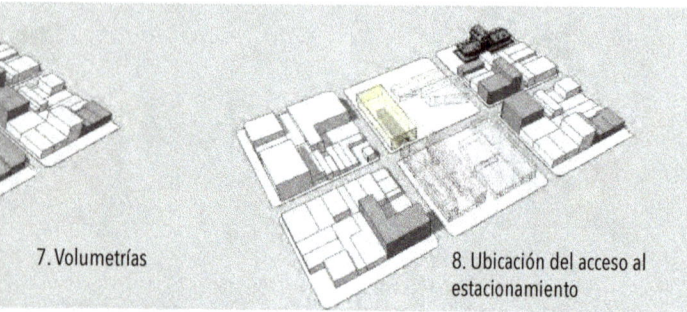

7. Volumetrías

8. Ubicación del acceso al estacionamiento

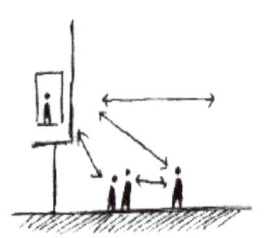

TRANSPARENCIA Y COMUNICACIÓN

ESPACIOS INCLUYENTES

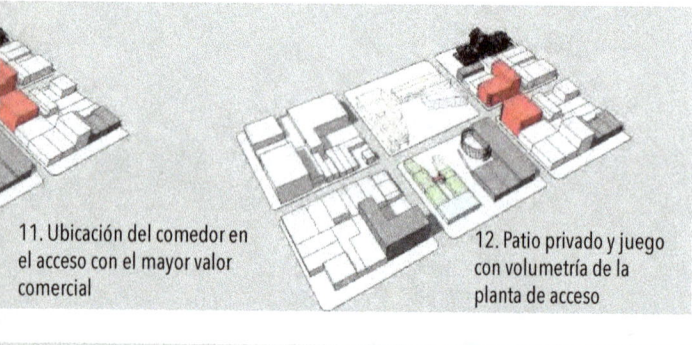

11. Ubicación del comedor en el acceso con el mayor valor comercial

12. Patio privado y juego con volumetría de la planta de acceso

REVALORIZACIÓN DEL PATRIMONIO

ESPACIOS DIGNOS

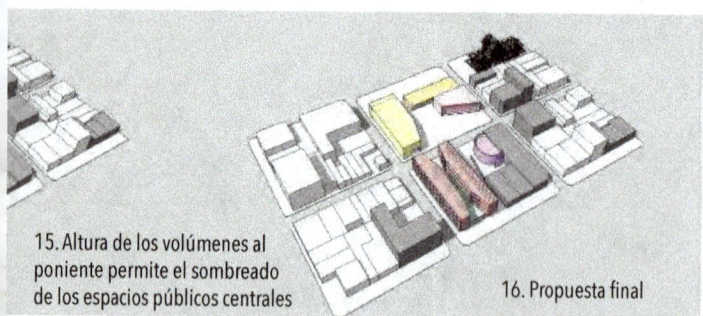

15. Altura de los volúmenes al poniente permite el sombreado de los espacios públicos centrales

16. Propuesta final

REGENERACIÓN DE LA CALLE COMO ESPACIO PÚBLICO

ESPACIOS CÁLIDOS Y DE BIENVENIDA

1

a. Servicios mujeres, niños y familias
b. Dormitorios mujeres, niños y familias
c. Servicios hombres
d. Dormitorios hombres
e. Aulas de uso multiple

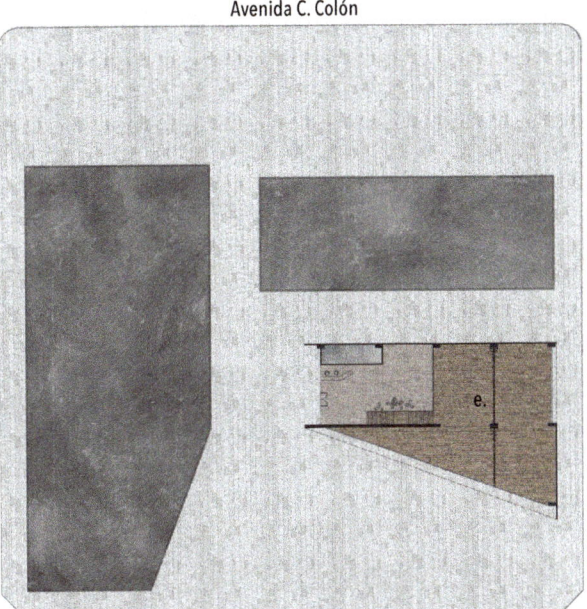

Avenida C. Colón

Reforma

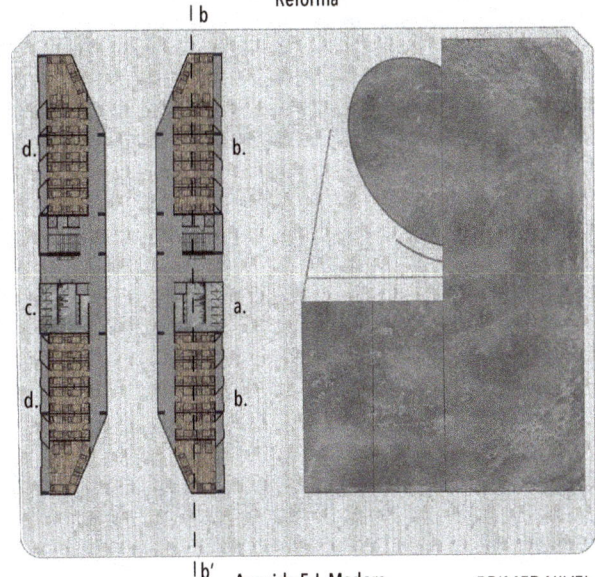

l b' Avenida F. I. Madero   _PRIMER NIVEL

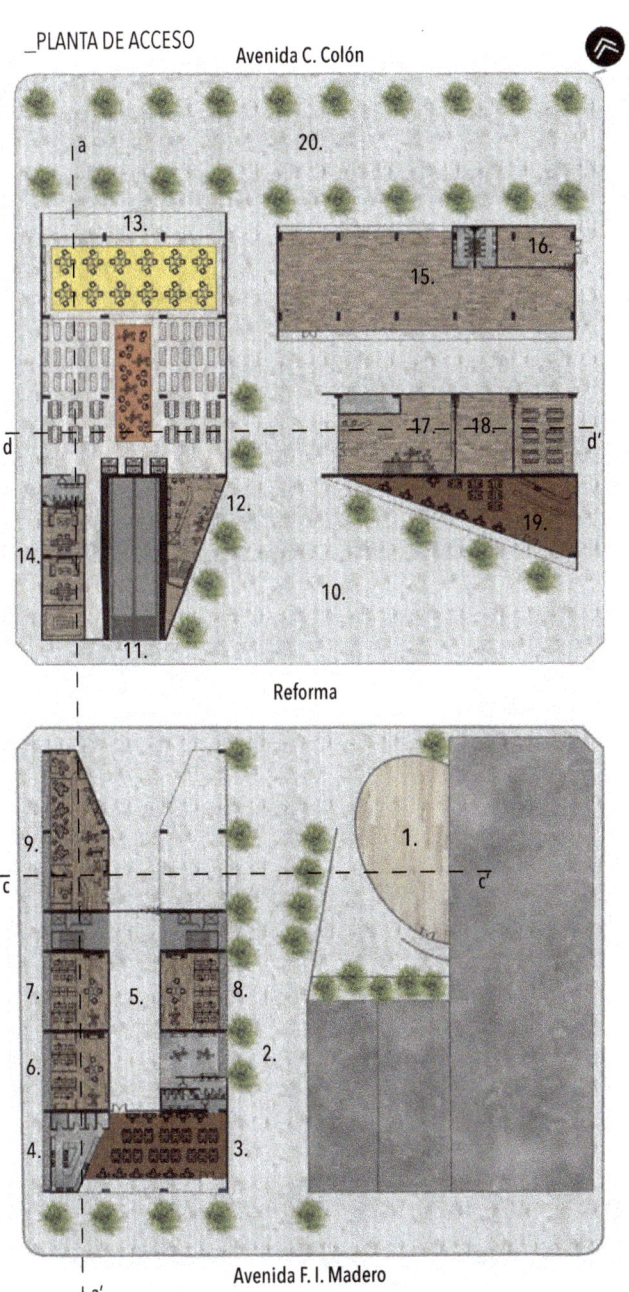

_PLANTA DE ACCESO

Avenida C. Colón

Reforma

Avenida F. I. Madero

1. Capilla
2. Zagúan
3. Comedor
4. Cocina
5. Patio privado
6. Atención médica
7. Atención psicológica
8. Atención social
9. Administración
10. Patio central

11. Acceso estacionamiento
12. Recepción
13. Centro de Estudios
14. Colegio de la Frontera
15. Sala de exposiciones
16. Bodega
17. Talleres
18. Talleres infantiles
19. Cafetería
20. Plaza Lerdo de Tejada

_SECCIONES

Sección a-a'

Sección b-b'

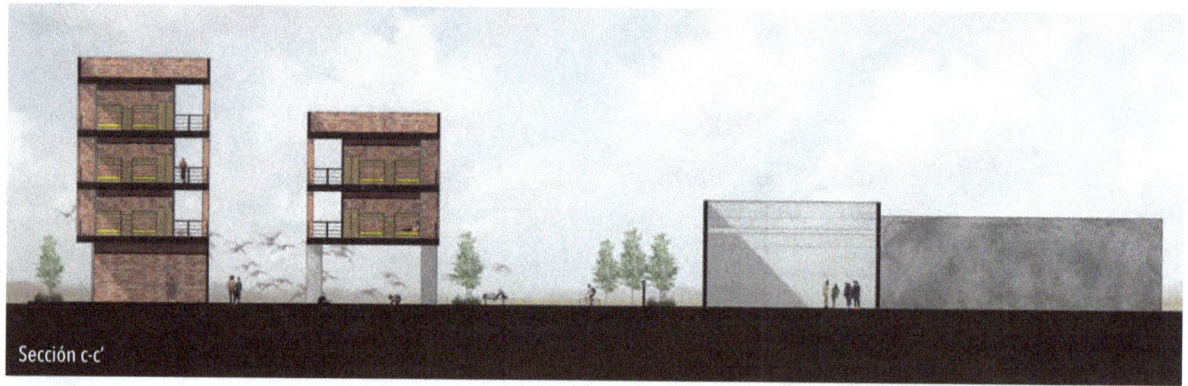

Sección c-c'

Sección d-d'

16

El cruzar fronteras no quita derechos, no hace a las personas menos humanas, el querer salir del país en busca de una oportunidad no debería ser un obstáculo más en el camino. Migrar no es un delito. No atenderlo o ignorarlo, sí lo es.

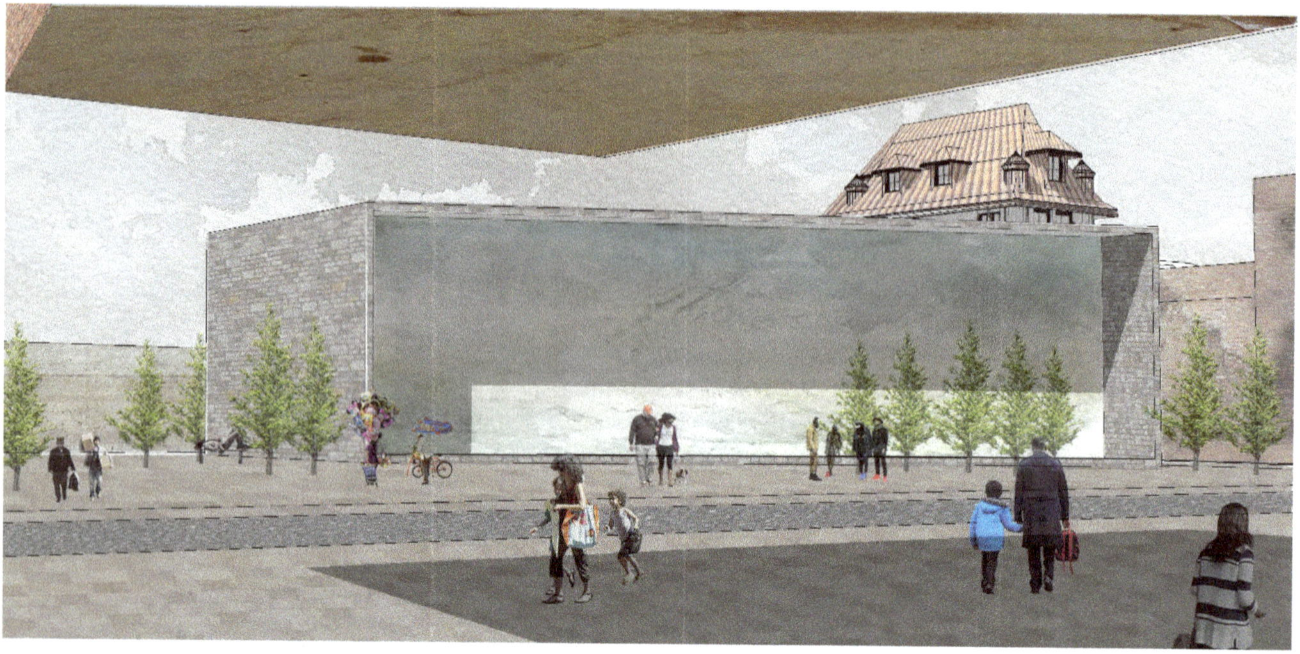

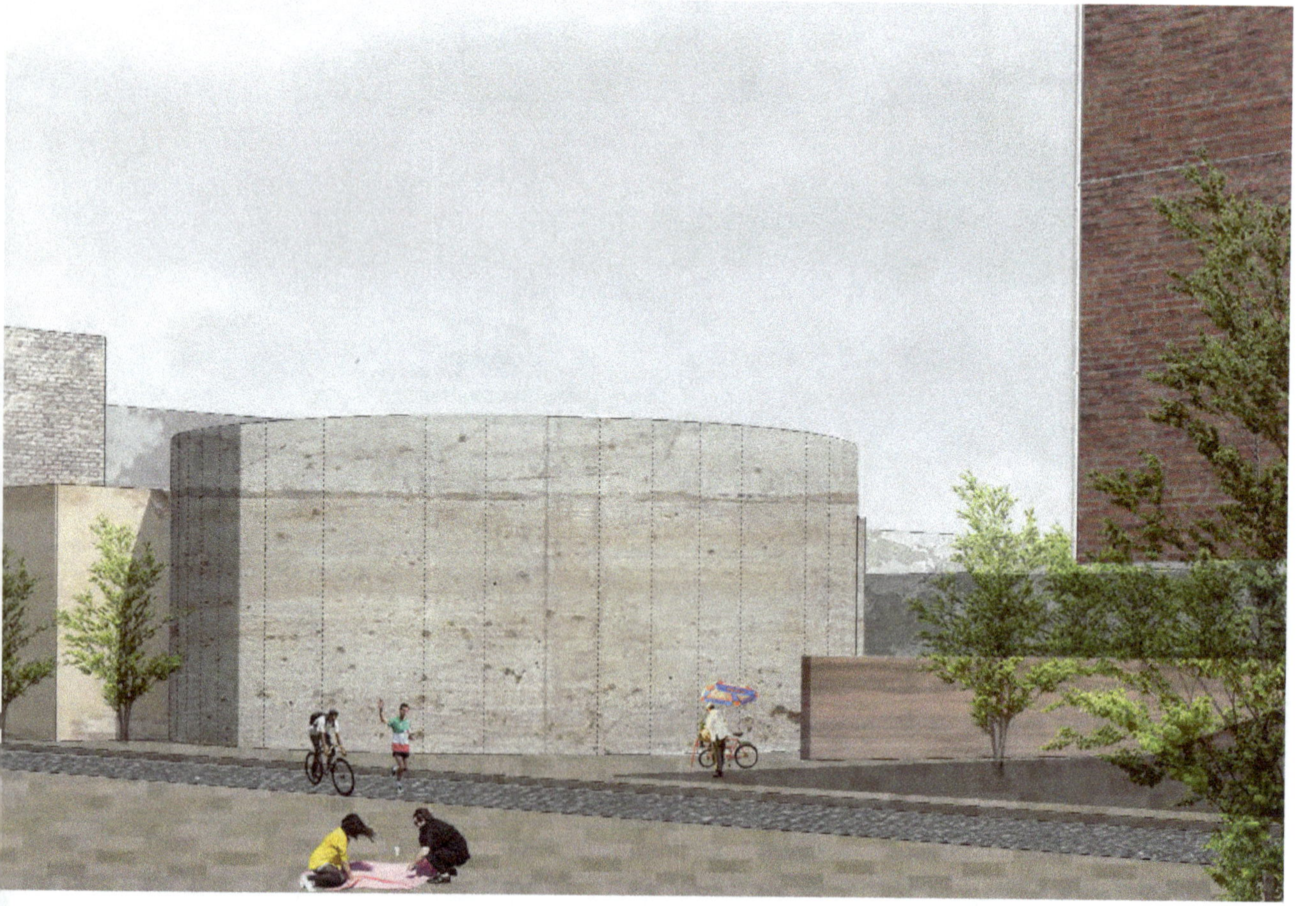

CENTRO MULTICULTURAL NARANJO

Karen Yvette Quimbar Urquiza
Lampazos de Naranjo

El Centro Multicultural Naranjo es un centro de integración de las culturas donde el edificio participa y se abre al espacio público para generar áreas de conviencia, educación y esparcimiento; plantea que las comunidades se reunan, se relacionen e intercambien sus conocimientos, tradiciones y costumbres promoviendo una cultura de respeto entre individuos y una sociedad que no distinga sitios de origen, religión o estratos sociales.

El proyecto funciona como una unidad de cohesión entre habitantes y comunidades migrantes donde todos tendrán la posibilidad de aprender lo que requieran para integrarse a la sociedad como trabajadores o compartir sus conocimientos como asesores en los talleres, aulas o bibliteca y así generar una cultura de intercambio de ideas y del saber, donde todos pueden aprender de todos algo nuevo.

El conjunto se alza de entre los árboles, dejando ver un poco de su permanencia en el espacio, por medio de sus senderos te dirige a los accesos al complejo dónde la vegetación se vuelve un integrante principal envolviendo el sitio, dando lugar a patios interiores que funcionan como núcleos centrales de cada área de los talleres, oficinas y espacios educativos interconectados para generar recorridos. Estos patios, a su vez, generan microclimas y refrescan el ambiente para volver más placentera la estadia. La volumetría genera un juego de aperturas en el espacio para dar sensaciones de amplitud y estrechez. Se diseñaron sitios que fomentan un entorno educativo para un aprendizaje constante y natural, áreas de talleres de oficio y artísticos, integrados con áreas administrativas y de migración. Todo un conjunto que ayuda y apoya el desarrollo de la comunidad para crear una mejora calidad de vida en los habitantes.

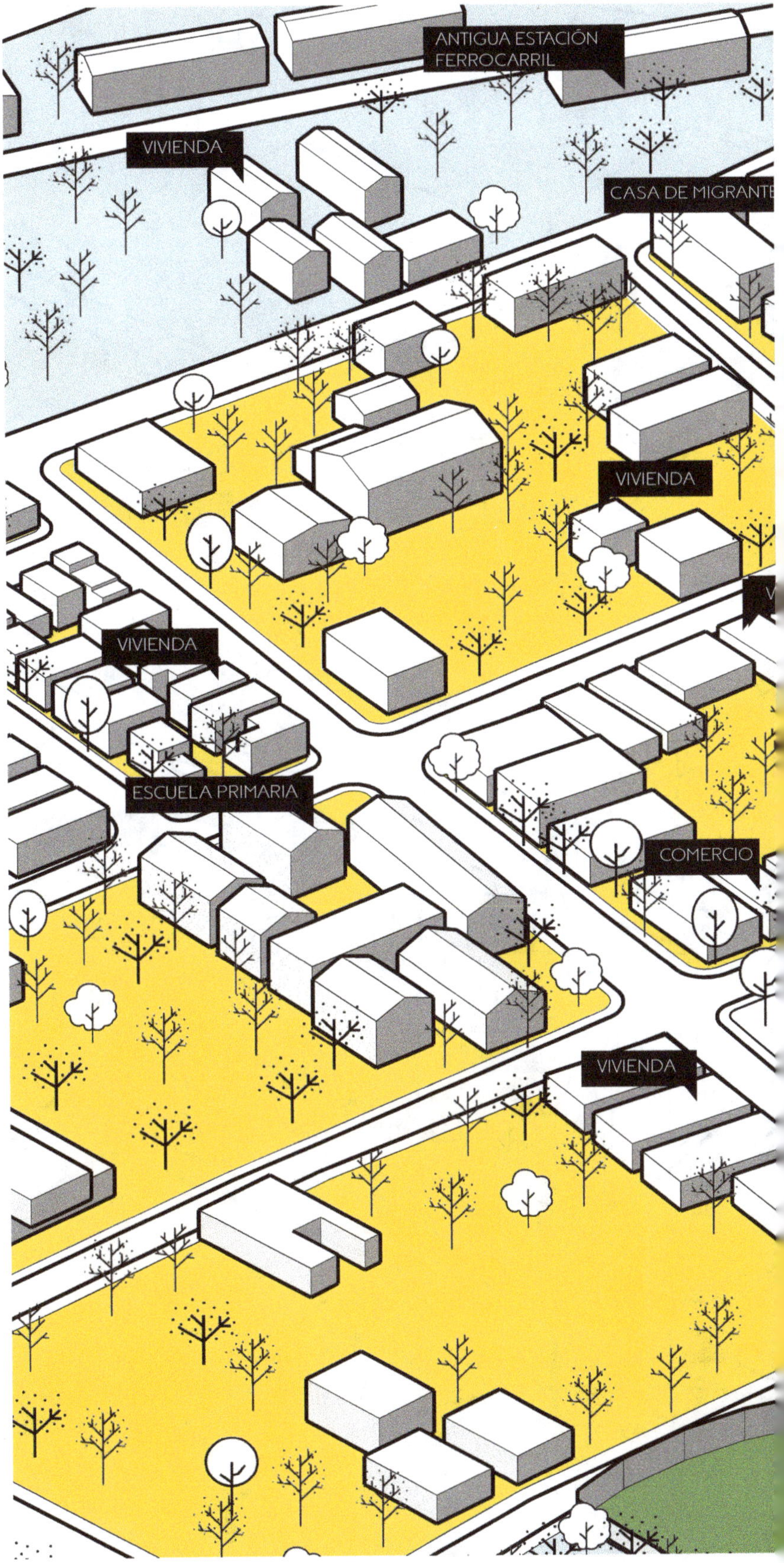

ANTIGUA ESTACIÓN FERROCARRIL

VIVIENDA

CASA DE MIGRANTE

VIVIENDA

VIVIENDA

ESCUELA PRIMARIA

COMERCIO

VIVIENDA

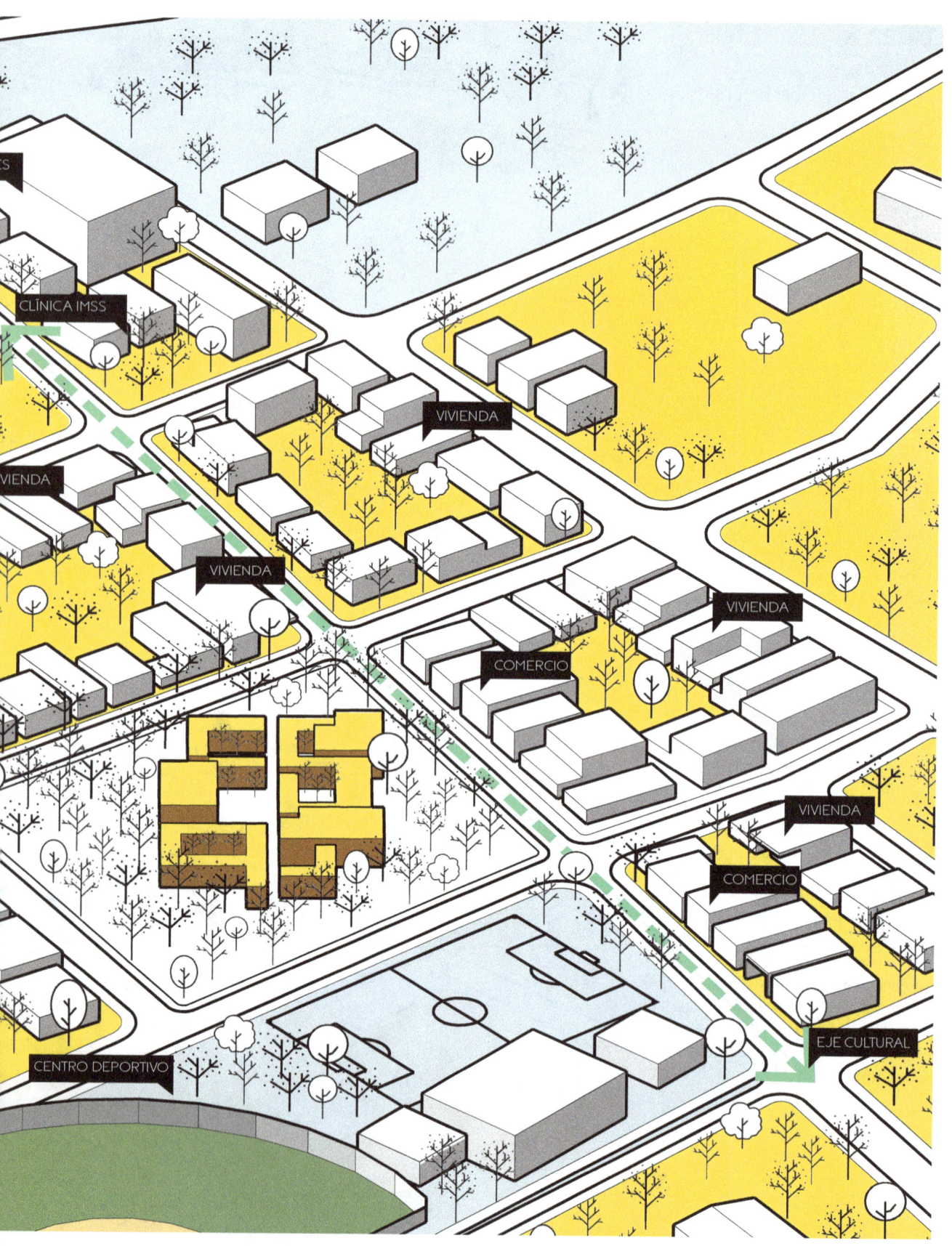

CLÍNICA IMSS

VIVIENDA

VIVIENDA

VIVIENDA

VIVIENDA

COMERCIO

VIVIENDA

COMERCIO

EJE CULTURAL

CENTRO DEPORTIVO

INTENCIONES DE DISEÑO

Patios interiores
Generar una serie de patios interiores para crear áreas de estar, núcleos centrales, creación de microclimas.

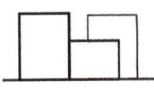

Juego de alturas
El juego de volumetrías y alturas son definidas por los espacios que albergan y en conjunto crean una composición visual intuitiva.

PROCESO DE DISEÑO

1. SITIO
Se propone un área de trabajo con una ubicación estrátegica que ayude a generar una mejor conexión y aprovechamiento de su contexto

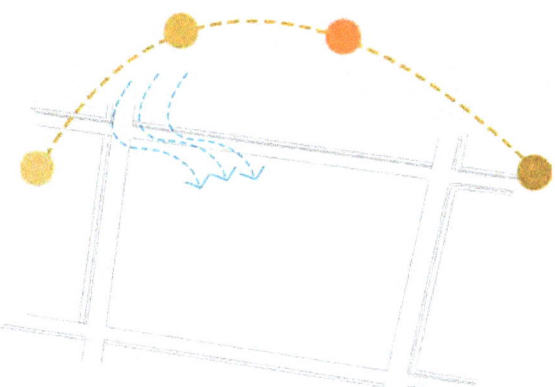

2. MEDIO FÍSICO NATURAL
El aprovechamiento de los vientos y luz natural es escencial en el proyecto para mantener un entorno sustentable y de confort.

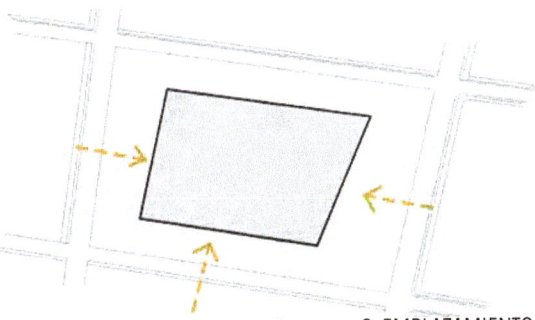

3. EMPLAZAMIENTO
Está adecuado al análisis de sitio del medio físico para aprovechar vientos e iluminación.

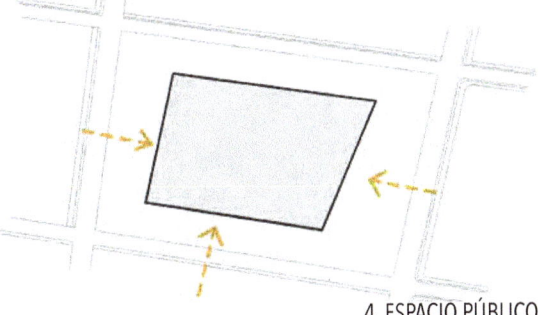

4. ESPACIO PÚBLICO
Se dejó un área de remetimiento para áreas verdes y espacio público recreativo y de descanso para los habitantes.

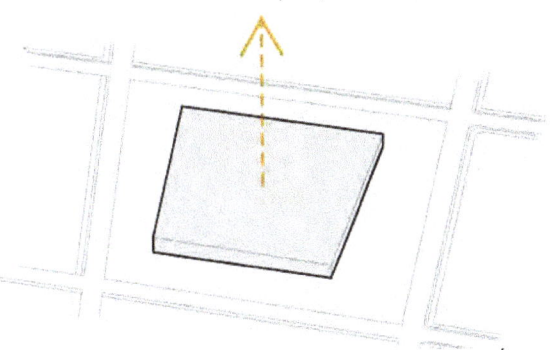

5. VOLÚMEN
Se generará un volumen del edificio donde se albergará el programa funcional.

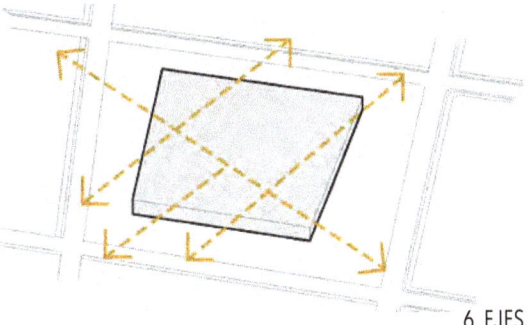

6. EJES
Se establecieron dos ejes de conexión perpendiculares en el terreno para conectar los espacios del contexto.

Abrir al espacios público

El proyecto se abre al espacio público para brindar áreas de esparcimiento y formar comunidad con su contexto y permitir a los usuarios puedan apropiarse del espacio.

Entorno educativo

El conjunto genera espacios de aprendizaje dinámicos y diversos para reforzar el conocimiento de forma natural e innato. Estimulando los sentidos,

7. JUEGO DE ALTURAS

Se generó un juego de altras en los vólumenes dependiendo del espacio al que estaba destinado para crear un mayor confort en las áreas.

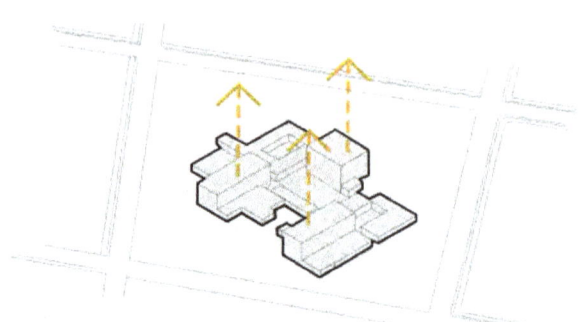

8. NÚCLEOS

Se generaron volúmenes abiertos y espacios dobles para generarun confort en el espacio y diminuir la necesidad de aires acondicionados para climatizar proponiendo ventilación cruzada y vegetación que refresque los vientos.

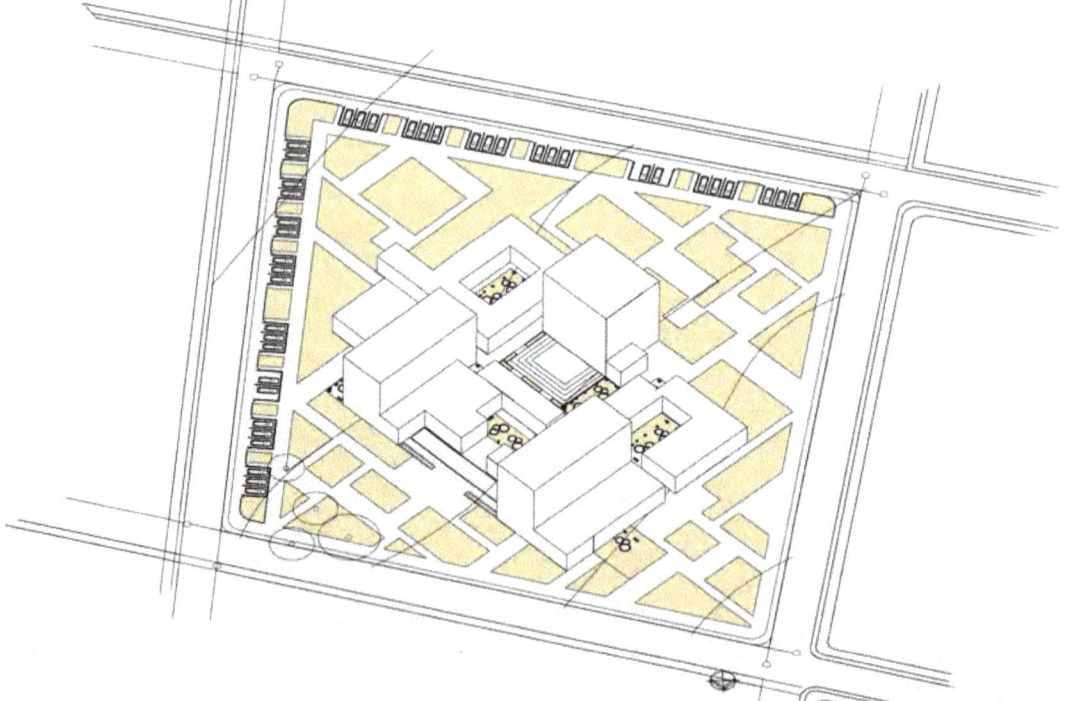

9. APROPIACIÓN DEL LUGAR

El proyecto generá recorridos que te invitan a conocer y a vivir sus espacios. Los jardines estan ubicados estratégicamente para invitar a vivir el espacio y permanecer en el sitio y no pasarlo por alto. Las áreas recreativas invitan al usuario al edificio, generan espacios de reunion y juego para los habitantes.

Patios interiores
Auditorio interior
Auditorio exterior

Guardería
Cafetería
Bodegas
Baños

Idiomas
Biblioteca
Aula de silencio
Computación

Oficina Jurídicas
Oficina Laboral
Oficina Médica
Recepción

Taller de cocina
Taller de peluquería
Taller de dibujo Taller
de pintura
Taller de manualidades

Clases de música
Clases de baile
Clases de teatro

PARQUE FRONTERIZO
LOS CUARTELES

Mauricio Canales Tárrega
Heroica Matamoros, Tamaulipas

La propuesta consiste en la recuperación de un espacio natural e histórico, el Estero de los Cuarteles, que se ha perdido por el aumento de la densidad urbana y las malas prácticas del diseño urbano en la ciudad fronteriza Heroica Matamoros, Tamaulipas, todo lo indicado será con la intención de mejorar y hacer beneficiosas las dinámicas diarias con las que viven los habitantes de la ciudad, y al mismo tiempo reducir las probabilidades que tienen los ciudadanos de sufrir pérdidas materiales por las constantes crecidas de agua de las que tanto Matamoros, como su ciudad hermana, Brownsville, son víctimas.

La falta de espacios en los cuales los ciudadanos de Matamoros se puedan desenvolver son escasos, solamente contando con 2 relevantes, el Parque Olímpico (construido sobre el mismo conjunto de esteros) y el Laguito, y otros espacios pequeños por la ciudad que poco contribuyen a la convivencia de sus habitantes, a lo que el proyecto decide recuperar sitios en estado de abandono y olvido para regresarlos a las vivencias de las personas.

El proyecto sigue estrictamente criterios de diseño hidráulico y de alternativas para el manejo del agua, siendo el factor más relevante a la hora de hablar de la vida de los vecinos de la colonia elegida, basandose en su mayor parte en la Guía de técnicas alternativas para soluciones de agua en sectores urbanos del Ministerio de vivienda y urbanismo de Chile.

Estas estrategias se estudian con la intención de que el esquema seguido aquí se pueda repetir en el resto de la ciudad, ya que Matamoros, a diferencia de Brownsville, cuenta solamente con 2 cuerpos de agua significativos para lidiar con el exceso de agua superficial.

Para lograr recuperar en la mayor medida posible el espacio ocupado por construcciones se cuantificó el área que aún permite la absorción y la que no lo hace por manzana, a partir de esos datos y el afluente promedio de la región se determinaron los requisitos hídricos de el área y las estrategias adecuadas, siendo solamente dos manzanas no aptas para soportar las estrategias.

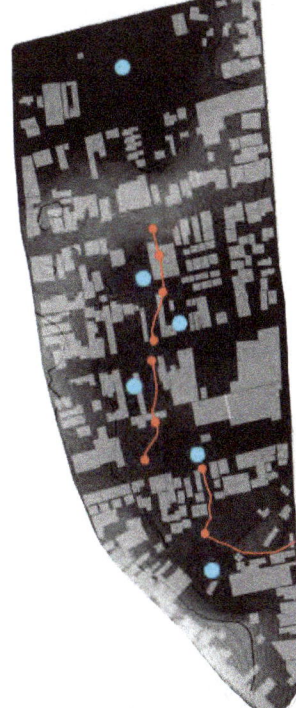

Al determinar los requisitos de cada manzana a partir del área libre disponible se localizaron los puntos más bajos para albergar las estrategias de infiltración, así como se trazó al unir los puntos más altos, el sendero menos pronunciado en elevación.

Las observaciones del sitio revelaron la existencia de una sequia antigua, que, aunque fue canalizada, aún tiende a superar la escorrentía calculada, poniendo en peligro la infraestructura urbana, al mismo tiempo que esta se conduce debajo de algunas propiedades, representando un riesgo constante para los habitantes.

El sitio también es victima del abandono, es muy frecuente ver propiedades que se han convertido en un núcleo de inseguridad según lo indican los vecinos, mismos espacios que también son utilizados para tirar basura y escombro de cualquiera que le sea conveniente, y esto, aunado a las propiedades en peligro por las inundaciones ayudan a identificar espacios potenciales para el proyecto.

Al identificar las propiedades que se encuentran en riesgo y que frecuentemente son víctimas de inundaciones se plantea la reubicación de los habitantes a menos de 1 kilómetro de distancia, a un sitio, que dentro del barrio, representa un espacio de más seguridad patrimonial.

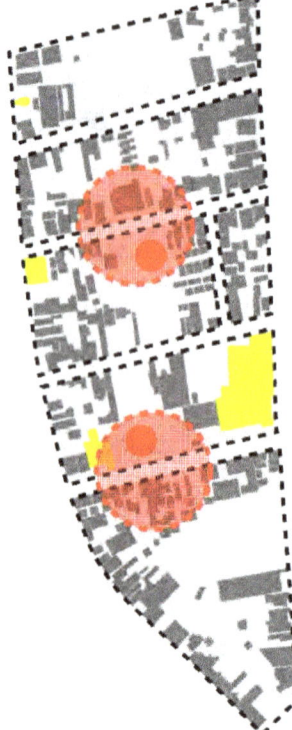

En la colonia existen ya algunos destinos frecuentes, como escuelas, una clínica, la sede de un periódico importante y un centro comunitario y cultural, y son para el sitio polos importantes para la actividad que se desarrollará en la comunidad y la seguridad de los espacios públicos, la cual aumenta al estar en un radio a 75 metros máximo de la visibilidad de viviendas.

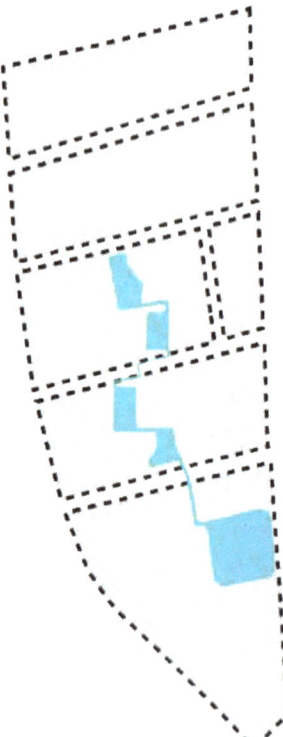

Los resultados del cálculo de requisitos hídricos reflejaron la necesidad de la aplicación de estanques y pozos de infiltración en la manzana 1 y 5, siendo estas las que más área disponible pueden aportar al sistema, y la manzana 3 y 4 aportando estanques de almacenamiento de infiltración lenta y zanjas de infiltración siendo corredores más estrechos.

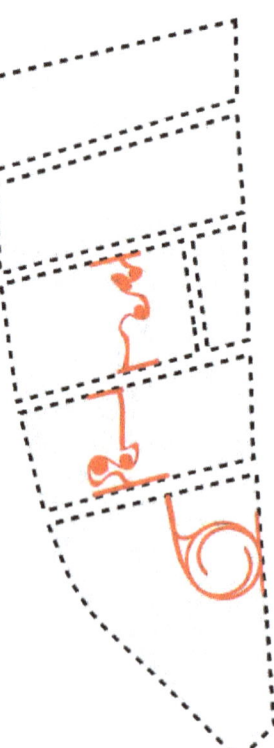

Los senderos más adecuados siguieron el rumbo de los puntos más altos del terreno, aunque se ligaron a algunos elementos importantes existentes como árboles, y se concentraron en los espacios dentro de los radios de seguridad de las viviendas, alargandose en los sitios que carecen de visibilidad continua y formando un sitio de mirador en el estanque de la manzana 5.

Canchas deportivas

Sendero

Franjas de infiltración

Estanque de almacenamiento

Los estanque de almacenamiento cumplen la
función de espacios deportivos polivalentes con
la capacidad de almacenar hasta 40,000 m3 de
agua antes de entrar al sistema de infiltración o
necesitar bombeo para evacuar la escorrentía.

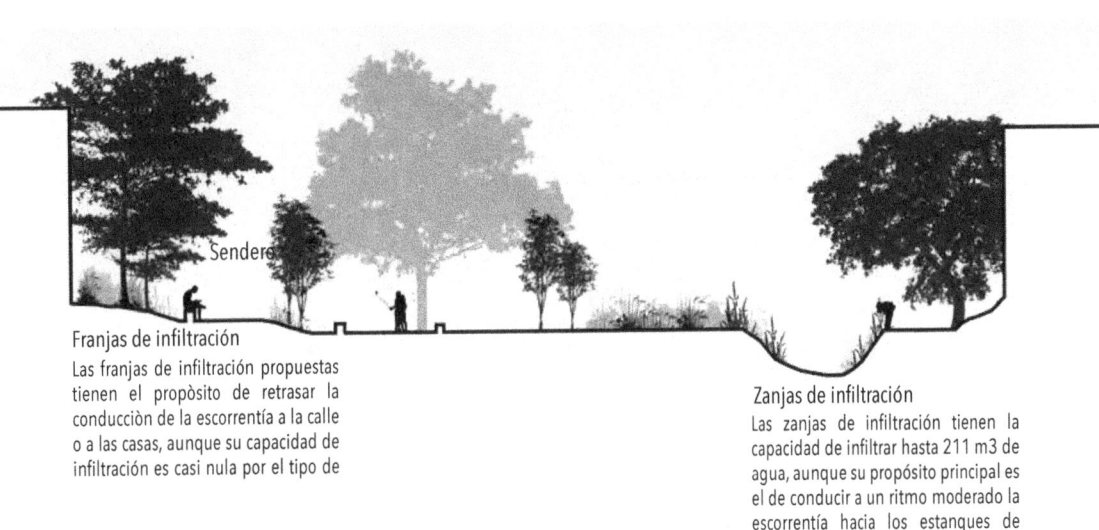

Sendero

Franjas de infiltración

Las franjas de infiltración propuestas
tienen el propòsito de retrasar la
conducciòn de la escorrentía a la calle
o a las casas, aunque su capacidad de
infiltración es casi nula por el tipo de

Zanjas de infiltración

Las zanjas de infiltración tienen la
capacidad de infiltrar hasta 211 m3 de
agua, aunque su propósito principal es
el de conducir a un ritmo moderado la
escorrentía hacia los estanques de
almacenamiento o infiltración.

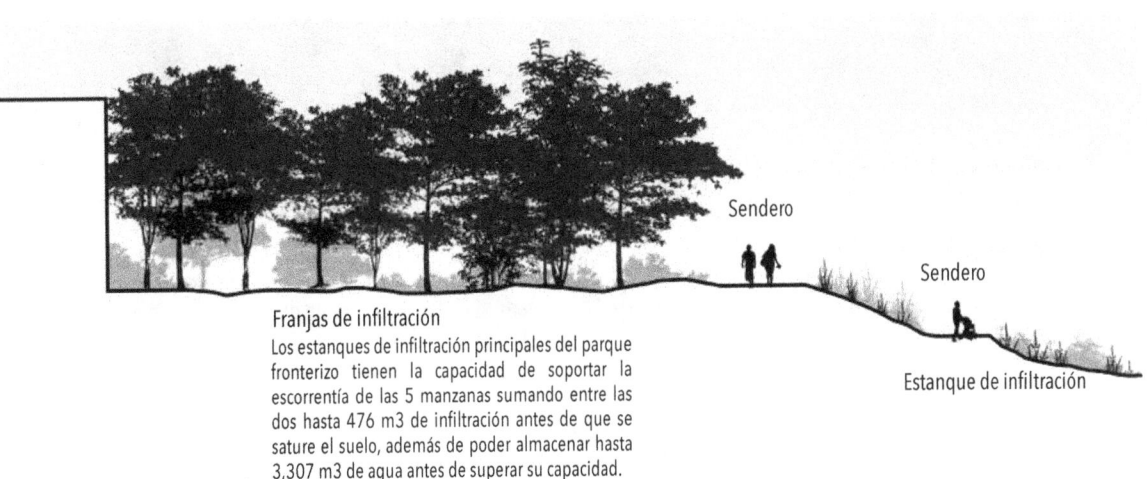

Sendero

Sendero

Franjas de infiltración

Los estanques de infiltración principales del parque
fronterizo tienen la capacidad de soportar la
escorrentía de las 5 manzanas sumando entre las
dos hasta 476 m3 de infiltración antes de que se
sature el suelo, además de poder almacenar hasta
3,307 m3 de agua antes de superar su capacidad.

Estanque de infiltración

Everything man relinquishes to time
gives the landscape a chance to be simultaneously marked by his presence
and freed from it.

Gilles Clement

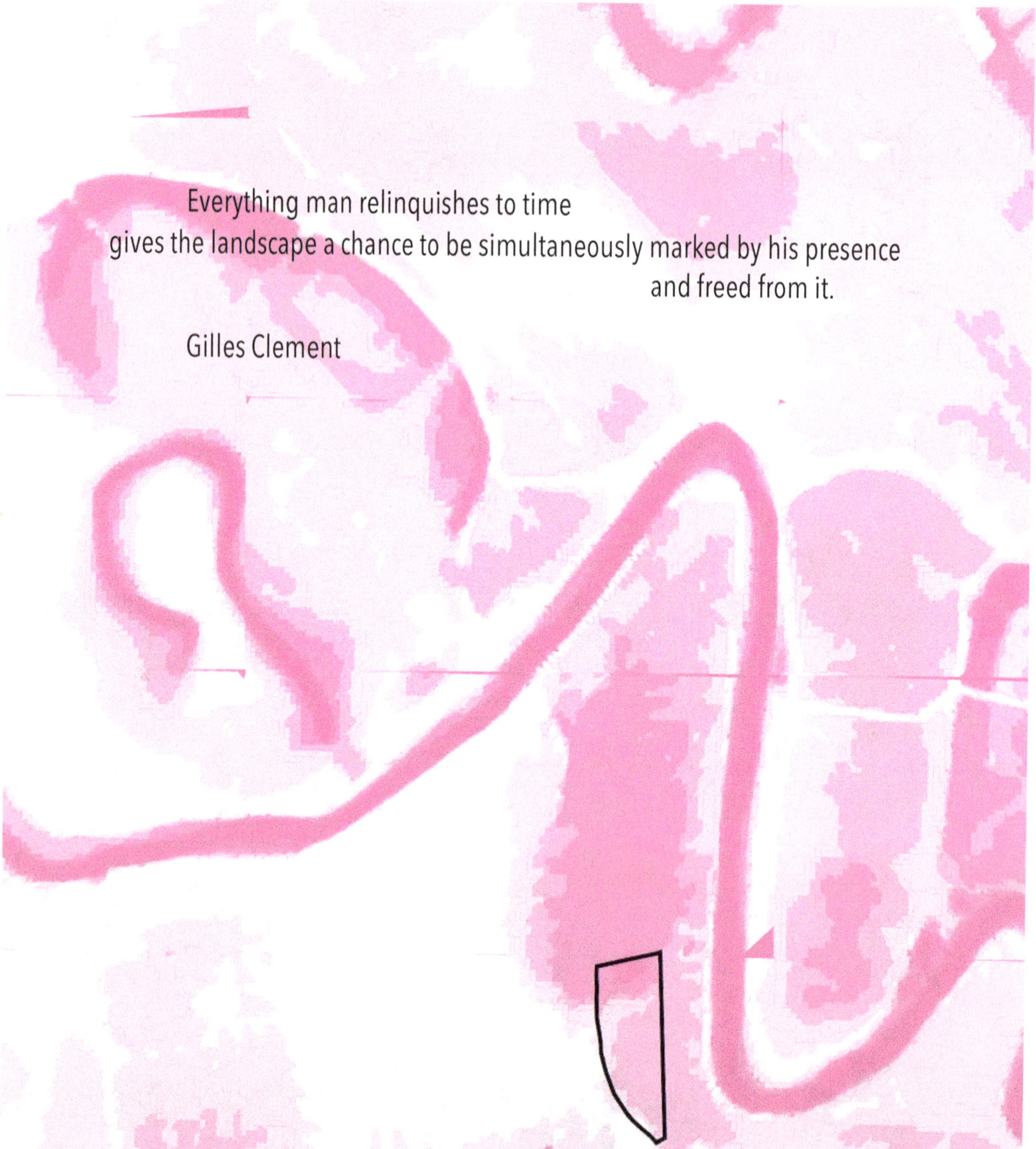

Al identificar los sitios más afectados de la ciudad cerca de la frontera se eligió tratar el sitio del proyecto por la importancia histórica y urgencia que viven los habiotantes tan cerca del centro histórico de la ciudad, aunque se pudieron identificar en un mapa de elevación otros puntos en la ciudad habitados que sufren de las mismas condiciones y tendrían que ser tratados con el mismo esquema que se siguió en esta propuesta.

Así mismo se pudo corroborar que el consumo de agua de ambas ciudades, actualmente depende de cuerpos superficiales de agua, por lo que se decide voltear al acuífero Bajo Río Bravo para su consumo, y la misma propuesta ayudará por medio de recargas de infiltración de agua al subsuelo a su abastecimiento natural, ya que este se encuentra amenazado por tomas clandestinas en el estado de Tamaulipas.

MUSEO "LOS DOS LAREDOS"

Pedro A. Ramírez Puente

Laredo / Nuevo Laredo

Laredo y Nuevo Laredo, ciudades hermanas, fundadas como una misma villa, pero divididas después de firmarse el Tratado de Paz de Guadalupe. Fue la capital de la República de Rio Grande y actualmente funciona como un eslabón fundamental para el desarrollo comercial entre México y Estados Unidos.

Las condiciones políticas actuales han hecho ver a estas dos ciudades como una comunidad dividida, por lo que se busca promover la idea de una frontera que se entienda como una misma región.

Se propone un museo que albergue exposiciones temporales y permanentes sobre la historia de los dos Laredos. El objetivo de este museo es fortalecer la idea de la existencia de una sola comunidad laredense y aumentar el sentimiento de identidad. Para esto se desarrolla un proyecto arquitectónico que hable de la historia del lugar y que en complemento con la museografía muestre a la ciudad de Laredo como uno de los múltiples casos de sociedades que viven en constante convivencia a pesar de estar divididas entre dos naciones.

La exposición permanente explicará la evolución de la ciudad desde su fundación como villa, la importancia que tiene la ciudad para la economía de ambos países, la separación de la ciudad hasta su situación actual. Se buscará concientizar a los visitantes con un recorrido que los lleve a comprender la problemática de la migración desde diferentes puntos de vista. La exposición temporal funcionará como complemento a la permanente. Esta podrá ser de artes plásticas, artes escénicas y cinematografía por lo que se proponen espacios para exponer de manera itinerante expresiones artísticas que reflejen la problemática de la frontera en su contenido.

Este proyecto forma parte de las estrategias culturales dentro de nuestra red de ciudades.

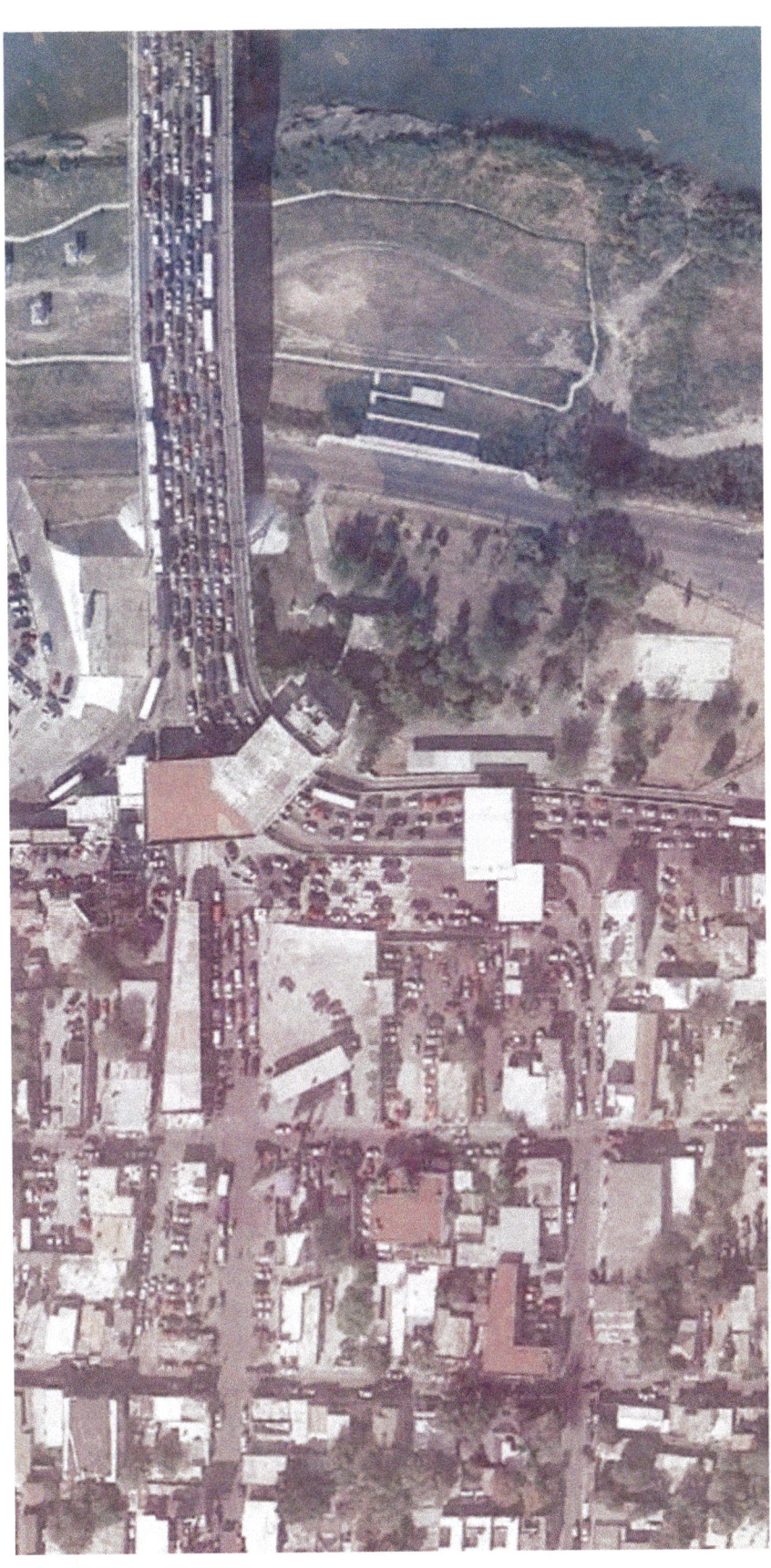

INTENCIONES DE DISEÑO

INTEGRACIÓN AL CONTEXTO HISTÓRICO

- El museo deberá capturar en su arquitectura la esencia de su contexto cultural e histórico.
- Será considerado un tema museográfico para el desarrollo de los espacios del museo.
- El edificio buscará evocar al contexto actual que se vive en Nuevo Laredo y otras ciudades fronterizas dentro de su evolución formal.

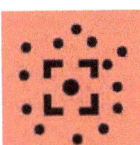

INTEGRACIÓN AL CONTEXTO FÍSICO

- Las peculiares condiciones en las que se encuentra el terreno demanda una toma de decisiones a conciencia considerando el impacto que este pueda tener con su contexto inmediato.
- El terreno en el que se trabajará está ubicado en una zona de baja densidad, aledaño a una vialidad de máximo tránsito y con una ubicación privilegiada con respecto a vialidades principales, estos factores deberán ser considerados en el desarrollo conceptual del proyecto.

INTEGRACIÓN AL CONTEXTO NATURAL

- Se realiza propuesta de forestación de áreas peatonales como solución para una mejor regulación del clima.
- El proceso conceptual del proyecto considerará factores bioclimáticos en la toma de desiciones para lograr mayor confort térmico y sonoro, además de tener un aporte de ahorro energético.
- Se proponen áreas exteriores de acceso público en las que se realizarán exposiciones de artes plásticas temporales.
- La propuesta estructural buscará no tener desperdicios utilizando medidas estándarizadas en vigas, columnas y otros materiales.

PROCESO

1

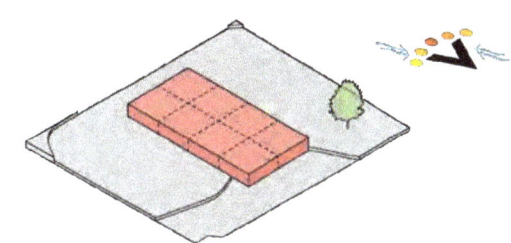

- Justificación estructural: módulo de acero de 12.00 x 12.00 m.
- Ubicación busca generar menos impacto a las construcciones aledañas.

2

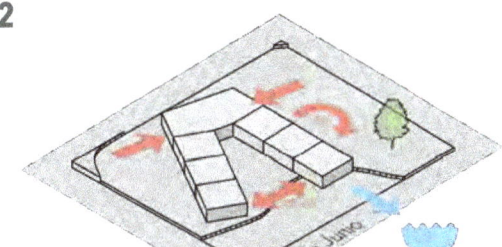

- División del edificio evoca la situación de la ciudad.
- Giro del edificio busca aprovechar las vistas.

3

- El edificio crece en altura y se aprovechan las corrientes de aire.
- Áreas privadas ubicadas en el estremo sur, áreas públicas al norte.
- Módulo de acceso se genera en el vertica del edificio.

4

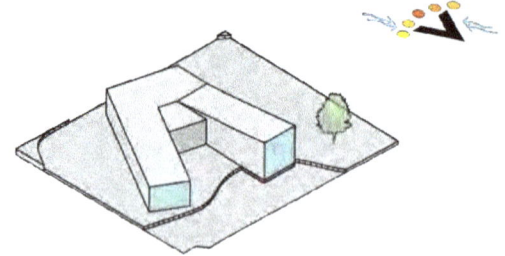

- Doble piel como estrategia climática y para ubicar las instalaciones.
- Se acristalan las fachadas norte para mayor iluminación natural y aprovechar vistas al rio.

7

- Módulo de acceso crece para ocultar sobrepaso de elevadores. y generar un efecto chimenea en el aire que corre por el módulo de acceso.
- Diseño de explanada de acceso para conexión con drop off.

5

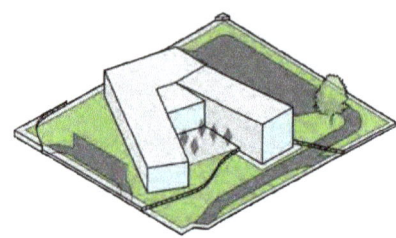

- Ubicación de estacionamiento y áreas verdes.
- Propuesta de explanada de acceso como área para exposiciones itinerantes.

8

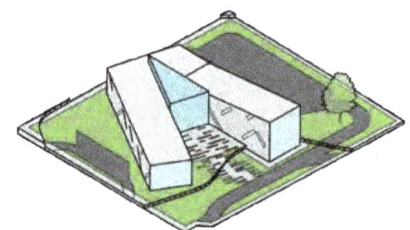

- Acristalamiento de módulo de acceso que busca obtener mayor iluminación natural aprovechando su ubicación protegida por el resto del edificio.

6

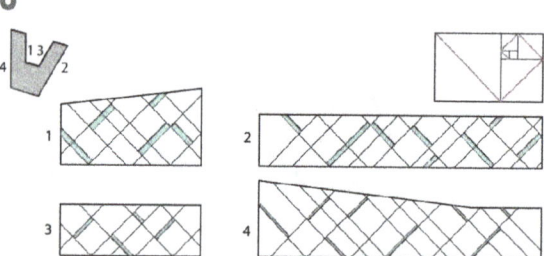

- Tratamiento de fachadas corresponde geométricamente a la sucesión de Fibonacci, funcionalmente a los espacios que requieren mayor o menor iluminación y ventilación natural.
- Evoca a las personas fallecidas por causas relacionadas a la migración.

9

- Diseño de estacionamientos y áreas verdes integral.
- Ubicación de área de carga y descarga de piezas.
- Propuesta de lámina preforada en la cubierta de módulo de acceso.

TERCER NIVEL

SEGUNDO NIVEL

PRIMER NIVEL

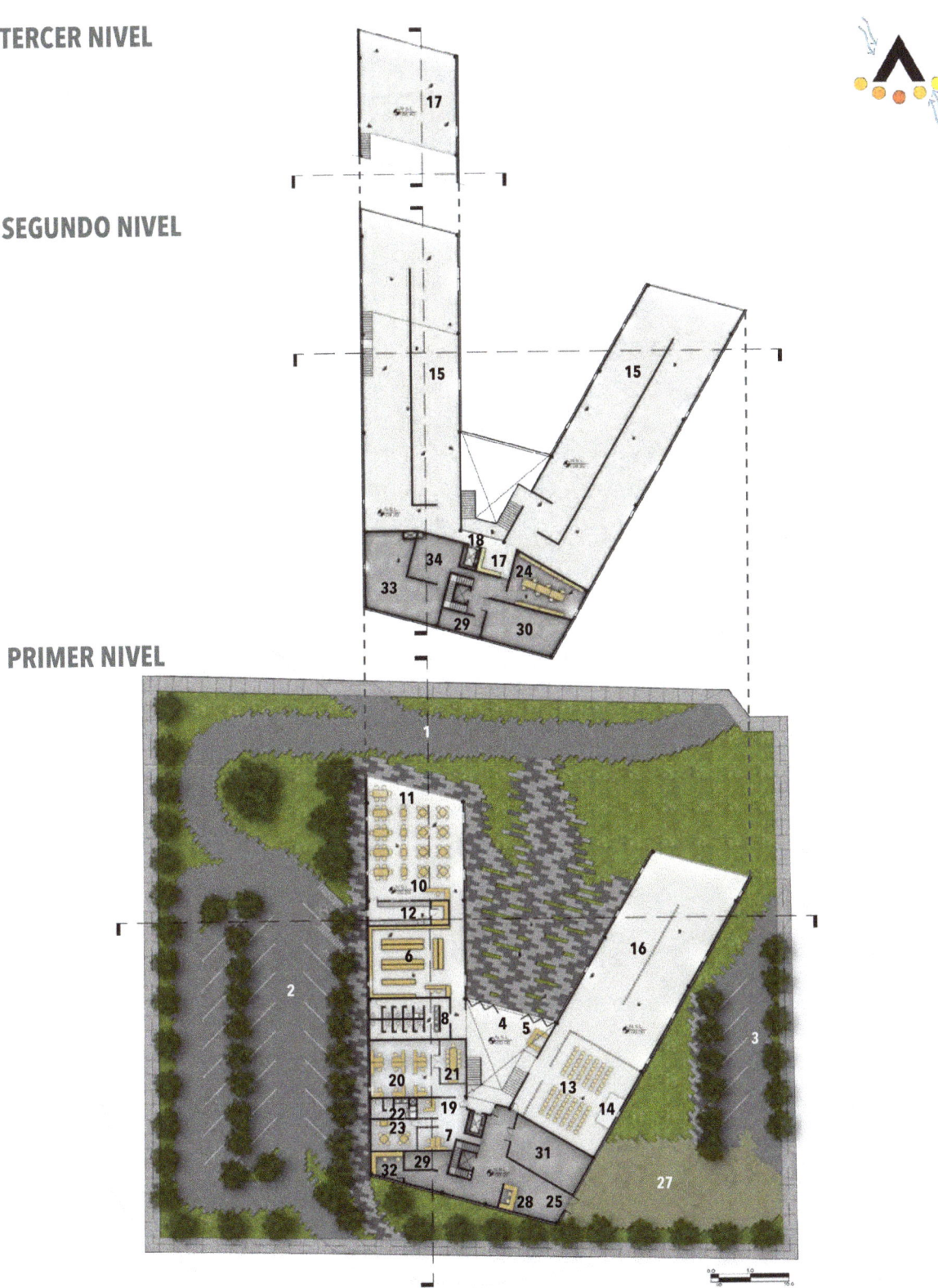

CORTE TRANSVERSAL

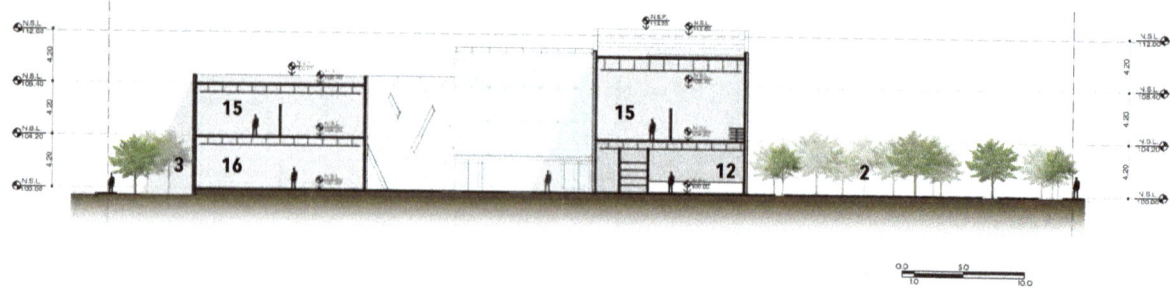

CORTE LONGITUDINAL

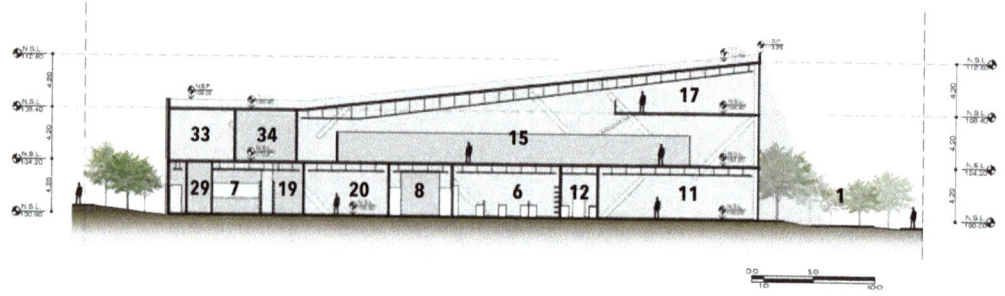

PROGRAMA ARQUITECTÓNICO

Zona exterior
1   Drop off
2   Estacionamiento Personal
3   Estacionamiento Visitantes

Zona pública
4   Vestibulo
5   Módulo de información
6   Tienda
7   Oficina para guías
8   Sanitarios
9   Restaurante
10 Caja
11 Área de comensales
12 Cocina
13 Auditorio
14 Escenario
15 Salas de exposición Permanente
16 Salas de exposición Temporal
17 Área de descanso
18 Elevador

Zona administrativa
19 Área secretarial
20 Oficinas de personal
21 Sala de juntas
22 Sanitarios
23 Comedor empleados

Zona privada
24 Área de curaduría
25 Zona de carga y descarga
26 Control
27 Patio de maniobras
28 Control y registro
29 Almacén de cajas
30 Bodega de colección
31 Almacén de materiales de montaje
32 Sala de control de seguridad

Zonas de servicios generales
33 Cuarto de máquinas
34 Almacén de mantenimiento

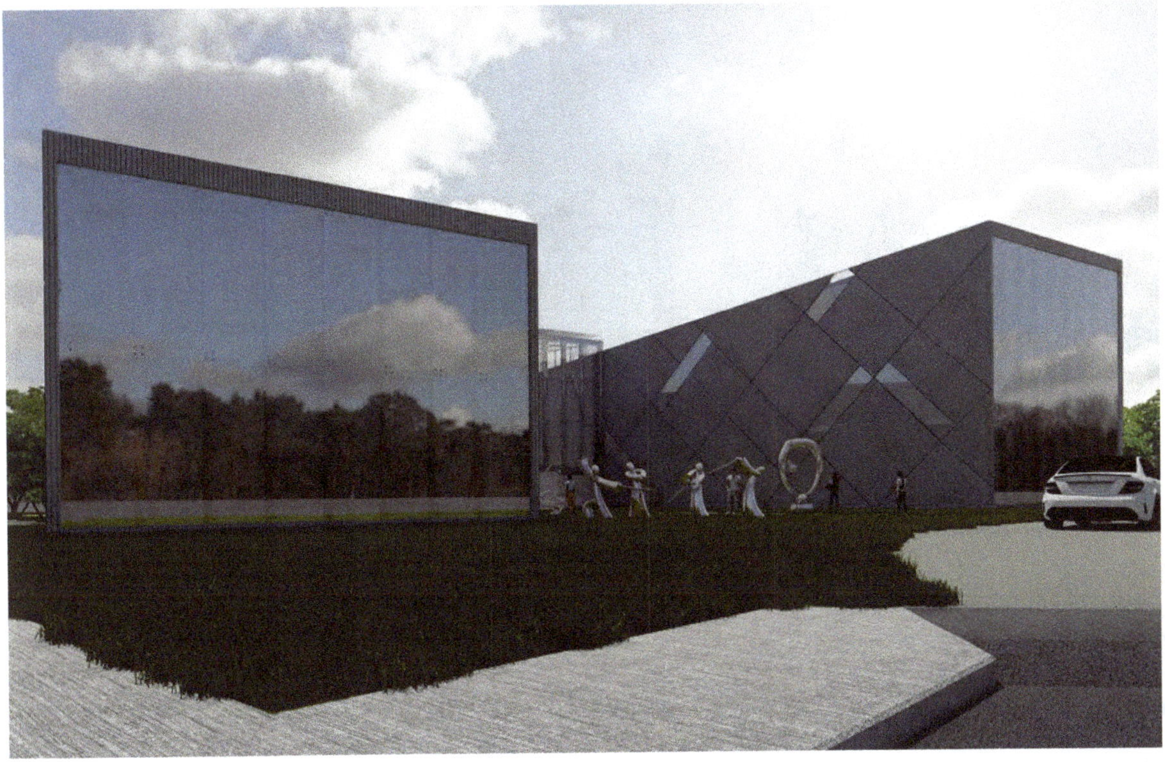

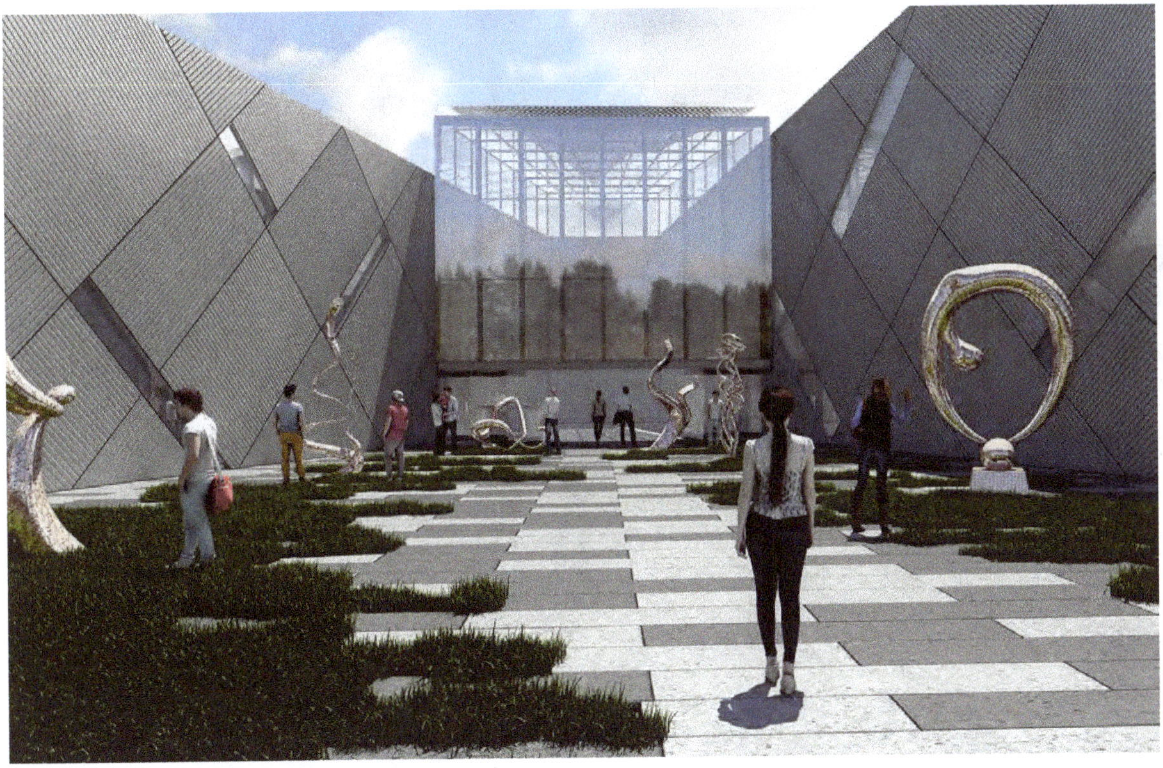

Lo que aparenta estar dividido en ocasiones resulta ser uno en su raíz. Al desdibujar la frontera mental se logrará entender a estas dos ciudades como una sola comunidad laredense.

CORREDOR CULTURAL BINACIONAL

Anhelí Alcorta
Laredo-Nuevo Laredo

Se propone reutilizar los espacios sobre la vía de ferrocarril entre las estaciones de Laredo y Nuevo Laredo, regenerándolo con un cambio de uso de suelo: el cultural, dotando de espacio colectivo y áreas naturales a los habitantes, con alternativas que resaltan la identidad, historia, arquitectura, dinámicas, y promueve actividades de recreación y convivencia que permiten disminuir problemas de violencia e inseguridad.

Se interviene la plaza de la estación de Laredo con las intenciones replicables. Se propone utilizar la trama urbana existente y las vías del ferrocarril para generar recorridos que conecten con las explanadas y pabellones que exponen la historia del ferrocarril, de la Estación, y del lugar. Todo esto se integra a través del ingrediente indispensable: la naturaleza. Los recorridos y los nuevos espacios públicos estarán acompañados por el jardín en movimiento y el planetario: se exponen las plantas nativas y las de la red de ciudades.

La antigua estación será un Centro Cultural. Recupera su espacialidad y plasticidad original a través de la sustracción de elementos invasivos, y de la adición de volúmenes preexistentes reinterpretados. Se abre para invitar al usuario a formar parte de la experiencia, retoma su vocación de uso público y se adapta a las futuras necesidades con espacios multifuncionales.

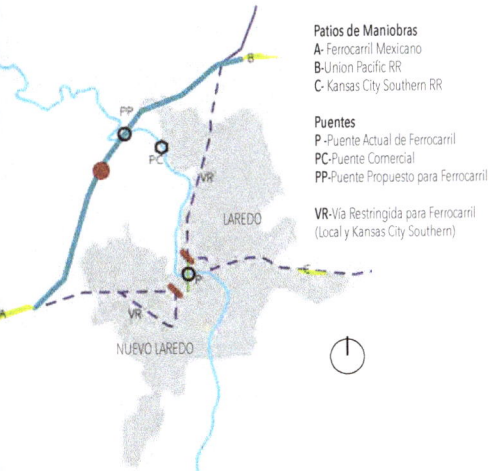

Patios de Maniobras
A- Ferrocarril Mexicano
B- Union Pacific RR
C- Kansas City Southern RR

Puentes
P -Puente Actual de Ferrocarril
PC -Puente Comercial
PP -Puente Propuesto para Ferrocarril

VR-Vía Restringida para Ferrocarril
(Local y Kansas City Southern)

Espacios residuales
Edificios preexistentes
Restaurar-Reciclar · R
Explanada - Espacio Cultural · E
Caseta Control · C
Mercado · M
Restaurantes
Mirador
Artes escénicas
Plaza · P
Huertos Urbanos y espacios de comunidad local
Jardín Planetario
Jardín en Movimiento
Propuesta de Vialidad
Caminos peatonales

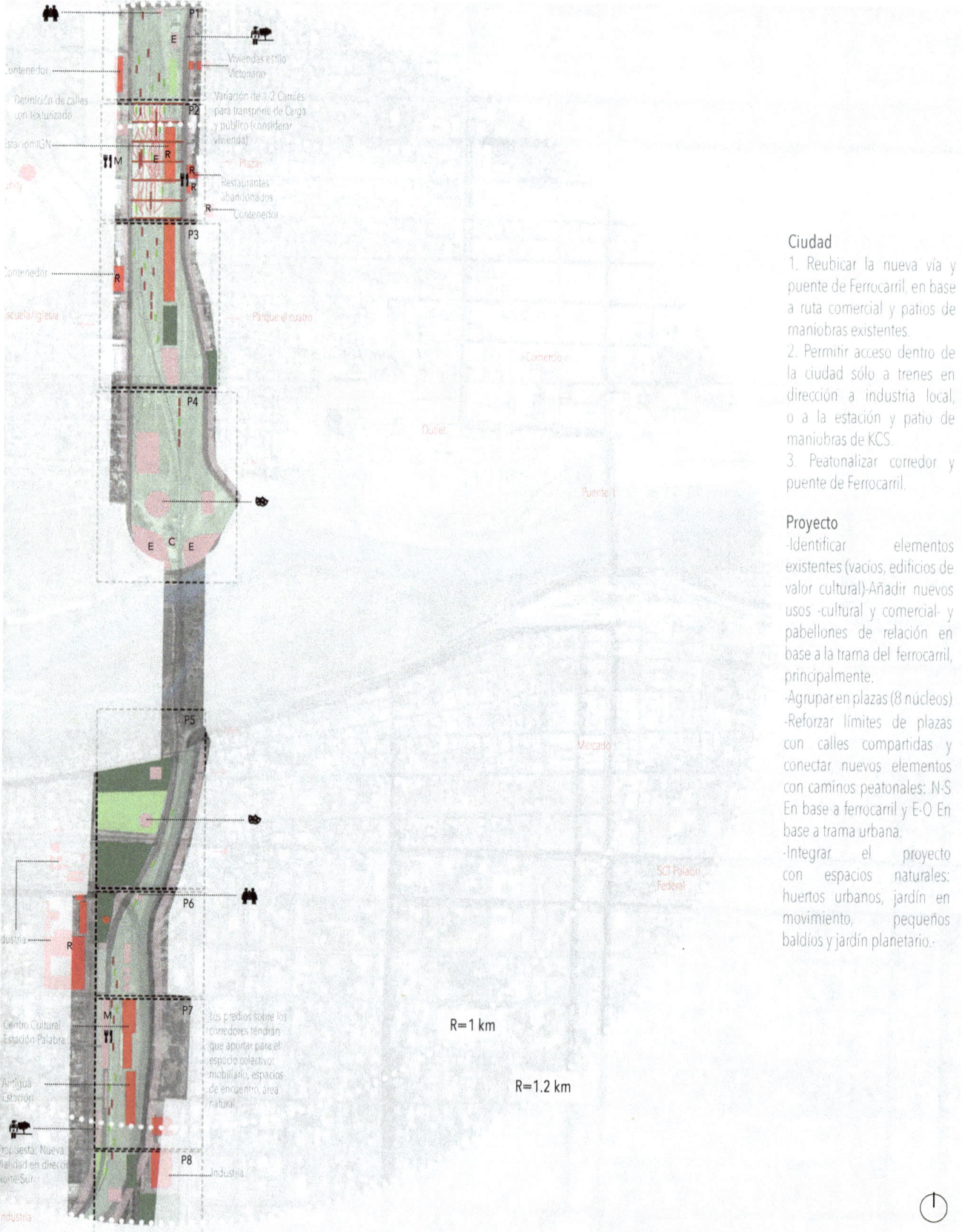

P1

E

Viviendas estilo Victoriano

Contenedor

Definición de calles con texturizado

Estación IGN

Variación de 1-2 Carriles para transporte de Carga y público (considerar vivienda)

P2

M   E   R

Plaza

R   Restaurantes
R   abandonados

R   Contenedor

P3

Contenedor

R

Escuela/Iglesia

Parque el cuatro

P4

E   C   E

P5

P6

Industria

R

Centro Cultural
Estación Palabra

M

Antigua
Estación

P7

Los predios sobre los corredores tendrán que aportar para el espacio colectivo: mobiliario, espacios de encuentro, área natural.

Propuesta: Nueva vialidad en dirección norte-Sur

P8

Industria

Industria

Comercio

Outlet

Puente 1

Mercado

SCT-Palacio
Federal

Ciudad

1. Reubicar la nueva vía y puente de Ferrocarril, en base a ruta comercial y patios de maniobras existentes.

2. Permitir acceso dentro de la ciudad sólo a trenes en dirección a industria local, o a la estación y patio de maniobras de KCS.

3. Peatonalizar corredor y puente de Ferrocarril.

Proyecto

-Identificar elementos existentes (vacíos, edificios de valor cultural)-Añadir nuevos usos -cultural y comercial- y pabellones de relación en base a la trama del ferrocarril, principalmente.

-Agrupar en plazas (8 núcleos)

-Reforzar límites de plazas con calles compartidas y conectar nuevos elementos con caminos peatonales: N-S En base a ferrocarril y E-O En base a trama urbana.

-Integrar el proyecto con espacios naturales: huertos urbanos, jardín en movimiento, pequeños baldíos y jardín planetario.-

R=1 km

R=1.2 km

1

INTENCIONES REPLICABLES

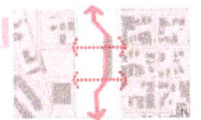   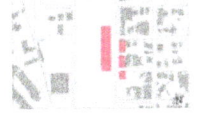  

1. CONECTAR   2. REGENERAR Y DIVERSIFICAR   3. HACER PÚBLICO   4. REFORZAR IDENTIDAD   5. AUMENTAR ESPACIOS NATURALES   6. PRIORIZAR

PLAZA 2 - LA ESTACIÓN. PLANTA DE ACCESO

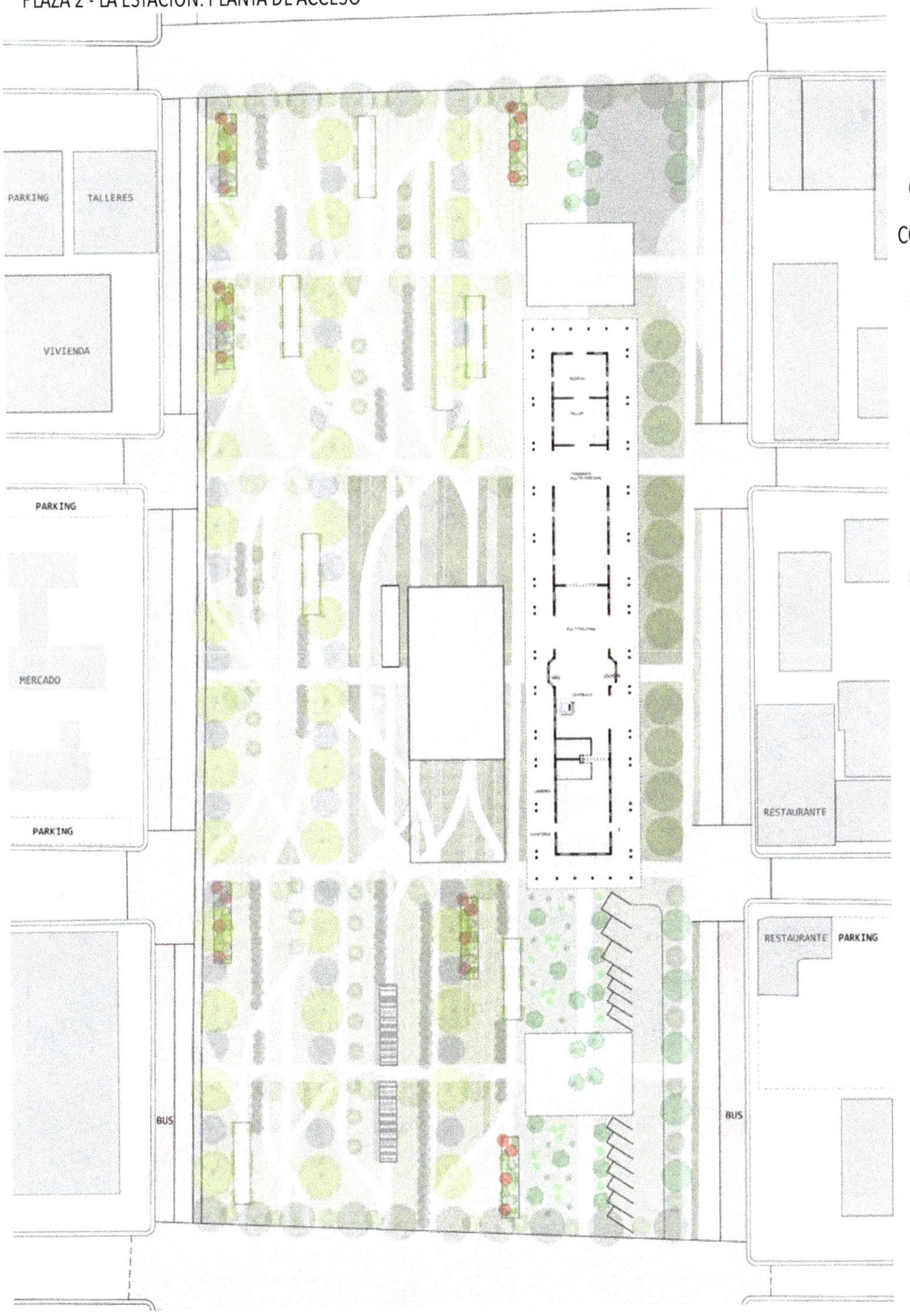

PARKING

TALLERES

VIVIENDA

PARKING

MERCADO

PARKING

BUS

RESTAURANTE

RESTAURANTE   PARKING

BUS

COLORES DE INVIERNO

Mezquite

Texas Ébano

Cenizo

Huisache

Laurel de Montaña

Buckeley

Árbol Mantenido

Sotol mexicano

Palmera enana

Palmito mexicano

Garra de gato

Chaparro Prieto

Garra de Gato (chica)

Aretillo

Agarita

Acervo Rojo de Invierno

Timber

Salvia Azul

Salva de Otoño

PABELLONES

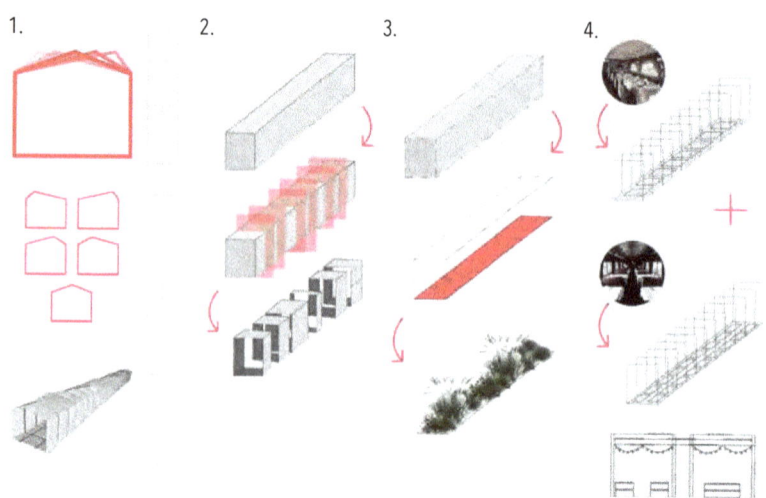

1. 2. 3. 4.

1. CONTEXTO FORMAL.
Definido por fragmentos de muro con diferente inclinación de cubierta (como los edificios de 2 a 4 aguas)
2. FERROCARRIL + LUZ + MATERIAL.
Como las entrada de luz percibidas cuando vemos un tren en movimiento. Entrando a estos Vagones segmentados, con nuestra propia distancia y velocidad revivimos el efecto.
3. EL ESPACIO OCUPADO POR VEGETACIÓN.
Lo que antes fue patio de maniobras, ahora puede ser espacio libre, y natural.
4. VAGÓN-COMEDOR.
Enmarcado por estructura ligera, el "vagón" evoca al comedor de tren de pasajeros.

ISOMETRÍA

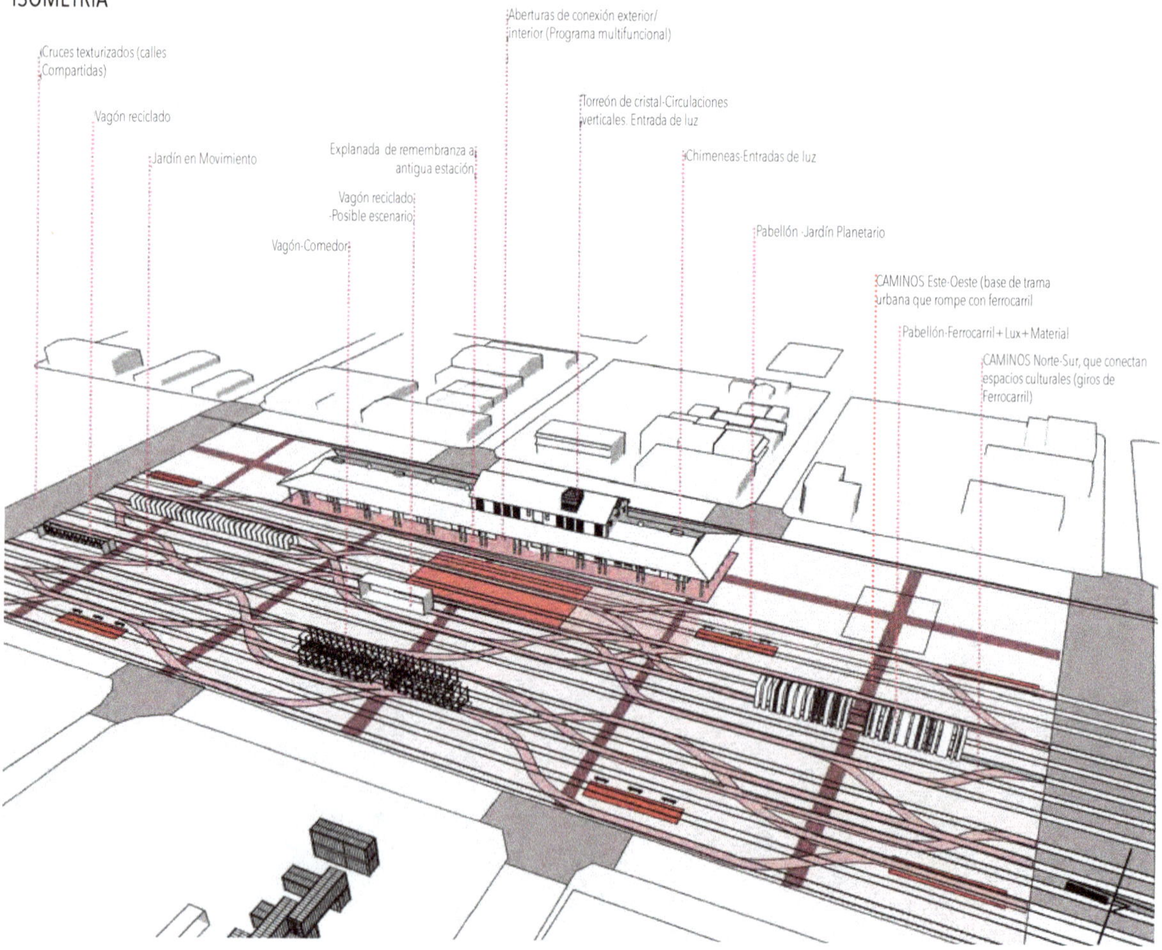

Aberturas de conexión exterior/interior (Programa multifuncional)

Cruces texturizados (calles Compartidas)

Torreón de cristal-Circulaciones verticales. Entrada de luz

Vagón reciclado

Jardín en Movimiento

Explanada de remembranza a antigua estación

Chimeneas-Entradas de luz

Vagón reciclado -Posible escenario

Pabellón -Jardín Planetario

Vagón-Comedor

CAMINOS Este-Oeste (base de trama urbana que rompe con ferrocarril)

Pabellón-Ferrocarril+Lux+Material

CAMINOS Norte-Sur, que conectan espacios culturales (giros de Ferrocarril)

EVOLUCIÓN CRONOLÓGICA

1920

1967

2017

LIMPIEZA de fachadas (instalaciones y acabados finales) e interiores (muros, piso y cielo añadidos) retomando espacialidad original.

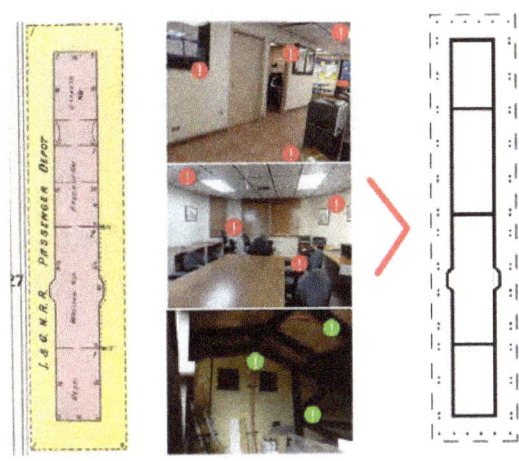

REMEMBRANZA a plasticidad original, con elementos funcionales: antes chimeneas, y torreón, hora entradas de luz y mirador de cristal; y a ubicación de antigua estación con explanada y jardín.

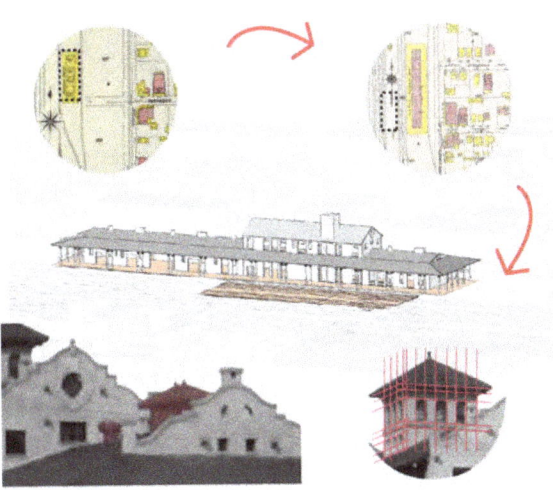

ABRIR ESPACIOS para dar permeabilidad y nuevo uso público, introduciendo el programa, con espacios mayormente mutifuncionales.

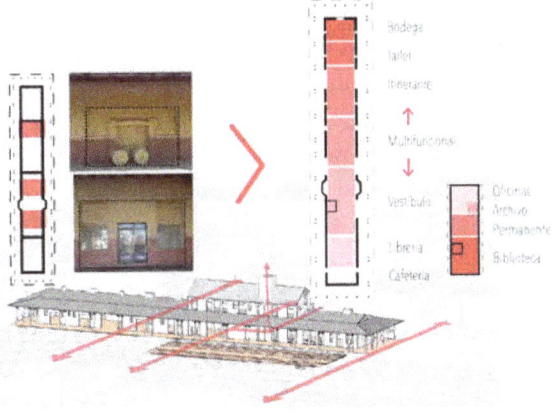

VISTA A LA ESTACIÓN Y LA EXPLANADA DESDE EL JARDÍN

ITINERANTE - MULTIFUNCIONAL

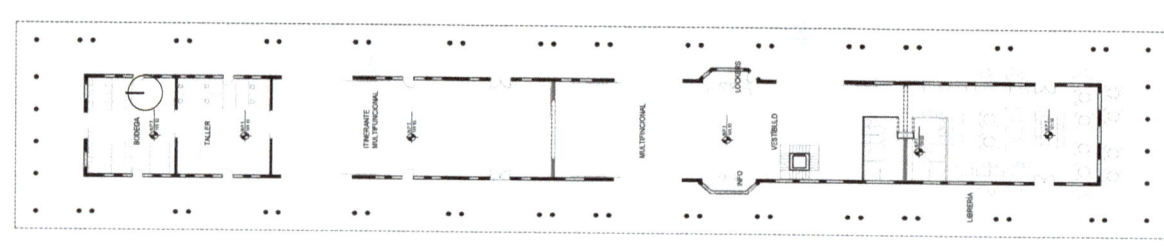

0.00   10.00 m   PLANTA BAJA

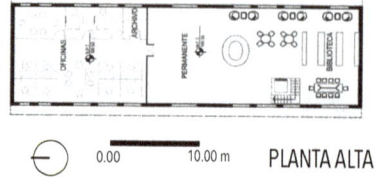

0.00   10.00 m   PLANTA ALTA

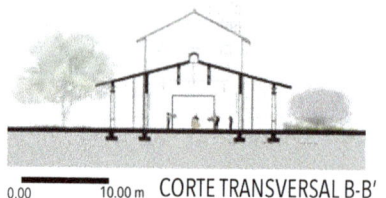

0.00   10.00 m   CORTE TRANSVERSAL B-B'

0.00   10.00 m   ELEVACIÓN NORTE

ELEVACIÓN PONIENTE

1

VISTA AL NORORIENTE

A veces es mejor no hacer nada. Que
la naturaleza y la cultura desdibujen
fronteras, y que el ferrocarril vuelva
a ser el medio para unir ciudades.

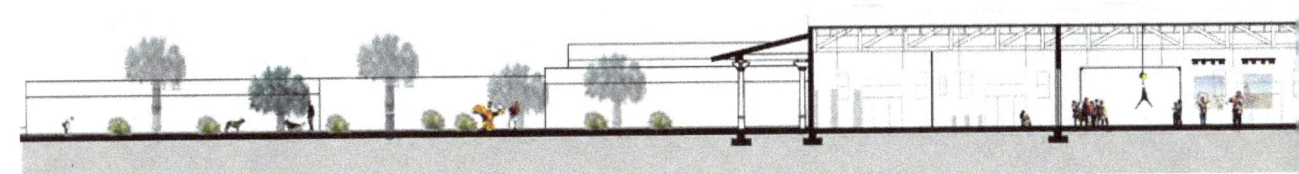

VISTA AL PONIENTE -ACCESO A SALA ITINERANTE

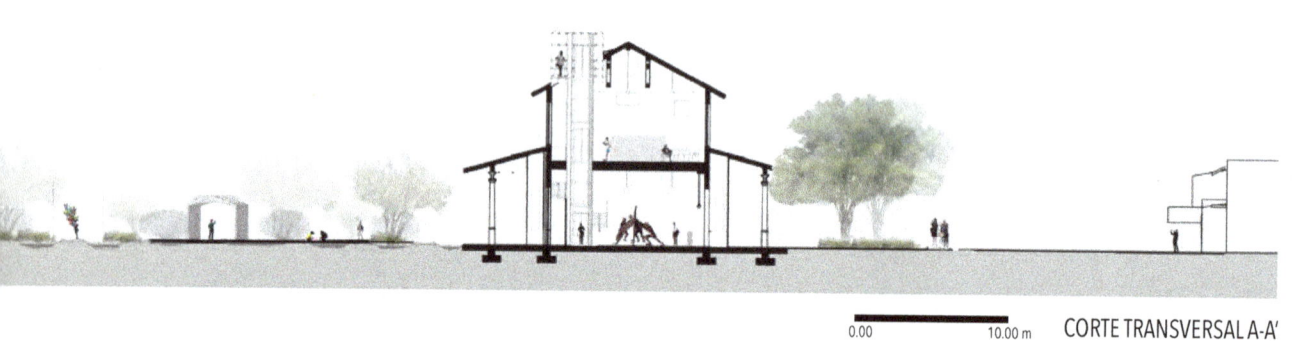

0.00   10.00 m   CORTE TRANSVERSAL A-A'

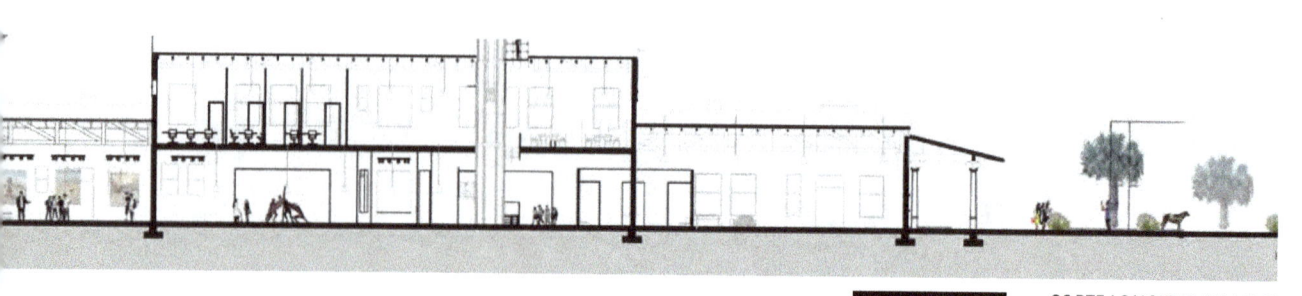

0.00   10.00 m   CORTE LONGITUDINAL C-C'

PARQUE ECOLÓGICO BINACIONAL

Diego Ledesma
Piedras Negras / Eagle Pass

Como parte de la ruta de paisajismo y para combatir la idea de la frontera como límite — interrupción de la continuidad — se plantea la creación de una red de parques para las ciudads fronterizas a lo largo del Río Bravo. Espacios que acerquen a la gente en ambos lados del río y que a la vez concientice y sensibilice a la sociedad de los valores ambientales de los cuales dispone y de la aplicación que se les puede dar de una manera sustentable.

Se genera un plan maestro a lo largo del río y se selecciona un área específica para proporcionar una posibilidad paisajista a menor escala sobre lo que podría ser la primera fase del plan maestro.
De esta forma el área catalogada con potencial de protección pasa aconsolidarse como parque público y área de protección de recursos naturales.

Bajo la premisa de que el medio físico natural es indiferente a los límites artificiales construídos por el ser humano, se abre un espacio binacional que aprovecha la vegetación preexistente para exhaltar el paisaje natural y construído, generar recorridos y espacios de contacto con el río creando así un espacio de sensibilización, esparcimiento y libertad. El Parque Ecológico Binacional pretende utilizar el río como eje rector que sirva de lazo para unir a dos comunidades de ciudades separadas por una barrera a la vez física y virtual Donde la frontera hoy divide el espacio público integra.

0　　　　　50

1 Plaza de Acceso
2 Museo y Talleres
3 Estación Bicicleta
4 Pabellón Contemplativo
5 Jardines Inundables

● Vegetación densa
● Vegetación baja
● Llanuras Inundables

1

Master Plan

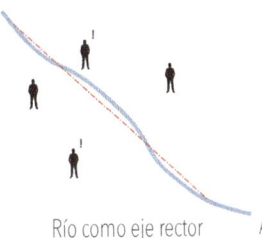

Río como eje rector

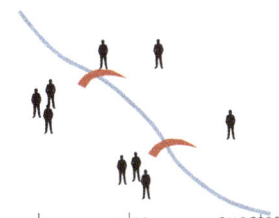

Aprovechar sendas y puentes preexistentes para generar conexiones

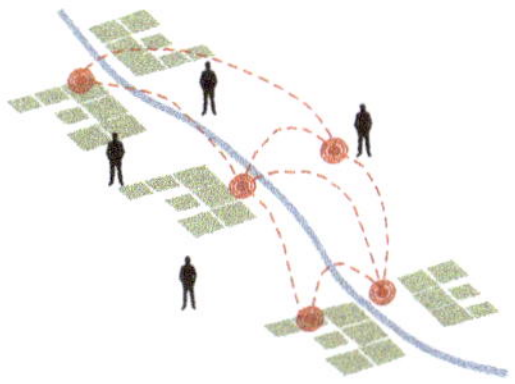

Conexión de parques

Parques como espacios de paz

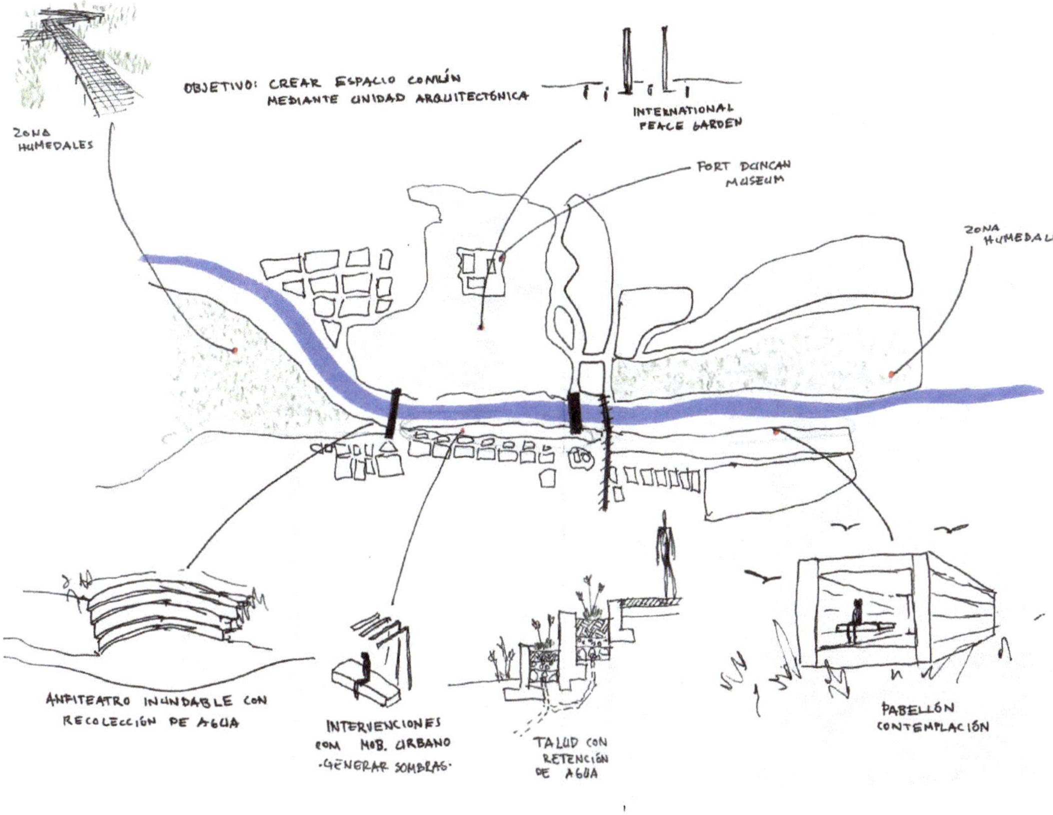

OBJETIVO: CREAR ESPACIO COMÚN MEDIANTE UNIDAD ARQUITECTÓNICA

INTERNATIONAL PEACE GARDEN

ZONA HUMEDALES

FORT DUNCAN MUSEUM

ZONA HUMEDALES

ANFITEATRO INUNDABLE CON RECOLECCIÓN DE AGUA

INTERVENCIONES CON MOB. URBANO ·GENERAR SOMBRAS·

TALUD CON RETENCIÓN DE AGUA

PABELLÓN CONTEMPLACIÓN

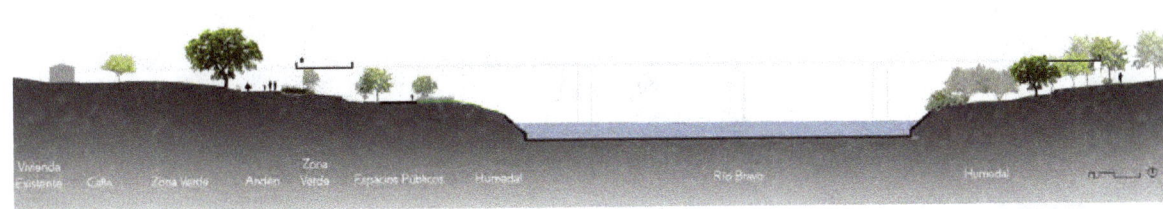

Vivienda Existente · Calle · Zona Verde · Andén · Zona Verde · Espacios Públicos · Humedal · Río Bravo · Humedal

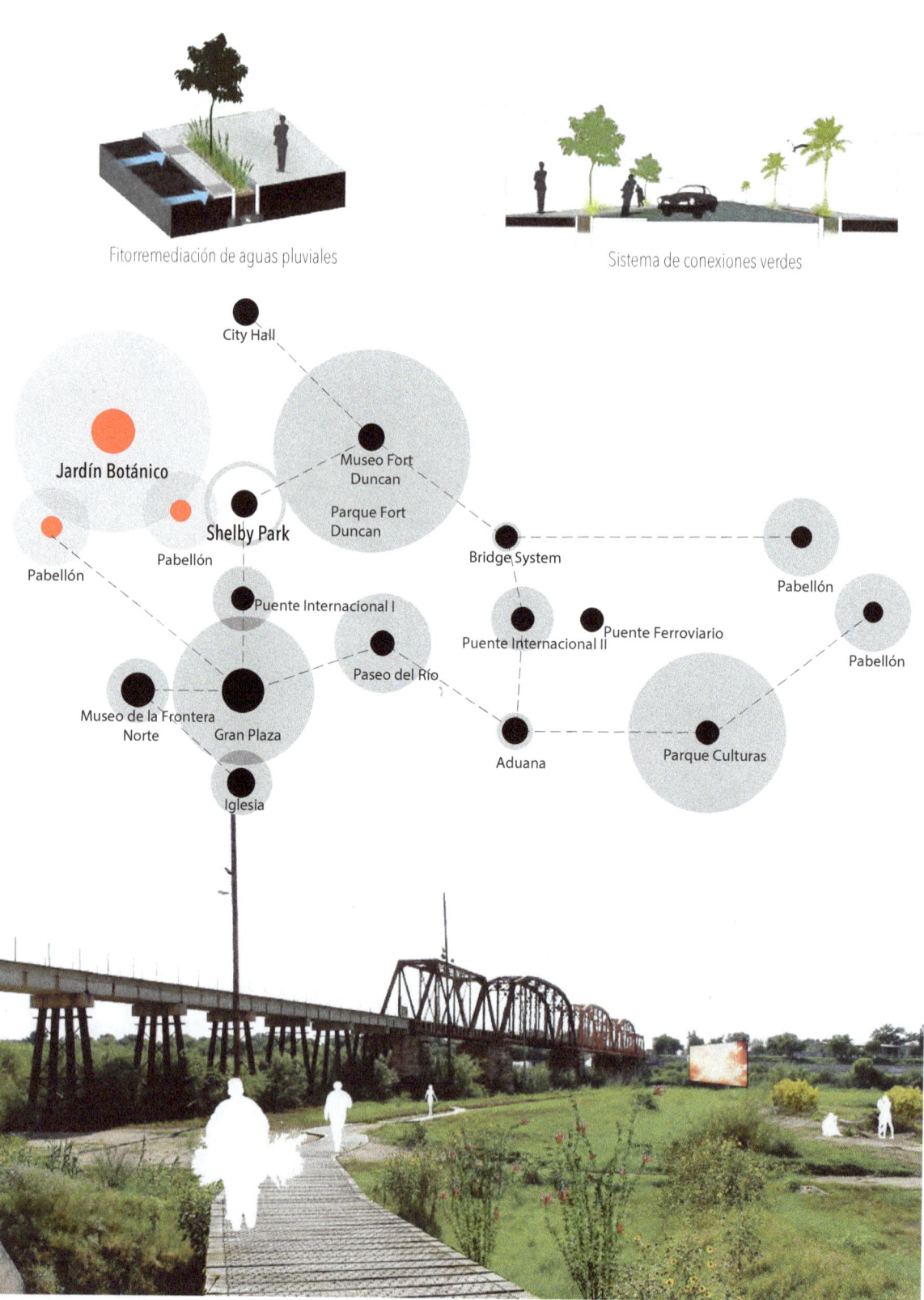

Fitorremediación de aguas pluviales

Sistema de conexiones verdes

City Hall

Jardín Botánico

Museo Fort Duncan

Parque Fort Duncan

Shelby Park

Pabellón

Pabellón

Bridge System

Pabellón

Puente Internacional I

Puente Ferroviario

Pabellón

Puente Internacional II

Museo de la Frontera Norte

Paseo del Río

Gran Plaza

Aduana

Parque Culturas

Iglesia

Vegetación

Matorral crassicaule

Matorral rosetófilo

Matorral micrófito

Pastizal

Vegetación halofílica

Proceso de Diseño

Sitio

Terrain

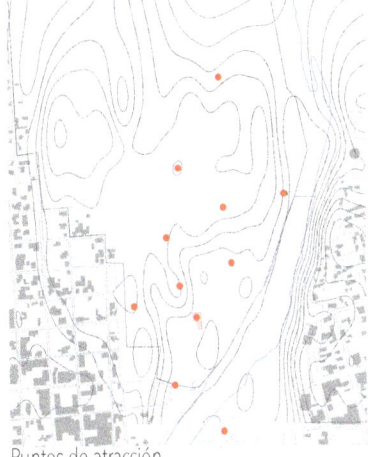

Puntos de atracción

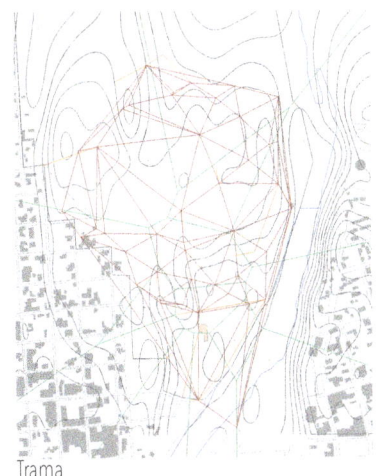

Voronoi: Revelar

Delaunay: Atraer

Trama

Actividades

Observación de fauna

Zonas de contacto

Pista ciclista

Talleres

Arte público

Recreación y ocio

1. Plaza de Acceso
2. Museo y Talleres
3. Estación Bicicleta
4. Pabellón Contemplativo
5. Jardines Inundables

"La naturaleza en movimiento no es ni desorden ni degradación, sino todo lo contario. Es asombro, novedad y un espacio para la libertad."
-Guilles Clement

CENTRAL DE AUTOBUSES METROPLEX

Fernando Flores Puente

Dallas Tx

Dallas se encuentra como un destino de rutas migratorias en las que la población mexicana se ve altamente reflejada como el primer lugar de habitantes extranjeros con más de 600 mil personas.

Debido a que es una ciudad con alto flujo migratorio, se requiere dar atención al transporte de pasajeros que circula por carretera, brindando un sitio específico dentro de la ciudad que complemente el plan de movilidad al incluir el transporte público, atendiendo a estas necesidades se plantea un edificio de central de autobuses que responda a las conexiones de la zona, ciudad y por supuesto del proyecto binacional que se pretende atender.

El proyecto se compone de dos volúmenes, el primero situado en la zona norte del sitio, con conexión directa al acceso existente en la esquina de las Houston St y Reunion Blvd, y el segundo al sur, ambos se encuentran orientados con sus caras de mayor dimensión al norte y sur buscando obtener una mayor iluminación y aminorar el impacto de las condiciones climáticas, el proyecto se complementa con un tercer volúmen que se incrusta en los volumenes anteriores, creando un espacio de transición entre cada uno de ellos.

Estos tres volúmenes se encuentran en condiciones similares, debido a que se incrustan aprovechando la topografía, generando un sótano y un acceso de vehículos que llegan directamente a este nivel, y así mantener un área de acceso peatonal a nivel de calle en planta baja .
Los volúmenes situados al norte y sur, cumplen las funciones de zonas de estar, comercio, y en las zonas mas cercanas al poniente se utilizan para servicio, mientras que el tercer volumen se conviente en una zona de transición tanto vertical como horizontal, ademas se situan las oficinas y venta de boletos.

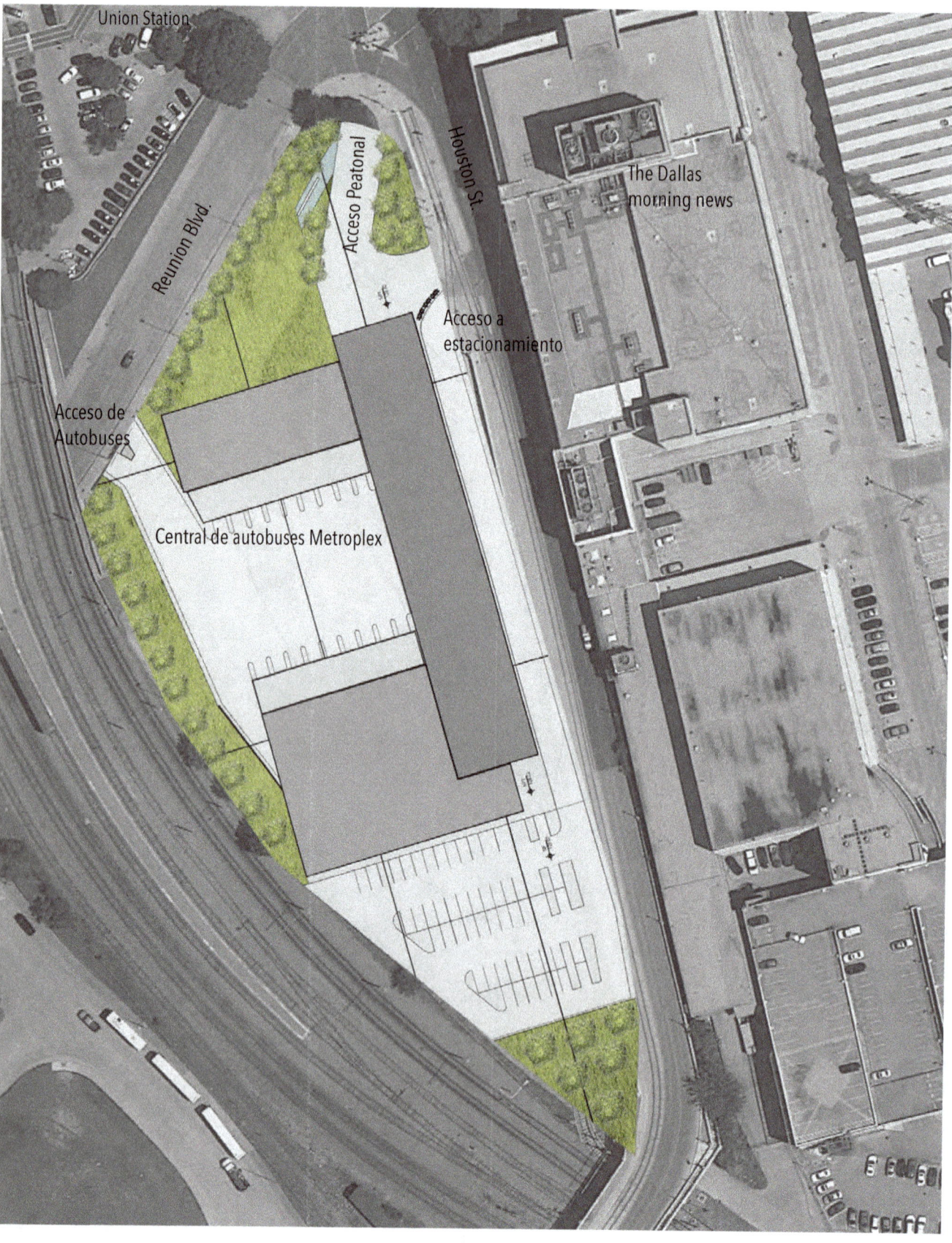

Union Station

Reunion Blvd.

Acceso Peatonal

Houston St.

The Dallas
morning news

Acceso a
estacionamiento

Acceso de
Autobuses

Central de autobuses Metroplex

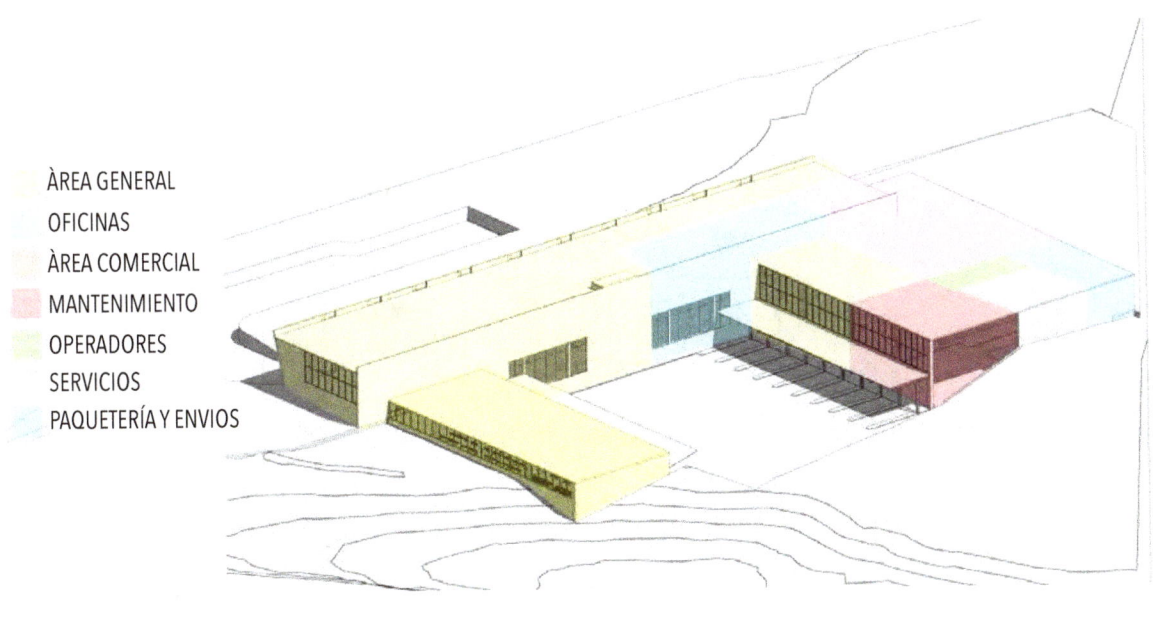

ÀREA GENERAL
OFICINAS
ÀREA COMERCIAL
MANTENIMIENTO
OPERADORES
SERVICIOS
PAQUETERÍA Y ENVIOS

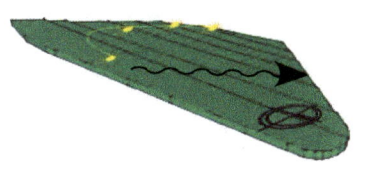

1. Sítio: Condiciones naturales de terreno, pendiente con desnivel descendente al norponiente.

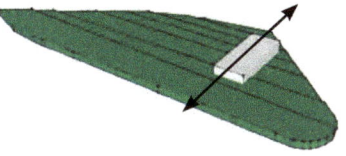

2. Volúmen inicial:
Emplazamiento favorable respecto a las condiciones climáticas y del sitio.

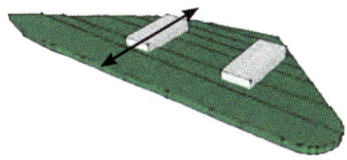

3. Repetición de volúmen:
Se duplica el elemento, en condiciones similares en la zona sur del sítio

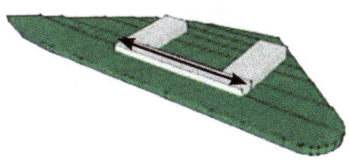

4. Unión:
Fusión de volumenes mediante un elemento que favorece la conexión

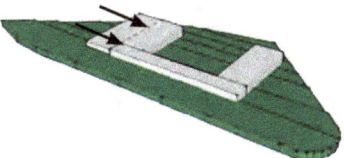

5. Adición:
Elemento que se integra en un volúmen existente en el sur del sitio.

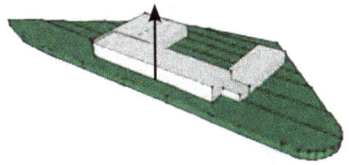

6. Estrusión:
Se genera una doble altura en el volúmen de unión.

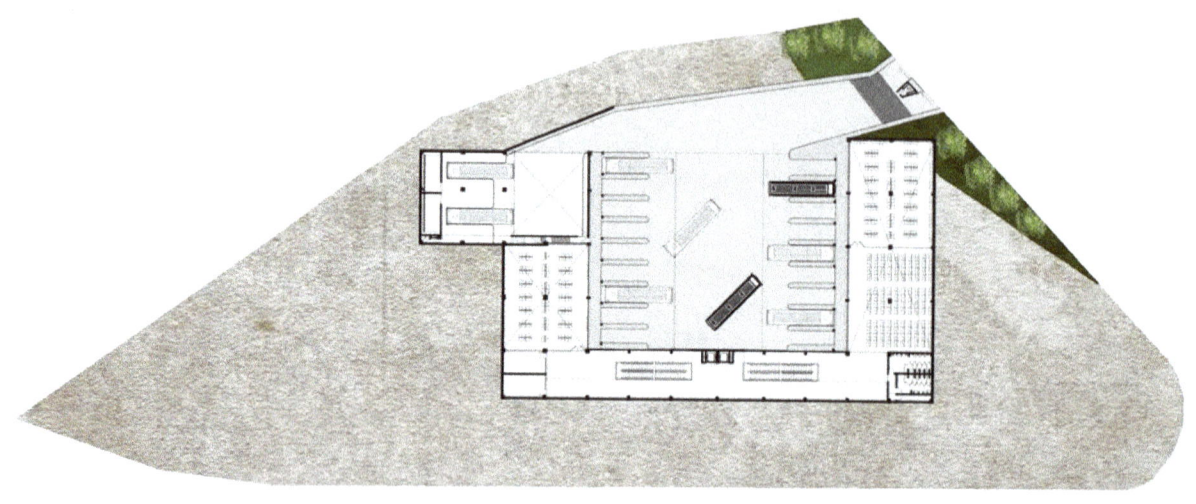

Planta Sótano

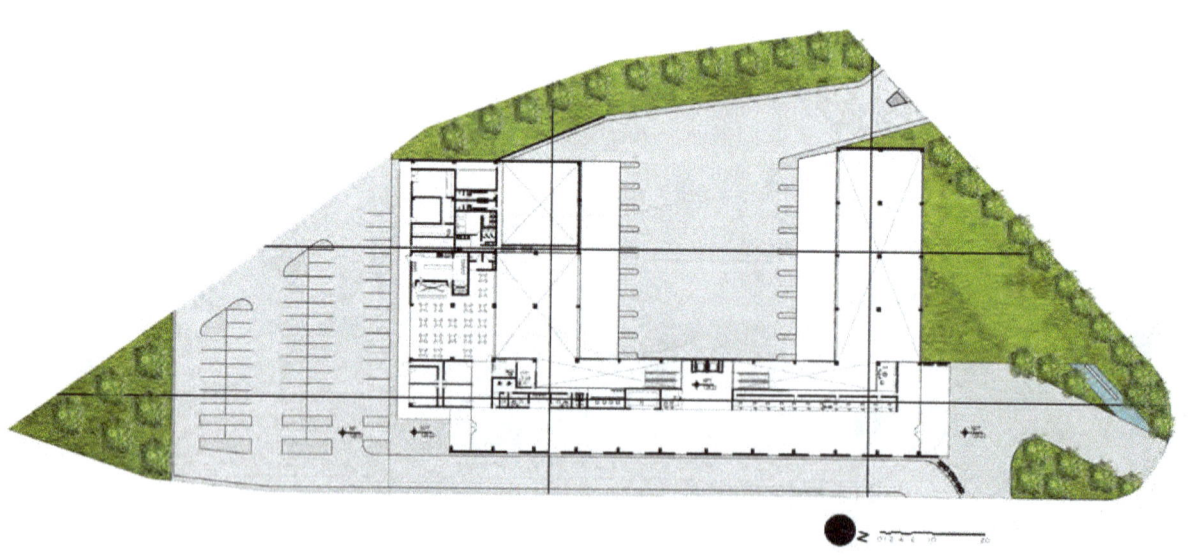

Planta Baja

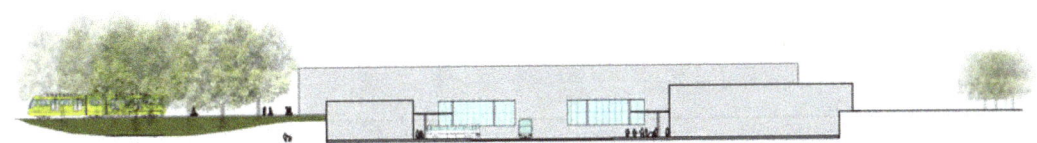

Este edificio contará con las condiciones adecuadas para el confort del usuario al llegar y trasladarse por el área metropolitana de Dallas, por esta razón se incluye un área comercial, oficinas, servicio de paquetería y envíos, con una conexión mediante la integración de servicio de trenes: ligeros, express, tranvia y autobuses locales, áreas peatonales, y de ciclopistas, las cuales brindarán a los usuarios la facilidad para trasladarse a sitios históricos, comerciales, de recreación, de gobierno, y lugares de trabajo.

La central de autobuses se conecta directamente con la estación de trenes union station mediante un acceso existente en el sitio que se adapto para crear una explanada peatonal, conservando la vegetación existente y la propuesta de nuevas áreas ajardinadas y de vegetación nativa, así como una nueva área de espera en la estación de tranvia, que se encuentra dentro del sitio, priorizando la circulación peatonal, al general el acceso de autobuses directamente al nivel sótano y el acceso a vehículos particulares por Houston St. en el acceso vehícular existente.

Un lugar a donde llegar, un lugar en donde puedas estar.

LINES OF REFLECTION

UNIVERSITY OF TEXAS AT AUSTIN
FALL 2016

CPSIA information can be obtained
at www.ICGtesting.com
Printed in the USA
BVHW05s0815031018
529147BV00021B/1547/P

9 781946 070111